Ameneh Bahrami

AUGE UM AUGE

Ein Verehrer schüttete mir Säure
ins Gesicht. Jetzt liegt sein Schicksal
in meiner Hand

Mit Michael Gösele
und Jutta Himmelreich

W0191647

Knaur Taschenbuch Verlag

Besuchen Sie uns im Internet:
www.knaur.de

Vollständige Taschenbuchausgabe Februar 2012
Knaur Taschenbuch
Ein Unternehmen der Droemerschen Verlagsanstalt
Th. Knaur Nachf. GmbH & Co. KG, München
© der Originalausgabe 2010 by mvg Verlag
Redaktion: Antje Steinhäuser
Umschlaggestaltung: ZERO Werbeagentur, München,
unter Verwendung eines Entwurfs von Moritz Röder, München
Umschlagabbildung: iStock © Mehmet Salih Guler
Satz: Adobe InDesign im Verlag
Druck und Bindung: GGP Media GmbH, Pößneck
Printed in Germany
ISBN 978-3-426-78489-1

2 4 5 3 1

Knaur.

Über die Autorin:
Ameneh Bahrami wurde 1978 in Teheran geboren, wo sie eine glückliche Kindheit und Jugend verbrachte. Nach dem Säureanschlag 2004 ging sie der besseren medizinischen Behandlungsmöglichkeiten wegen nach Spanien. Heute lebt sie in Barcelona und wird wegen der verheerenden Wirkung der Säure immer wieder operiert.

Inhaltsverzeichnis

I.

Einblick –
Worte der Kraft und des Dankes

Im Namen des Herrn und Schöpfers der Seele, des
  Schöpfers des Wortes,
im Namen des Herrn über das Leben und über uns,
im Namen des Herrn,
  der uns nährt und uns leitet.

Dieses Buch entsteht im Namen Gottes, der schön ist,
der die Schönheit erschaffen hat und der die Schönheit
  liebt.

Vor sieben Jahren hat eine Katastrophe mein Leben verändert. Eine Katastrophe, an deren Folgen ich jedoch nicht zerbrochen bin.

Ich kam auf wundersame Weise wieder auf die Beine. Sieben Jahre nach dem verheerenden Einschnitt habe ich genug Kraft, um endlich meine Geschichte zu erzählen. Eine Geschichte, die schmerzt. Eine Geschichte, die mich innerlich aufwühlt, traurig macht und an manchen Tagen fast verzweifeln lässt. Aber ich muss sie erzählen.

Tränen rinnen über mein Gesicht, während ich Dutzende

von Bändern bespreche – die Tränen sind das Einzige, was meine Augen noch zu leisten vermögen. Aber ich muss mich von diesem Unglück befreien. Ich muss gegen dieses Schicksal ankämpfen. Es hat vor vier Jahren von mir Besitz ergriffen. Aber es hat mich nicht bezwungen. Und es wird mich auch in Zukunft nicht besiegen.

Dieses Buch soll dazu beitragen, dass es nie wieder einen Fall »Ameneh Bahrami« geben wird. Nie wieder soll eine Frau oder ein Mädchen das Opfer einer Säureattacke werden. Nie wieder sollen Frauen verätzt oder verbrüht werden, nur weil sie einen eigenen Willen haben. Nach mir soll kein Mensch mehr durchleiden müssen, was ich ertragen muss. Mein größter Wunsch ist es, unsere Gesellschaft dazu zu bewegen, ihren Egoismus zu überwinden sowie Missgunst und Stolz hinter sich zu lassen.

Wir dürfen die Kräfte, die Gott uns geschenkt hat, nicht dazu nutzen, unsere Mitmenschen zu quälen. Wir sollten nicht danach trachten, dem andern zu schaden. Niemand soll Macht über einen anderen Menschen haben dürfen. Niemand soll sich ungestraft nehmen können, was er besitzen möchte. Schon gar nicht das Leben, die Gesundheit oder die Schönheit eines freien Menschen.

Was ich durchgemacht habe, mag manchem unglaublich erscheinen. Selbst mir fällt es sehr schwer, zurückzuschauen und mir alles Geschehene in Erinnerung zu rufen. Wie oft stiegen mir in den vergangenen Monaten und Jahren bittere Tränen in die Augen – wie oft versagte mir die Stimme. Wie oft wollte ich aufgeben, weil mich die Schmerzen in meinem Gesicht, in meiner Speiseröhre, in meinem Magen, an meinen

Händen und Armen fast verrückt werden ließen. Und wie oft war ich am Ende meiner Kräfte, wie oft drohten mein Wille und meine Entschlossenheit mich zu verlassen.

Vielen Menschen, die mir auf meinem Weg beigestanden haben, bin ich sehr dankbar. Mein größter Dank aber gilt meiner lieben Familie, die mit mir gelitten und mich auf meinem schweren Weg begleitet hat.

Meines Großvaters – wo immer er jetzt sein mag – möchte ich besonders gedenken. Ihn habe ich sehr geliebt, und seine Güte und Weisheit haben mir dabei geholfen, meinen unbändigen Zorn zu beherrschen.

Meinem lieben Freund Dr. Saburi bin ich dankbar. Seine beruhigende Stimme und seine Besonnenheit, die er auf mich übertragen hat, haben mir immer wieder Mut gemacht. Mein besonderer Dank geht an Doktor Ramón Medel Jiménez, der mir durch seine Freundlichkeit und seine geschickten Hände Selbstvertrauen gegeben hat und noch immer mehr davon gibt.

Herrn Yaghoubzadeh gilt mein Dank, der mich bis heute unterstützt. Dank an Mariam Rassulipanah, Ashraf Arab und allen Freunden und Kommilitonen für ihre Hilfe und ihren Beistand. Auch allen ehemaligen Kolleginnen und Kollegen herzlichen Dank. Für sie und alle, die hier nicht namentlich genannt sind, will ich mich nach Kräften bemühen, meine Geschichte so zu erzählen, dass sie alle gewürdigt sein mögen.

Meine Erfahrung soll all jenen Menschen helfen, die einen schweren Schicksalsschlag zu bewältigen haben, und ihnen zeigen, wie man auch in der größten Dunkelheit wieder Zuversicht schöpfen kann. Schwere Zeiten machen uns zu dem, was wir sind. Wer schwere Zeiten erlebt, lernt die schönen Seiten des Lebens noch besser schätzen. Etwas zu verlieren fällt schwer, aber es setzt auch ungeahnte Kräfte frei.

Blind und gezeichnet, stehe ich heute doch wieder auf eigenen Füßen und kämpfe dafür, dass man jedem Menschen das Recht und die Freiheit gewährt, über sich selbst zu bestimmen. Jeder Mensch muss so leben dürfen, wie er es möchte, und soll auch die Mittel dazu haben.

Am Ende habe ich mein Antlitz eingebüßt – aber mein Gesicht habe ich nach all dem, das mir widerfahren ist, nicht verloren. Ich danke Gott, der mir diese Erkenntnis eröffnet und bisher jeden Weg, den ich gehen wollte, geebnet hat. Mit seiner Hilfe bin ich bis hierher gekommen, und in der Hoffnung auf ihn mache ich den nächsten Schritt: Ich beginne nun meine Geschichte.

2.
Innenansichten –
Wiederkehrende Schreckensvisionen

Manchmal kann ich wieder sehen. Und dann sehe ich ihn. Ihn, dessen Namen ich nicht aussprechen will. Ihn, der versucht hat, mein Leben zu zerstören. Ihn sehe ich fast jede Nacht, wenn ich schlafe. Und am Tage, wenn ich mich in meinen Träumen verliere. Er liegt da. Auf einer Bahre festgeschnallt. Er schläft, Schlingen um seine beiden Fußgelenke, seine Arme festgezurrt. Er liegt auf dem Rücken. Seine Augen sind geschlossen. Wenn er so daliegt – wie aufgebahrt –, sieht er friedfertig aus. Doch in ihm lauert der Teufel. Das Böse ist in ihm gefangen. Würde er jetzt seine Augen öffnen, könnte ich das Böse in ihm sehen. So wie damals, im Herbst 2004. Als ich mich umdrehte, weil ich etwas ahnte. Weil mich eine innere Stimme zu warnen schien. Ich höre heute noch die Schritte hinter mir. Madschid, dieser junge Kerl, der einfach nicht begreifen wollte, dass Liebe sich nicht erzwingen lässt. Ich konnte seine Anwesenheit spüren. Ich wusste, ohne ihn zu sehen, dass er mir wieder nachstellte.

Was mochte er vorhaben? Würde er mich wieder anbetteln? Oder würde er erneut Forderungen stellen? Mich, meinen Körper, meine Liebe zu ihm einfordern? Eine Liebe, die nur in seinem Kopf existiert. Eine Liebe, die ich ihm nicht bieten kann. Niemals.

Würde ich ihm das zum wiederholten Male erklären müssen? Würde ich ihm erneut sagen müssen, dass ich ihn nicht liebe? Ihn nicht kenne, ihn nicht kennenlernen möchte? Ihm klarmachen, dass er nicht auf mich warten, nicht auf meine Liebe hoffen darf? Wollte er denn nicht begreifen? Was, dachte ich verzweifelt, musste ich denn noch tun, damit dieser Mann endlich von mir ablässt?

Als ich mich damals umdrehte, sah ich seine Augen. Sie waren dunkel, ohne jedes Gefühl. Und entschlossen. Ich sah das Böse in seinen Augen – den Teufel. Und dann sah ich seine Hände. Sie hielten etwas umfasst. Ein rotes Gefäß, wie eine kleine Karaffe. Madschid starrte mich mit weit aufgerissenen Augen an. Was war das in seinem Blick? Hass? Verzweiflung? Enttäuschung? Was ich da in ihm sah, war kalt. Vollkommen kalt.

Und dann wurde es heiß. Glühend heiß. In meinem Gesicht, in meinen Augen – in meiner Seele.

Jetzt kann ich ihn wieder sehen. Denn mein inneres Auge, meine Gedankenwelt, meine Phantasie konnte er mir nicht rauben. Ich sehe ihn daliegen. Nur er und ich. Er kann sich nicht wehren – er darf sich nicht wehren. Er gehört jetzt ganz alleine mir. Seine Augen gehören mir…

Sie haben ihn zum Schlafen gebracht. Mit einer Spritze haben sie ihm die Augen geschlossen, die er durch meine Hand nie wieder öffnen wird. Sie haben ihn unter Vollnarkose gesetzt, damit er den Schmerz nicht spüren muss, den ich ertragen musste, als er mir die beißende Säure ins Gesicht schleuderte. Aber er wird den Schmerz noch spüren. Er wird ihn danach überfallen. Der Schmerz der Dunkelheit – der ewigen Dunkelheit.

Ich ertaste seine Augen und öffne sie. Mit Daumen und Zeigefinger meiner linken Hand ziehe ich seine Lider auseinander. Ich sehe im Geiste den dunklen Punkt auf dem weißen Rund. Meine rechte Hand nähert sich seinem Auge. Die Pipette ist voll. Mit Säure. Ich muss sie ihm ins Auge tropfen. Ich muss dieses Urteil vollstrecken. Für mich und alle Frauen, die gequält, geschlagen und zerstört werden, muss ich es tun. Hier im Iran – und überall auf der Welt. Dieser Richterspruch, den ich nach einem langen, harten Kampf erwirkt habe, steht für Gerechtigkeit. Davon zumindest bin ich überzeugt – meistens …

Es gibt Momente, da schreit Madschid. Er strampelt wie besessen, zerrt an den Gurten, die ihn auf der Liege festschnallen. Sein Körper bebt, sein Herz rast, seine Lungen ringen nach Luft. Sein Kopf schlägt wie wild von einer Seite auf die andere. Meistens jedoch rührt er sich nicht. Dann spürt er das zerstörerische Werk der Säure nicht. Er schläft und bemerkt nicht, wie diese wenigen Tropfen seine Augen auffressen. Das Licht in seinem Leben auslöschen – so, wie er es mit mir getan hat. Es ist nichts zu hören, außer diesem leisen bösartigen Zischen und Gurgeln in seiner Augenhöhle.

Aber irgendwann wird er schreien. Wenn er wieder aufwacht. So, wie ich jeden Morgen schreie. Lautlos schreie, wenn ich meine Augen öffnen möchte und es nicht kann. Es nie wieder können werde, weil er mir alles geraubt hat – meine Augen, mein Leben, meine Unschuld, meine Schönheit. Er wird schreien. Anfangs laut und durchdringend. Und er wird weinen. Ihm wird nicht mehr viel bleiben im Leben. Nur die Bilder in seinem Kopf und die Träume, die sich nie erfüllen werden. Diese ewig wiederkehrenden Träume werden ihm bleiben. Alles andere ist weggeätzt, verbrannt, zerstört.

Ich kann nichts mehr sehen, und ich kann mich nicht mehr sehen.

Manchmal bin ich froh und dankbar dafür, dass Allah es mir erspart hat, mein Spiegelbild zu betrachten. Sonst müsste ich Tag für Tag in ein Gesicht schauen, das nicht mehr meines ist. Ein Gesicht, das fremd, hässlich und entstellt ist.

Ihm wird sein Gesicht bleiben, auch wenn er es durch seine feige und grausame Tat längst verloren und durch eine hässliche Fratze ersetzt hat. Damit wird er leben müssen.

»Ameneh, dein Blindenstock ist dir lästig, stimmt's?« Die junge Bäckereiverkäuferin riss mich aus meinen Gedanken.

»Ich hasse ihn«, sagte ich zu der Frau, die ihre warme Hand auf meine Schulter gelegt hatte.

»Das sieht man dir an.«

»Ich kann ihn nicht ausstehen, aber ich bin auf ihn angewiesen. Er ist jetzt mein Auge. Ohne ihn könnte ich nicht einmal das kleine Stück bis zu deinem Laden gehen.«

»Warum schaffst du dir keinen Blindenhund an?«

»Ich wünschte, die Wissenschaft käme eines Tages dahin, mir mein Augenlicht wiederzugeben.«

»Ja«, sagte sie, »das wäre schön. Aber wer weiß, was morgen sein wird!«

Sie hatte recht. Wer wusste schon, was morgen ist? Vielleicht kommt ja tatsächlich der Tag, an dem ich wieder sehen kann. Als die Menschen einst vom Fliegen träumten, hätte auch niemand geglaubt, dass wir eines Tagen innerhalb weniger Stunden von einem Kontinent zum nächsten reisen können. Wie gerne würde ich Barcelona mit eigenen Augen sehen! Spazieren gehen, den Himmel sehen, die Menschen, die Erde zu meinen Füßen, Gärten, Bäume … Wenn ich könnte, würde ich sofort loslaufen, mich an den Strand setzen und den Wellen zuschauen. Oder ich würde auf den Tibidabo steigen, den Himmel und die Stadt von dort oben aus betrachten.

Zu schade, dass ich nicht in den Park Güell gehen kann, um Gaudís Mosaiken und Skulpturen zu bewundern, von denen alle so schwärmen. Stattdessen muss ich mich auf die allernächste Umgebung meiner Wohnung beschränken – gehe immer nur zwei Straßen hin, zwei Straßen her.

Ich verabschiedete mich von der jungen Verkäuferin, verließ die Bäckerei, kaufte in einem benachbarten Laden eine Handvoll Audiokassetten und kehrte in mein Zimmer zurück. Mein Buch wartete auf mich. Meine Geschichte, die ich endlich selbst erzählen wollte, nachdem so viele Zeitungen und Magazine weltweit über meinen Fall berichtet hatten. Und dabei nur ganz selten die wahre Geschichte erzählt haben. Es lag nun an mir selbst, mich mit meinem Leben auseinanderzusetzen und es schließlich zu Papier zu bringen.

Ich wohnte zu jener Zeit – im Juli 2009 – in Barcelona bei Maria-Rosa zur Miete, einer mürrischen alten Dame, die mich von morgens bis abends drangsalierte. Sie brachte mich an manchen Tagen an den Rand der Verzweiflung. Wenn der Zigarettenrauch in dicken Schwaden unter meiner Tür hindurch in mein Zimmer drang, weil sie wieder einmal schlecht gelaunt war. Dabei wusste sie natürlich, dass meine Lungen seit dem Angriff sehr empfindlich reagierten und ich von ihren Zigaretten heftige Hustenanfälle bekam. Das Fenster zu öffnen half gar nichts, zumal im Winter, wenn sie mir mit knappen Worten erklärte: »Gas ist teuer«, ihre Miete kassierte und die Heizung nicht anstellte. Dagegen konnte ich mich nicht wehren, schließlich wusste Maria, was auch mir klar war: Ohne Augenlicht und ohne Geld würde ich nie eine andere Unterkunft finden.

Aber es gab einen guten Grund für Maria-Rosas Verbitterung, schließlich hatte die alte Frau bei einem Unfall auf einen Schlag ihren Mann und ihren Sohn verloren. Und doch fragte ich mich in den vielen kalten Wintertagen, ob sie eines Tages verstehen würde, was sie mir angetan hat? Dass sie mich mitunter behandelte, als ob ich irgendeine geheime Mitschuld an ihrem Schicksal hätte …

Ich wandte den Kopf in Richtung Fenster. Dort hing ein blauer Vorhang. Ich wusste das, weil ich mir mein Zimmer einmal hatte beschreiben lassen. Die bunte Decke über dem Bett, die braune Tür, der graue Fußboden – all diese Dinge sah ich nur vor meinem inneren Auge. Der Himmel musste blau sein, das konnte ich fühlen. Wetter kann man spüren. Sonne, Wolken, Nieselregen, Wind fühle ich auf meiner Haut. Und ich kann das Wetter draußen riechen und hören – Sinneswahrnehmungen, die mich bis zu diesem Attentat nicht weiter interessiert hatten. Die vermutlich die meisten Menschen gar nicht registrieren, weil sie ganz viele Dinge in der Welt nur über die Augen wahrnehmen – und dann sofort wieder vergessen.

An jenem Tag im Juli musste ich den Anfang machen. Es war der Tag, an dem ich damit beginnen musste, mir alles, was geschehen war, wieder vor Augen zu führen. Und alles, was hinter mir lag, erneut zu durchleben. Ich hatte mir fest vorgenommen, mein Buch auf Band zu sprechen.

An diesem Morgen, wie jeden Tag, hatte ich geduscht, mich abgetrocknet, mein Gesicht mit Salbe eingerieben, Augentropfen in mein rechtes Auge geträufelt und meine schwarze Brille aufgesetzt. Ich zog die Jeans an, die mir so gut gefallen hatte, als ich noch ein wenig sehen konnte, und deren Farbe, hellgrau, mir noch lebhaft in Erinnerung war, streifte den weißen Trenchcoat über, den ich mir in Barcelona gekauft hatte, und ging mit dem Blindenstock in der Hand zum Bäcker um die Ecke, zu dem ich mich immer auf eine Tasse Tee und ein Stückchen Kuchen begab, wenn ich morgens nicht recht in Stimmung war.

Mir schwirrte so vieles durch den Kopf in dieser Zeit. Die Zeitungsartikel, Radio- und Fernsehberichte, die Interviews und all die Fragen, die von außen und in meinem Innersten seit geraumer Zeit bohrten. Und nun saß ich da mit meinem Aufnahmegerät und den Kassetten, und die Fragen wurden noch quälender. Was war mit mir geschehen? Wie hatte es so weit kommen können? Warum ich? Wer war ich überhaupt? Wie würde es mit mir weitergehen? Würde es denn überhaupt weitergehen?

Mein Leben war bis dahin immer ein geruhsames gewesen. Es war friedlich, entspannt, glücklich und erfüllt. Heute aber ist es schwer, traurig und kompliziert. Heute muss ich über das Leben eines anderen Menschen entscheiden – und ich muss jeden Tag erneut einen Weg finden, mich in meiner neuen Welt zurechtzufinden. Alles, was mir wichtig und wertvoll war, hat er mir einfach geraubt.

Und nun sprach die halbe Welt über mich. All diese Berichte, in denen mein Schicksal beschrieben und mein eiserner Wille diskutiert wurde. Manche hießen gut, was ich vollenden wollte, andere verurteilten mich. Die einen verstanden und bestärkten mich, andere schlugen auf mich ein. Unterstützung bekomme ich meist von Menschen, die mich kennen, die mit mir gelitten oder meine Geschichte über längere Zeit hinweg verfolgt haben. Sie verstehen, warum ich diesen Kampf aufgenommen und ein Gericht in Teheran zu einem ungewöhnlichen Urteil gedrängt habe. Sie wissen, warum ich hartnäckig geblieben bin, bis mir die iranische Justiz mein Recht auf Vergeltung zugesprochen hat.

Und nun war es so weit. Ich darf meinem Peiniger das antun, was er mir angetan hat. Ich darf ihn blenden. Ihm sein Augenlicht nehmen und ihn zu einem Leben in Dunkelheit verurteilen. So, wie er es mit mir getan hatte.

Ob ich das schaffe? Ob ich wirklich die Kraft dazu habe? Ich, die ich nie – wie man so sagt – einer Fliege etwas zuleide tun konnte? Ich, Ameneh Bahrami?

Ja, ich!

Ich werde es tun – davon bin ich überzeugt, wenn ich nicht gerade Zweifel hege. Was sollte mich daran hindern? Und falls ich zögern sollte, wenn ich an seine Seite trete, müsste ich mir nur vor Augen führen, was er aus mir gemacht hatte. Ich müsste mich nur erinnern an die schweren Minuten, Stunden, die ich durchlitten habe. Müsste mir nur den Augenblick vergegenwärtigen, als er mir Säure ins Gesicht geschüttet und sich mit seinem Herz aus Stein aus dem Staub gemacht hatte. Wie er an der nächsten Ecke stehen geblieben war und zugesehen hatte, wie ich qualvoll verbrannte. In jener Sekunde müsste ich mir nur in Erinnerung rufen, dass er mir meine schönen Augen genommen hat. Dass ich Tag für Tag vergeblich versuche, mir die Welt vorzustellen, in der ich seit Jahren lebe, ohne sie je gesehen zu haben. An die Zeiten ohne Geld, voller Schmerz, voller Kummer werde ich denken müssen, wenn ich mein Recht auf Vergeltung wahrnehmen werde.

Diese Vorstellung stärkt mich.

Niemand kann mir abnehmen, was ich tun werde, niemand soll es mir abnehmen müssen. Die Zeitungen schrieben: »Ameneh Bahrami will sich rächen.« Aber es geht nicht um Rache. Es geht um all die Frauen und Mädchen weltweit, die mit Säure verätzt oder mit kochendem Wasser verbrüht werden, ohne dass die Täter zur Rechenschaft gezogen werden. Das will ich mit meinem Urteil verhindern. Zumindest glaube ich, dass ich mit meiner Entscheidung etwas bewegen kann, auch wenn mich immer wieder Zweifel überkommen.

Ich muss mit diesem Urteil fertig werden, und ich muss mit der bevorstehenden Vollstreckung leben können. Eine Antwort auf diese bohrenden Fragen und Zweifel habe ich nicht. Ich weiß nicht, wie ich damit zurechtkommen werde, einen Menschen geblendet zu haben. Aber ich weiß, wie es sich anfühlt, ein Glasauge zu berühren, um Tropfen daraufzuträufeln, damit sich das künstlich hinoperierte Lid schmerzfrei öffnen und schließen lässt.

Warum sollte ich versagen? So, wie ich meine Augen ertastet habe, werde ich seine erspüren und ihm die Säure hineinträufeln. Sollen doch alle sagen, ich sei eine Henkerin – eine Barbarin. Keiner von denen, die über mich richten, hat das durchgemacht, was ich erleiden musste. Keiner weiß, wie es sich anfühlt, wenn man verbrennt – innerlich und äußerlich. Keiner, der sich hier möglicherweise ein Urteil gebildet hat, musste sich von Madschid und seiner Familie vor Gericht demütigen lassen.

Oft genug fühle ich mich ganz und gar zerrissen. Der Augenblick, in dem ich das Urteil vollstrecken werde, wird ein schwerer sein. Aber ich denke, ich finde auf diesem Weg meine Ruhe wieder, die ich seit jenem Abend, an dem er mich hinterrücks überfallen hatte, verloren habe. Und alle Menschen, die wie Madschid Mowahedi ein Herz aus Stein haben, werden in diesem Moment jämmerlich zittern vor Angst. Sie werden sich künftig überlegen, ob man einen Menschen ungefragt besitzen und ungestraft misshandeln darf.

Die Lösung liegt auch nicht darin, dass unser jetziger Präsident Ahmadinedschad jungen Mädchen rät, noch vor dem Schulabschluss zu heiraten, weil Probleme meist erst danach beginnen. Was würde eine frühe Heirat ändern? Dass junge Frauen nicht reif und gebildet genug werden können, um einen eigenen Willen zu entwickeln? Nicht mündige Frauen sind dafür verantwortlich, was manche Männer mit ihnen anstellen, sondern die Täter sind es, die sich einem modernen, aufgeklärten Denken verschließen und verweigern.

Was ist das »Nein« einer Frau in einer Gesellschaft wert, in der schon bei kleinen Kindern größte Unterschiede zwischen Jungen und Mädchen gemacht werden und das Leben einer Frau nur halb so viel wert ist wie das eines Mannes? In manch einer Familie werden Jungen bevorzugt und von Kindesbeinen an verhätschelt. Schon die Kleinsten lernen, dass sie wichtiger sind als ihre Schwestern. Dass sie alles bekommen, was sie sich wünschen, während die Mädchen häufig schon sehr früh auf sich alleine gestellt sind. Sie erfahren schon in frühester Kindheit, dass ihre Mütter nicht die gleichen Rechte wie ihre Väter haben und auf Gedeih und Verderb von ihren Ehemännern abhängig sind. Dieses Ungleichgewicht prägt schon sehr früh das Frauenbild mancher jungen Iraner. Am

Ende werden viele Eltern ihrer Jungen nicht mehr Herr, weil die kleinen Paschas nicht mehr zu bändigen sind.

Nach allem, was ich heute weiß, bin ich das Opfer solch eines kleinen Tyrannen geworden. Der Gefahr, der ich mich mit meiner ablehnenden Haltung ausgesetzt habe, war ich mir nicht bewusst, zumal es in meinem Leben auch andere Männer gab, die damit umgehen konnten, dass ich ihre Gefühle für mich nicht erwiderte.

Meine Freundinnen und ich ahnten zwar, dass wir eines Tages an einen Mann geraten könnten, der sich nicht mit ein paar freundlichen Worten zufriedengeben würde. Aber keine von uns dachte jemals daran, dass sie eines Tages ihren freien Willen möglicherweise mit dem Leben oder der Gesundheit bezahlen müsste. Zumal wir nicht zu jenen Frauen zählten, die auf Flirt oder Anmache aus waren.

Dieser junge Mann, der mein Leben verändert, ja auch zerstört hat, ist ein klassisches Produkt einer Gesellschaft, die auf massive Unterschiede zwischen den beiden Geschlechtern baut. Und er ist ein Mann, der – wie er es in den letzten Jahren schon bewiesen hat – wohl nicht mehr zur Vernunft kommen wird.

Von seiner Zelle aus hat Madschid seinen Gefängnisgenossen einmal geschrieben: »Was ich getan habe, hat mich sechs Monate lang in den Schlagzeilen gehalten.« Nicht nur das – Madschid ist noch auf etwas anderes stolz: Nach dem Attentat fand er mit einem Mal unzählige Nachahmer. Männer, die wie er glaubten, sie könnten sich als Herrscher über die Gefühle und das Leben junger Frauen aufschwingen.

Bevor er mich angegriffen hat, lag der letzte Säureanschlag auf eine iranische Frau acht Jahre zurück. Zwei Mädchen wurden damals schwer verletzt, und der Täter wurde nach einem Gerichtsverfahren umgehend hingerichtet. Acht Jahre war nach diesem Urteil Ruhe – bis Madschid diesen Bann wieder brach.

Ich, Ameneh Bahrami, werde etwas tun, das diesen Kerl bis an sein Lebensende in Atem hält und an seine Schlagzeilen, auf die er offenbar so stolz ist, für alle Ewigkeit erinnern wird. Nicht nur er – alle seinesgleichen werden sehen, dass eine einzelne Frau nicht klein und hilflos ist. Sie werden erkennen müssen, dass eine Frau ihr Schicksal in die eigenen Hände nehmen kann. Genau das werde ich ihm und seinen Brüdern im Geiste beweisen, wenn ich das Urteil vollstrecke. Nach dem Richterspruch, den ich in Teheran erstritten hatte, hörten die hinterhältigen Säureangriffe auf iranische Frauen plötzlich wieder auf. Vielleicht ein erster Erfolg.

Noch dem letzten Tyrannen sollte fortan klar sein, dass er nicht mehr machen kann, was ihm gerade gefällt. Jeder muss am Ende die Konsequenzen für sein Unrecht tragen. Wer eine Grausamkeit verübt, wird eines Tages zur Rechenschaft gezogen. Und nun liegt es an mir, Madschid seiner gerechten Strafe zuzuführen.

3.
Rückblick –
Eine Kindheit im Iran

Ich erinnere mich noch genau an den Tag. Es war einige Zeit nach dem verhängnisvollen Attentat; ich lebte in Barcelona. Und ich geriet wieder einmal mit meiner älteren Schwester Schirin in Streit. Sie wurde gehässig: »Mama und Papa wollen dich nicht mehr. Sie haben Angst vor dir, so, wie du jetzt aussiehst. Keine Augenlider mehr, keine Pupillen. Dein Gesicht völlig entstellt … Noch dazu sind deine Hände verunstaltet, ganz verätzt, alle beide. Wie ein Monster siehst du aus! Frag dich doch selbst: Wie sollen unsere Eltern dich bei diesem Anblick überhaupt noch liebhaben können?«

Eine Welt stürzte für mich zusammen. Ich brach in Tränen aus und rief verzweifelt meinen Vater in Teheran an: »Stimmt das? Habt ihr mich wirklich nicht mehr lieb, weil ich meine Schönheit verloren habe?« Er beruhigte mich. »Wir hatten dich immer lieb und werden dich auch immer lieben. Du warst unser Wunschkind. Wir haben uns von Gott ein zweites Kind gewünscht – nicht nur, damit Schirin einen Bruder oder eine Schwester bekommt. Glaub mir, wir haben dich herbeigesehnt, Ameneh.«

Ich atmete auf und erinnerte mich daran, was mir meine Mutter einmal erzählt hatte: »Deine Geburt wird mir unvergesslich bleiben, Ameneh. Stell dir vor, du bist das einzige meiner fünf Kinder, das im Krankenhaus vertauscht wurde! Ich sah dich kurz, direkt nach der Geburt, bevor ich in Tiefschlaf fiel: ein kleines, überaus hässliches, dunkelhäutiges Ding mit schwarzen Kulleraugen und glattem, sehr dichtem Haar. Du warst so hässlich, dass wir alle lachen mussten ...« Meine Mutter hielt kurz inne und erzählte dann lächelnd weiter: »Das Kind, das man mir später brachte, war viel hübscher als das Baby, das ich geboren hatte. Ich rief die Schwester und erklärte ihr, dass dies nicht mein Baby sei und eine Verwechslung vorliegen müsse. Die Schwester prüfte das Erkennungsbändchen, und wirklich, jemand hatte das Kind vertauscht. Stell dir vor, mein Schatz, wenn mir das damals nicht aufgefallen wäre, hätten die anderen Eltern vielleicht gar nicht gemerkt, dass du nicht ihre Tochter bist. Sie hätten dich mit nach Hause genommen, und wir hätten dich vielleicht nie wiedergefunden. Und hätten nie miterlebt, was für ein schönes Kind aus dir geworden ist.«

Und heute? Heute war ich wieder hässlich. So entstellt, dass die Leute auf der Straße sich von mir abwandten.

Ich kam am 29. September 1978 als Tochter liebender und frommer Eltern zur Welt. Mein Vater arbeitete im Verteidigungsministerium, meine Mutter war Hausfrau. Beide stammten aus Hamadan, rund dreihundert Kilometer entfernt von Teheran, wo sie sich eines Tages kennenlernten. Meine Mutter war damals dreizehn, mein Vater zweiundzwanzig Jahre alt, als die Verlobung stattfand. Da meine Mutter nicht volljährig war, konnten meine Eltern noch nicht heiraten – schlossen aber einen nach muslimischem Recht gültigen Ehevertrag.

Meine Mutter war noch sehr jung, als Schirin geboren wurde. »Wir wussten damals kaum, wie uns geschah«, sagte mein Vater. »Uns war nur klar: Jetzt haben wir ein Kind. Deine Mutter war noch so jung, dass sie kaum wusste, was sie mit dem Winzling anfangen sollte.« Er schmunzelte. »Nun, die Zeit verging, und als deine Mutter achtzehn wurde, haben wir geheiratet. Und damals entschieden wir uns ganz bewusst für ein zweites Kind. Also für dich – und wir haben uns sehr auf dich gefreut.«

Zu viert bezog unsere Familie bald ein Haus in einer Militärsiedlung in Teheran. Und als ich zwei Jahre alt war, schenkte Gott meinen Eltern einen Sohn, meinen Bruder Mohammad. Trotz des Altersunterschieds wurden wir bald ein Herz und eine Seele. Wir waren unzertrennlich, heckten Tag und Nacht gemeinsam Streiche aus und wurden meist auch gemeinsam dafür bestraft.

Mein Vater kaufte uns ständig Bücher. Er las gerne und viel und hatte ganze Regale voll zu Hause. Auch uns drängte er immer wieder zur Buchlektüre. So mussten wir Gedichte lesen – die weltberühmten Dichter zum Beispiel, Hafez, Sa'adi, Maulana, Khayyam. Oder Vater las uns vor, auch aus dem Koran. Ich weiß noch, wie gern ich die zwölfte Sure über den Propheten Yusuf hörte und dass ich meinen Vater oft gefragt habe, ob Yusuf denn schön war. Er bestätigte mir jedes Mal: »Ja, Yusuf hatte viele Begabungen und war wunderschön. Der Prophet Mohammed hat einst über ihn gesagt: Gott hat die Hälfte aller Schönheit, die er der Menschheit gab, Yusuf zugedacht.«

Im Gegensatz zu unserem Vater interessierte sich Mutter nie besonders für Bücher. Sie hatte mehr Freude an Musik und Tanz und sorgte auf ihre Weise für Abwechslung. Aber aufgehorcht habe ich immer, wenn mein Vater uns von Gott erzählte. Dann fiel immer der Satz »Gott ist schön«.

»So schön wie meine Cousine Mahnaz oder wie die Frau unseres Nachbarn?«, wollte ich anfangs genauer wissen.

»Aber nein, Gott ist schöner als alles, was du dir vorstellen kannst.« Ich hakte nach. »Kann ich Gott denn sehen?«

»Ja, das kannst du. Wenn du keine Dummheiten machst, auf deine Eltern hörst, keine Widerworte gibst, andere Leute höflich grüßt, kleine Kinder nicht schlägst, kein Obst aus fremden Gärten stiehlst, wirst du Gott eines Tages sehen. Dann wirst du erkennen, wie strahlend schön er ist.«

Dass meine Hoffnung auch enttäuscht werden könnte, davon hat mein Vater mir nichts gesagt. Ich bemühte mich nach Kräften, brav zu sein, niemandem Kummer zu machen, um meiner Vorstellung von Gott so bald wie möglich ein Gesicht geben zu können. Noch stellte ich ihn mir ja ähnlich schön vor wie die Figuren, die ich aus Zeichentrickfilmen kannte. Oder wie Zorro, der allen Menschen half und so viel Gutes tat. In meinem Kinderkopf kam immer wieder eine Frage auf: Wenn Zorro seine Maske abnähme, käme dann wohl Gott zum Vorschein?

Die Zeit verging, ich wuchs heran. Meine Haut war mittlerweile nicht mehr ganz so dunkel, die Augen und Haare nicht mehr ganz so rabenschwarz wie früher, und ich wirkte weit weniger bedrohlich auf meine Spielkameraden, als es anfangs der Fall gewesen war. Allerdings hielt man mich damals nicht selten für einen Jungen: »Hey, junger Mann, mach mal Platz da!« oder »Na, na, na, nicht ganz so wild, junger Mann!«, bekam ich oft zu hören. Mein Protest traf auf taube Ohren. »Du siehst aus wie ein Junge, also bist du auch einer.«

Immerhin war ich nicht zu übersehen. Denn zu jener Zeit war ich so dick, dass meine Großmutter mich nie bei meinem Namen rief. Für sie war ich immer nur Topoli, ihr Pummelchen, und ich musste entsprechend viel Spott ertragen – beispielsweise wenn ich regelmäßig die Zweikämpfe mit meinem Bruder verlor. »Lauft mal wieder um die Wette, damit wir etwas zu lachen haben!«, forderten die Verwandten uns oft heraus. Irgendwann war ich die ewigen Sticheleien leid und nahm mir vor, es ihnen eines Tages schon noch zu zeigen!

Tatsächlich ging ich aus dem nächsten Wettlauf als strahlende Siegerin hervor! Auch wenn es Ärger mit Spielkameraden gab, zogen die meist den Kürzeren. Wer Streit mit mir suchte, musste mit Gegenwehr rechnen. Einen Jungen aus Omas Nachbarschaft schlug ich eines Tages so heftig, dass er am Kopf blutete. Meine Großmutter musste sich bei den Nachbarn entschuldigen und stellte mich gleich darauf zur Rede: »Was fällt dir ein, derart heftig auf andere Kinder loszugehen?«

Ich verteidigte mich. »Er war doch selbst schuld. Wer austeilen kann, muss auch einstecken können.«

Als wir Jahre später wieder einmal bei meiner Großmutter zu Besuch waren, ging dieser Junge – mittlerweile ein gut aussehender junger Mann – draußen vor dem Haus vorbei, und Großmutter fragte mich: »Weißt du noch, wie du ihn damals vermöbelt hast?«

Der Junge musste uns gehört haben, denn er hob den Blick und grüßte freundlich: »Salam!«

Ich, inzwischen eine junge Dame, erwiderte seinen Gruß artig und fragte ihn dann: »Weißt du noch, wie du mich geärgert und dafür ordentlich eins von mir auf die Nase gekriegt hast?«

»Ja, das hab ich noch lebhaft vor Augen, und ich möchte dich nachträglich um Verzeihung bitten«, sagte er und strahlte. Ich verzieh ihm natürlich – wir lachten beide und unterhielten uns noch eine Weile.

Es war eine schöne Zeit damals – wir hatten eine glückliche Kindheit. In den Sommerferien brachten unsere Eltern Mohammad und mich jedes Jahr nach Hamadan zu unseren Großeltern. So entkamen wir der öden Militärsiedlung in der Großstadt während der heißesten Zeit des Jahres. Wir genossen drei wundervolle Monate in der freien Natur und in Opas großem Garten, der voller Obstbäume stand. Wenn wir ihn zur Erntezeit gemeinsam mit meinem Großvater durchstreiften und er mit seinem Gehstock gegen die Baumstämme schlug, regnete es Obst für uns alle. Das sammelten wir in mitgebrachte Säcke und hatten jede Menge Spaß dabei. Wenn uns die Ernte in Großvaters Garten nicht genügte, holten Mohammad und ich unterwegs noch heimlich ein paar Früchte aus den Gärten der Nachbarn.

Die Besuche bei unseren Großeltern in Hamadan waren kleine Zeitreisen. Von der modernen und komfortablen Wohnung in Teheran ging es in das Haus meines Großvaters, wo der Fußboden noch aus gestampftem Lehm bestand und die Toilette in einem kleinen, unbeheizten Verschlag auf dem Hof untergebracht war. Hier standen die Uhren still – auch gesellschaftlich, aber das bemerkten wir Kinder zu jener Zeit natürlich noch nicht.

Mein Bruder und ich wollten in den großen Ferien in Hamadan möglichst viel Spaß haben, weil das Leben in der Militärsiedlung in Teheran oft eintönig war. Mein Vater, der Soldat, führte zu Hause ein strenges Regime. Kinderspiele hatten möglichst lautlos vonstattenzugehen. Lästig war uns auch, dass wir schon von klein auf in aller Herrgottsfrühe fürs Morgengebet aus den Betten kriechen mussten. Mutters Proteste – »Die Kinder sind doch noch viel zu klein!« – waren vergeblich.

»Je früher sie beten lernen, desto besser«, führte mein Vater ins Feld. Auch deshalb war Hamadan für uns ein fast paradiesischer Fleck. Kein Vater, der uns zu irgendetwas zwang, keine Mutter, die uns ständig in den Ohren lag: »Tut dies, tut jenes – eurem Vater zuliebe.« Die Großeltern ließen uns viel Freiraum. Und weil, wenn wir etwas angestellt hatten, zwischen Mohammad und mir selten der wahre Schuldige auszumachen war, gab es auch nie Prügel. Bis auf eine Ausnahme. Ein einziges Mal wurde meinem Bruder derart der Hintern versohlt, dass ihm Hören und Sehen verging.

Mein Großvater rauchte gern selbst gedrehte Zigaretten und besaß eine sehr schön mit Intarsien verzierte Tabakdose, auf der ein kleiner Vogel in einem großen Garten zu sehen war. Wir schauten ihm gerne zu, wenn er sich die Zigaretten drehte, und versuchten es auch einige Male vergeblich selbst.

Manchmal bettelten wir: »Bitte Opa, nur einmal ziehen … bitte!«

Mein Großvater ließ sich eines Tages erweichen, ich nahm meinen ersten Zug von seiner Zigarette und bekam prompt einen Hustenanfall.

»Siehst du, was hab ich gesagt, Rauchen ist nichts für Mädchen. Nur Männer rauchen«, sagte Opa und befand das Thema damit für erledigt. Mein kleiner Bruder aber nutzte lange danach noch jede Gelegenheit, mir meine kleine Blamage unter die Nase zu reiben. Wann immer Großvater seine Zigarette ablegte, pflückte Mohammad sie vom Aschenbecherrand, pflanzte sich paffend in Prahlerpose vor mir auf und stichelte: »Siehst du, Rauchen ist nur was für Männer.«

Ich hielt dagegen: »Du kannst ja nicht mal Zigaretten drehen. Wie willst du jemals rauchen lernen?«

Die Neugier trieb uns eines Nachmittags, mit Schere, Papier und Buntstiften gerüstet, in den Schuppen meiner Großmutter am Ende des Hofs. Es wäre doch gelacht gewesen, wenn wir nicht unsere eigenen Zigaretten drehen könnten. Zunächst hieß es, alle Buntstifte in winzige Stücke zu zerbröseln, und fertig war unser Tabak. Dann schnitten wir das mitgebrachte Papier zurecht, entsprechend der kleinen Vorlage, die wir unserem Großvater heimlich stibitzt hatten. Stolz wollten wir nun unsere erste Selbstgedrehte rauchen, rissen ein Streichholz an und … schauten in die entsetzten Augen unseres Onkels, der – ausgerechnet in diesem Moment – sein Schlafzimmerfenster, dem Schuppen direkt gegenüber, weit aufriss, weil er lüften wollte.

»Die Kinder zünden den Schuppen an!«, schrie der Onkel und stürzte nach draußen. Ich verkroch mich, so rasch ich eben konnte, unter einer Waschwanne und hörte auch schon, wie Mohammad die erste Standpauke abbekam: »Willst du mich ins Unglück stürzen oder dich selbst?«, schrie mein Onkel ihn an, während er ihm das noch brennende Streichholz aus der Hand schlug.

»Was soll ich deinen Großeltern sagen, wenn ihr hier verbrennt? Und wo ist deine Schwester überhaupt?«

Ich hörte ihn schimpfen, kroch unter der Wanne hervor und lief um mein Leben.

Auch unser Großvater war inzwischen aus dem Haus gekommen. Ich wich ihm aus, lief auf die Straße – Opa mir dicht auf den Fersen. Als er einsehen musste, dass ich ihm entwischt war, rief er die Nachbarn zu Hilfe. »Ibrahim! Wahid! Haltet Ameneh auf, damit ich sie übers Knie legen kann! Du hast mir fast mein Haus angezündet – du Tunicht-gut!«

Ich lief und lief bis zu der verfallenen Hütte, in die ich bis dahin nie einen Fuß gesetzt hatte, aus Angst vor bösen Geistern oder gar Mördern. Doch jetzt war sie mein einziger Ausweg. Jetzt musste ich hier Zuflucht suchen, noch dazu barfuß, weil ich meine Schuhe unterwegs verloren hatte.

Ich muss gestehen: Ein wenig stolz war ich schon, den Erwachsenen entronnen zu sein, wo ich schließlich sonst alle Wettläufe verlor. Doch da kamen die Männer auch schon.

»Hier wird sie sich kaum versteckt haben. In dieser Hütte würde ihr das Herz in die Hose rutschen vor Angst«, hörte ich meinen Großvater sagen.

»Und selbst wenn – lange hält sie es nicht aus. Sie soll nur heimkommen, dann wird sie schon sehen, was ihr blüht!«

Mein Großvater behielt recht. Lange hielt es mich nicht in dieser unheimlichen Hütte. Als ich wenig später nach Hause geschlichen kam, saß mein Großvater vor der Tür und schien mich schon zu erwarten:

»Na, da bist du ja endlich, du Brandstifterin. Geh schon rein ins Haus – ich tu dir nichts.«

»Schwörst du es bei deinem Leben?«

»Bei meinem Leben.«

Mir war die Sache nicht geheuer. Ich wollte sichergehen: »Schwörst du es auch bei Omas Leben?«

»Auch bei Omas Leben.«

»Und bei meinem?«

Nun brachte mein Handel uns beide zum Lachen. Mein Großvater versicherte mir, dass ich ungeschoren davonkäme, weil er meinem Bruder schon gehörig das Fell gegerbt hatte. Ein wenig misstrauisch noch, huschte ich an Opa vorbei ins

Haus und traf auf meinen armen Bruder, der tränenüberströmt seine Wut gleich an mir auslassen wollte: »Du hattest die Idee, und ich hab die Prügel dafür bezogen. Das wirst du mir büßen!«

Eine bissige Bemerkung konnte ich mir dann doch nicht verkneifen. »Wie war das noch? Du bist doch der Mann hier. Männer kriegen eben Prügel. Außerdem hättest du ja abhauen können, wie ich.«

Er zuckte mit den Achseln und meinte kleinlaut: »Das wollte ich ja, aber sie haben mich gleich geschnappt.«

Und dann sagte er einen Satz, der mir bis heute in den Ohren klingt: »Es ist einfach ungerecht, dass du als Mädchen immer davonkommst!« Hätte er doch nur recht behalten, mein kleiner, beleidigter Bruder ...

4.
Einsicht –
Sicherer in Jungenkleidern

Als Mädchen trug ich immer Jungenkleider. Mein Vater wollte, dass ich Hosen anzog, um wie ein Kerl auszusehen. »So bist du sicherer«, war seine immer gleichlautende Begründung.

Ich trug also weder Kleider noch Röcke, sondern stets Sachen, wie sie auch mein Bruder anhatte. Eines Tages aber setzte ich meinen Willen durch – es war zu Nowruz, dem muslimischen Neujahrstag, einem einundzwanzigsten März. Ich, damals noch im Vorschulalter, wurde herausgeputzt, trug ein Kleid, feine Schuhe und eine farblich passende Haarspange, die meine dichte Mähne im Zaum halten sollte. Richtig hübsch sah ich aus, pummelig zwar, doch ich war sehr zufrieden mit meinem Aussehen. Wir besuchten entfernte Verwandte meines Vaters. Und während die Erwachsenen oben im Wohnzimmer plauderten, sollten die Kinder im Untergeschoss spielen.

Auf dem Weg nach unten begegnete ich – noch keine sechs Jahre alt – einem jungen Mann, wohl um die zwanzig, der mich freudig begrüßte: »Ja, sieh mal einer an, wer bist du denn, du hübsches Kind?«

»Ich bin Eqbals Tochter, und wir gehen jetzt spielen«, gab ich unbefangen zur Antwort.

»Na, dann will ich euch mal Gesellschaft leisten«, meinte der junge Mann und strich mir dabei übers Haar. Was ich zunächst für eine harmlose freundliche Geste hielt, machte mir bald Angst, denn der junge Verwandte berührte mich in den nächsten Minuten noch mehrmals und gar nicht mehr so beiläufig, wie es zunächst schien. Als er schließlich vorschlug, »Blinde Kuh« zu spielen, und mir vor allen anderen die Augenbinde anlegen wollte, wehrte ich endgültig ab, ließ meinem Bruder den Vortritt und flüchtete atemlos, während er Mohammad die Augen verband, zu meinem Vater auf den Schoß.

»Du bist ja ganz aus der Puste, Ameneh, Kind, was ist denn passiert? Hat dich jemand geärgert?«

»Nein!«

»Wo ist Mohammad?«

»Der spielt unten noch mit den anderen.«

»Und du spielst du nicht weiter? Ist dir die Lust vergangen?«, fragte mein Vater, der zu spüren schien, dass etwas vorgefallen war, worüber ich nicht sprechen mochte. Von jenem Tag an aber war mir klar, dass Jungenkleider mir tatsächlich einigen Ärger ersparen würden. Fortan trug ich kein einziges Mädchenkleid mehr – bis zu meinem ersten Schultag.

»Eines Tages bist du alt genug«, hatte meine Mutter immer gesagt, wenn ich ungeduldig fragte, wann ich endlich zur Schule gehen könnte. Ich begriff kaum, warum Nachbarskinder mich darum beneideten, dass ich mich nicht mit Hausaufgaben quälen und keine kostbare Freizeit für lästige Schulpflichten opfern musste. »Alles zu seiner Zeit«, hieß es oft aus

Mutters Mund. Und dann war es endlich so weit, aber schon bald plagte mich eine neue Sorge: Was konnte ich tun, um gute Diktate zu schreiben? Meine Noten in Mathematik und allen anderen Fächern waren mehr als passabel. Wenn es aber ans Diktateschreiben ging, versagte ich regelmäßig. Höchstens zwei von zwanzig möglichen Punkten bekam ich jedes Mal. Nichts wünschte ich mir damals sehnlicher – und vergeblicher – als einen Zauberstift, der mir zwanzig Punkte bescheren würde.

Meine Mutter übte stundenlang Diktate mit mir, obgleich sie ja auch mit meinen Geschwistern genug zu tun hatte. Nicht zuletzt, weil in jener Zeit meine kleine Schwester Schadi zur Welt kam und wir nun zu siebt waren: meine Eltern, meine große Schwester Schirin, ich, mein zwei Jahre jüngerer Bruder Mohammad, dann Farhad, drei Jahre jünger als Mohammad, und schließlich Schadi, das Nesthäkchen. Vater schärfte uns allen ein: »Lernen, lernen und noch mal lernen. Alles andere ist uninteressant.«

Und dann geschah ein kleines Wunder. Vor Glück lief ich auf dem Heimweg von der Schule laut rufend durch unsere Straße, schwang mein Diktatheft wie eine Trophäe überm Kopf: »Mama! Schau, was ich hier habe …!« Mir war völlig egal, was die Nachbarn über mich denken mochten. Für deren Kinder waren dreizehn Punkte im Diktat vielleicht normal. Für mich aber waren sie ein historischer Sieg! Zu schade, dass er einmalig blieb. Und da ich meinen Erfolg nicht wiederholen konnte, blieb mir nichts anderes übrig, als mich künftig krank zu stellen, wenn ein Diktat auf dem Stundenplan stand. Meine Mutter spielte sogar mit. Sie brachte mir Medizin ans Bett, führte lange Gespräche mit mir – bis mir eines Tages Zweifel kamen. »Was der liebe Gott wohl zu meiner Schummelei sagt? Und überhaupt, wann kann ich ihn endlich sehen, Mama? Ich bin doch brav, wenn man unseren kleinen Trick nicht mitrechnet. Ich ärgere Mohammad nicht, kümmere mich um Schadi, lerne fleißig … Warum sehe ich Gott nicht in seiner Schönheit, von der Papa immer so schwärmt?«

»Liebes Kind«, belehrte mich meine Mutter, »keiner von uns kann Gott sehen. Er ist so viel größer als wir Menschen.«

Sie setzte sich zu mir aufs Bett und sprach weiter: »Als du noch ein kleines Mädchen warst, hat dein Vater dir gesagt, dass du, wenn du brav bist, Gott eines Tages sehen würdest. In Wahrheit aber kann man ihn nicht so sehen, wie man Menschen und Dinge sieht.«

Da saß meine Mama also und eröffnete mir zwei bittere Wahrheiten auf einmal. Erstens: Ich würde Gott nie sehen können. Und zweitens: Mein Vater hatte mich belogen.

»Wie kannst du an einen Gott glauben, ihn unermüdlich loben und preisen, den du gar nicht sehen kannst?«, fragte ich ungläubig. Und weil ich nicht bloß enttäuscht, sondern auch wütend war, stand für mich plötzlich fest: »Es gibt überhaupt keinen Gott. Wie könnt ihr sagen, ihr sprecht mit ihm oder er spricht zu euch, wenn es ihn gar nicht gibt?«

Meine Mutter bemühte sich, mich zu beschwichtigen.

»Wenn du älter bist, wirst du es verstehen. Gott ist immer da, für dich, für deine Geschwister, für alle Menschen. Und wenn du Kummer hast, wenn dir das Herz schwer ist, schau einfach in den Himmel – du wirst Gottes Licht sehen und kannst mit ihm reden. Immer und überall wird er dich erhören … Dass es ihn gibt, hast du doch am eigenen Leib schon erfahren. Ist euch in Hamadan je etwas zugestoßen?«, fragte meine Mutter schließlich.

»Nein«, antwortete ich und hatte in ihren Augen damit den Beweis für Gottes Existenz erbracht.

»Siehst du«, schloss sie, »Gott hat euch beschützt. Jeden Sommer konnte ich euch beruhigt nach Hamadan ziehen lassen, weil ich wusste, ihr seid in Gottes Hand.«

Mich ließ diese Erklärung zwar äußerst unbefriedigt. Und wenn auch damals die Enttäuschung überwog, brachte das mein Leben am Ende doch nicht ernsthaft aus dem Gleichgewicht. Die Zeit verging, der Alltag nahm seinen Lauf. Erst als ich in die dritte Grundschulklasse kam, also mit etwa neun Jahren, nahm mein Leben eine erste unangenehme Wendung …

5.
Schreckensbilder –
Leben und Sterben im Golfkrieg

E s war Krieg. Ein Krieg, der für uns Kinder zunächst etwas Abstraktes war. Ein Begriff nur, der zwar täglich in den Nachrichten herumgeisterte, für unsere Familie aber nicht direkt spürbar war. Meine Familie blieb lange Zeit verschont, und die Gespräche zu Hause – zumindest die in der Gegenwart von uns Kindern – drehten sich nur sehr selten um diese Schlacht, die am Ende in fast jede Familie Tod und Trauer brachte. Auch in unsere.

Was ich vielmehr nach und nach zu spüren bekam, war die schleichende Veränderung meines Vaters. Zum einen wurde er im Laufe der Zeit immer stiller und zog sich immer mehr in sich zurück, zum anderen kam es bei ihm immer häufiger zu völlig unvorhersehbaren und spontanen Ausbrüchen, die nicht selten darin endeten, dass er uns Kinder scheinbar aus heiterem Himmel einfach verprügelte. Tagsüber führten wir ein fröhliches und unbeschwertes Leben. Aber abends, wenn mein Vater nach Hause kam, wurde plötzlich nur noch geflüstert.

Heute weiß ich, dass mein Vater in jener Zeit sehr krank war. Er war depressiv geworden, und wie ich erst sehr viel später erfuhr, war mein Vater zeit seines Lebens ein unglücklicher Mann. Ein Mann, der sich jahrelang selbst innerlich zerfraß, weil er mit seinen Lebensumständen nicht mehr zurechtkam. Die Ehe meiner Eltern war – wie so häufig in unserer Gesellschaft – eine arrangierte. Nicht meine Mutter war die Frau, die mein Vater begehrte. Es gab offenkundig eine Jugendliebe, mit der er aus familiären Gründen, auf die er keinen Einfluss nehmen konnte, nie zusammenkommen durfte. Und diese verpasste große Liebe raubte ihm viel Lebensfreude.

Mein Vater schlug eines Tages die Scheidung vor, und unsere Eltern trennten sich fast lautlos und im gegenseitigen Einverständnis innerhalb kürzester Zeit. Wir Mädchen sollten bei ihm in Teheran bleiben, meine beiden Brüder gingen mit meiner Mutter nach Hamadan.

Für uns war eine Welt zusammengebrochen. Irgendwann musste mein Vater wohl erkannt haben, dass es ihm schwerfiel, sich alleine um seine Kinder zu kümmern, und er schlug vor, wir sollten, selbst wenn wir uns dafür voneinander trennen mussten, bei unserer Mutter leben. Er wollte nicht wieder heiraten, weil eine neue Frau sicher mit uns fünf Kindern nicht gut zurechtgekommen wäre. Also packten wir unsere Sachen zusammen und zogen zu unserer Mutter nach Hamadan.

Meine Mutter war nun eine geschiedene Frau, und wir waren plötzlich Scheidungskinder, die es in dem eher traditionellen Hamadan nicht so häufig gab wie etwa in einer Großstadt wie Teheran. Wir waren zwar an dem Ort angelangt, an dem wir die wundervollsten Sommer verbracht hatten. Jetzt aber war Winter, und die Kälte zerfraß uns fast die Knochen.

Und zu allem Unglück traf schließlich der Krieg auch unsere Familie. Der erste Golfkrieg, Ende September 1980 ausgebrochen, war das jüngste Kapitel des weit über fünf Jahrhunderte alten Grenzstreits zwischen Irak und Iran um die Vorherrschaft am Persischen Golf. Neben Teheran, Tabriz und Kermanschah zählte Hamadan zu den Städten, die das irakische Militär vorzugsweise bombardierte.

Wir mussten zwar auch in Teheran immer wieder vor irakischen Luftangriffen Schutz suchen, aber in unserer Militärsiedlung gab es wenigstens Bunker. Noch heute frage ich mich, welcher Fügung wir es verdanken, dass wir diese fürchterliche Zeit überlebt haben. Sirenen, Bomber, enge Luftschutzbunker, in denen mir nicht nur vor Angst die Luft wegblieb – unvergesslich, schrecklich!

Wenn Mohammad in Teheran Flieger hatte kommen sehen, rief er nur: »Sie kommen, sie kommen!«, und wir verkrochen uns im Bunker. In Hamadan gab es jedoch keine Luftschutzräume. In dem Lehmhaus meines Großvaters stellten wir uns bei Bombenalarm an die Wand neben den Kühlschrank. Dies schien uns der sicherste Ort im ganzen Haus zu sein. Die Ungewissheit und die Angst waren aber jedes Mal schier unerträglich: Wen wird es als Nächsten treffen, dachte man bei jedem Einschlag, den man draußen hörte. Wer wird als Nächster einen geliebten Menschen zu Grabe tragen müssen? Wann trifft es uns?

Mein Onkel Asghar, damals noch keine neunzehn Jahre alt, verkündete eines Tages, er wolle auch an die Front – als Freiwilliger, Basidsch genannt.

Mein Großvater verlor fast den Verstand.

»Nein!«, sagte er mit Nachdruck. »Das verbiete ich dir! Hilf lieber, so wie bisher, bei der Versorgung mit Lebensmitteln oder indem du Kleidung beschaffst und dergleichen mehr. Du willst doch nicht etwa vor mir sterben? Ich trage dich keinesfalls zu Grabe!«

Onkel Asghar aber blieb unbeirrt. Eines Tages fälschte er die Unterschrift meines Großvaters – seines Vaters – unter einer Einverständniserklärung, zog in den Krieg und kehrte nie wieder heim.

Noch heute werde ich mit diesem Verlust kaum fertig. Wie fürsorglich er war, als wir nach der Trennung der Eltern nach Hamadan kamen! Jeden Morgen vor der Schule hat er meiner Großmutter etwas Geld für uns zugesteckt, fünf Toman für Mohammad, zwei für mich, also umgerechnet etwa fünf Cent für meinen Bruder und zwei Cent für mich. Eines Morgens, im Halbschlaf, hörte ich, wie er Großmutter das Geld gab und sagte: »Hier sind zwei Toman für Mohammad und fünf für Ameneh. Gib's ihnen für die Schule.« Meine Großmutter gab mir an jenem Morgen zwei und Mohammad fünf Toman.

»Wieso krieg ich weniger? Ich bin schließlich älter als er!«, protestierte ich.

»Weil du ein Mädchen bist«, war Großmutters einfache Antwort, »Mädchen brauchen weniger als Jungs.«

Am Abend bekam Onkel Asghar natürlich berichtet, dass seine Mutter die Anweisung missachtet hatte, und er beschloss, uns das Geld künftig persönlich zu geben.

Mein geliebter Onkel meldete sich also freiwillig in den Krieg. In den Krieg, in dem der Iran rüstungstechnisch stark unterlegen war, dieses Missverhältnis aber durch den Einsatz vieler Hunderttausend Männer – auch Kinder – ausgleichen konnte. Was müssen das für grausame Momente gewesen sein, wenn die Militärs zwölfjährige Jungen über Minenfelder laufen ließen und ihnen zuvor versprochen hatten, sie würden auf diesem Weg ins Paradies kommen. Menschliche Minensucher – Tausende von Kindern, auf den düsteren Schlachtfeldern schlicht verhetzt und verheizt …

Mein Onkel ist mit neunzehn Jahren gestorben. Er sei, so hieß es, im Grenzgebiet zum Irak in einem Kampf Mann gegen Mann gefallen. Am Ende war er einer von rund fünfhunderttausend Toten, die dieser Krieg in unserem Land gefordert hatte. In unserem Haus war fortan keine Freude mehr. So vieles erinnerte an Onkel Asghar: die Bilder, die er gemalt, und die Verse, die er in seiner schönen Schrift an die Mauer der Moschee unweit von zu Hause geschrieben hatte und an denen mein Großvater fast täglich vorüberging.

Eines Tages wurde uns die Uniform, in der Onkel Asghar gestorben war, gebracht. Ich war damals in der vierten Grundschulklasse und wusste zwar, dass mein Onkel tot war, hatte aber nicht die geringste Vorstellung davon, was Sterben wirklich hieß. Ich würde ihn nie wieder sehen. Mehr wusste ich nicht. Während die anderen im Wohnzimmer saßen, kramte ich zwischen Asghars Kleidungsstücken, stieß auf Fotos – und erstarrte zu Eis!

War das mein geliebter Onkel? Hatte der Krieg das aus ihm gemacht? Die Augen aus den Höhlen getreten, das Gesicht zerschmettert, der Bauch aufgeschlitzt. So sah also der Kampf für unsere Freiheit aus. So war Onkel Asghar am Ende zu einem Schahid geworden? Einem Märtyrer, der sich für sein Vaterland geopfert hatte?

Meine Mutter musste gehört haben, dass ich bitterlich weinte, denn sie kam zu mir ins Zimmer und erschrak: »Kind, wo hast du die Fotos her!?« Die Aufnahmen tauchten nie wieder auf ...

Tiefe Trauer war über unser Haus, über die Stadt, über das ganze Land gekommen. Eltern weinten um ihre Söhne, Frauen um ihre Ehemänner, Kinder um ihre Geschwister. Und wie viele namenlose Opfer mag dieser verfluchte Krieg gefordert haben? Wer übernahm die Verantwortung für die vielen Tausend Toten? Die Freiwilligen – die Kinder, die viel zu jung, und die alten Menschen, die viel zu schwach für den offiziellen Wehrdienst waren –, die als Vorkämpfer über vermintes Feindesgebiet in den Tod gingen und im Glauben an Freiheit und Vaterland zu Schahids, Märtyrern, wurden. Noch heute liegen mehr als zehn Millionen Minen im einstigen Kriegsgebiet verstreut und fordern täglich weitere Todesopfer, die keiner mehr zählen mag.

Wofür nur waren all die Menschen gestorben?

»Mama, was wollte Onkel Asghar mit seinem Kriegseinsatz erreichen?«, fragte ich als Kind.

»Er hat dafür gekämpft, dass wir heute in Freiheit hier leben können und nicht fürchten müssen, morgen von fremden, feindlichen Mächten beherrscht zu werden. Dass du und ich sorglos leben können, dafür ist er gestorben«, sagte meine Mutter und rief mir in Erinnerung, wie gerne Onkel Asghar Ingenieur geworden wäre.

Sie hing eine Weile still ihren Gedanken nach und machte mir dann einen Vorschlag: »Du, Ameneh, könntest doch Onkel Asghars Wunsch erfüllen. Du könntest an seiner Stelle Ingenieurin werden, seinen Weg weitergehen!«

Mein Blick fiel auf den kleinen Koran, der auf der Kommode stand. Onkel Asghar hatte oft darin gelesen. Ich nahm das Buch zur Hand und beschloss, diesen Koran von nun an zu lesen, zu studieren, mir Vers für Vers, Sure um Sure einzuprägen und den Weg fortzusetzen, den mein Onkel Asghar eingeschlagen hatte. Ich war zwar ein Mädchen, doch ich wusste, es würde mir eines Tages gelingen. Ich stellte den Koran an seinen Platz zurück und fragte meine Mutter: »Magst du nicht wieder nach Teheran zurückgehen? Hier in Hamadan ist so viel Trauer.«

Ein geschiedenes Ehepaar könne nicht einfach wieder zusammenleben, erklärte meine Mutter und schlug mir vor, meinem Vater zu schreiben, dass ich Sehnsucht nach ihm hatte. Ich schrieb ihm. Und er kam tatsächlich nach Hamadan und nahm uns alle fünf mit nach Teheran.

Doch das Leben in unserer Militärsiedlung war der reinste Alptraum. Überall Luftabwehrgeschütze, von morgens bis abends heulten Sirenen, und wir Kinder mussten ständig allein in den düsteren Bunkern Schutz suchen. Meine Mutter schrieb irgendwann, dass auch Onkel Ali an die Front gegangen sei. Ich las den Brief gerade, als erneut ein Fliegeralarm aufheulte. Dieses Mal schien es ein Luftangriff unweit vom Arbeitsplatz unseres Vaters zu sein. Wir hörten die Bomber kommen. Ohrenbetäubender Lärm. Ich verkroch mich, während Mohammad und Schirin in den Himmel schauten und die vielen Flugzeuge, die in Sichtweite ihre Todesfracht abwarfen, zählten.

War das der Weltuntergang? Sah so das Ende aus? So dunkel und düster? Und so laut? Dicke Rauchschwaden stiegen auf. Ringsum wurde alles schwarz. Offenbar war ein Munitionsdepot getroffen worden. Schirin schrie: »Gleich fliegen wir alle in die Luft. Gott steh uns bei!« Die Erde bebte, es rauchte, es stank, und dann, plötzlich, wurde es mit einem Mal totenstill.

Nach einer Weile, als wir Hilfshubschrauber des Roten Halbmonds über der Abwurfstelle sahen, machten Schirin und Mohammad sich zitternd auf den Weg, um unseren Vater zu suchen. Und so wie meine Geschwister machten sich in diesem Augenblick viele Menschen fieberhaft auf die Suche nach ihren Vätern, Söhnen, Brüdern, Ehemännern. Ich sah ihnen nach und wartete. Plötzlich erkannte ich meinen Vater, der sich den Weg durch die Menschenmenge bahnte. Ich lief auf ihn zu, und er schloss mich in seine Arme. »Ach, Papa, ich hatte schon Angst, du wärest den gleichen Weg gegangen wie Onkel Asghar!«

»Nein«, sagte mein Vater, düster und zugleich erleichtert, »ich bin davongekommen. Aber viele meiner Kollegen hatten weniger Glück als ich.«

Bald kamen auch Schirin und Mohammad die Straße entlang und erzählten mit blassen Gesichtern, dass sie Berge von Toten gesehen hatten. Nun wurde auch klar, wozu die großen Behälter dienten, die an den Hubschraubern hingen: »Da legen sie die Leichen rein und transportieren sie ab«, erklärte Mohammad. Wie gut, dass ich meine Geschwister nicht an diesen grausigen Ort begleitet hatte.

Im ersten Moment war ich nur heilfroh darüber, dass mein Vater am Leben und wir bei ihm waren. Doch dieser Angriff hatte diesen depressiven Mann in kürzester Zeit noch kränker gemacht. Mein Vater muss bei dem verheerenden Bombenangriff derart schreckliche Dinge gesehen und so viele Freunde und Arbeitskollegen verloren haben, dass er sich noch tiefer in sich zurückzog und es ihm immer schwerer fiel, sich allein um uns alle zu kümmern. Das Leben in der Militärsiedlung von Teheran wurde von Tag zu Tag trauriger und schweigsamer. Und so zogen wir schon bald wieder zurück nach Hamadan.

Doch auch hier waren alle von diesem entsetzlichen und völlig nutzlosen Krieg gefangen. Meine Großeltern trauerten noch immer um ihr gefallenes Kind und bangten gleichzeitig um ihren zweiten Sohn Ali, der noch Soldat war. Jedes Mal, wenn ein Brief von der Front kam, beobachteten wir unseren Großvater eindringlich, wie er stumm Zeile für Zeile las.

Würde er gleich lachen oder weinen? Als er eines Tages übers ganze Gesicht strahlte, wussten wir, dass Ali lebt!

»Wenigstens diesen Sohn hat Gott mir gelassen!«, freute sich Großvater. Und dann – endlich – im August 1988 wurde ein Waffenstillstand geschlossen. Imam Ayatollah Khomeini akzeptierte, wie zuvor Saddam Hussein, die UN-Resolution 598. Nach acht langen Jahren war der Krieg endlich vorbei.

Zu Ehren der Gefallenen wurden Straßen umbenannt. Und statt an den Wochenenden Freunde und Verwandte zu besuchen, beweinten die Überlebenden fortan ihre Toten. Noch heute hängen allenthalben – unübersehbar – Porträts, die an die Märtyrer von damals erinnern. Vergessen wird man sie nie. Doch man lernt nach und nach, damit zu leben, dass sie nicht mehr da sind.

6.
Familienbilder –
Bewegte Zeiten

Gegen Ende des Krieges interessierte sich ein reicher Landwirt aus Hamadan für meine Mutter und hielt um ihre Hand an. Wir Kinder – alle bis auf Mohammad – waren absolut dagegen, meine Mutter aber wollte den Antrag annehmen, um für uns fünf sorgen zu können, zumal »der Neue« offenkundig bereit gewesen wäre, uns zu adoptieren. Mein Bruder Mohammad mochte den Mann recht gern. Was nicht weiter verwundern musste, schließlich wurde der kleine Kerl reichlich mit Süßigkeiten bedacht und sah sich im Geiste bereits am Steuer seines ersten von dem Landwirt gekauften Autos sitzen.

Schirin und ich aber waren untröstlich. Gewiss hatte unsere Mutter ihre Gründe, eine zweite Ehe einzugehen, doch ihr Zukünftiger war uns nicht sympathisch; ganz abgesehen davon, dass er nicht halb so elegant war wie unser Vater. In meiner Verzweiflung fiel mir eines Abends ein, was meine Mutter mir nach ihrer Scheidung geraten hatte, als ich so große Sehnsucht nach meinem Vater hatte. »Schreib ihm einen Brief«, hatte sie gesagt, »schreib ihm, er soll dich in Hamadan besuchen kommen.« Und mein Vater hatte damals ja auch nicht lange auf sich warten lassen. Also schrieb ich erneut einen Brief nach Teheran und freute mich riesig, als mein Vater nur wenige Tage später in Hamadan vor der Tür stand: »Dein Brief war voller Fehler«, lachte er, »ich konnte ihn aber trotzdem entschlüsseln!«

Meine Eltern führten endlose Gespräche, an deren Ende mein Vater uns alle wieder mit nach Teheran nehmen wollte. Aber meine Mutter blieb bei ihrer Entscheidung und war fest entschlossen, erneut zu heiraten.

Was will sie meinem Vater bloß damit beweisen?, fragte ich mich oft. Irgendwann wusste ich mir nicht anders zu helfen und bat tatsächlich erstmals in meinem Leben Gott um Beistand: »Hilf mir, sie umzustimmen, ich flehe dich an!«

Und zum ersten Mal in meinem Leben musste ich annehmen, dass Gott mich tatsächlich erhört hatte, weil für meine kindliche Wahrnehmung ein kleines Wunder geschah. Wenige Tage vor seiner Hochzeit mit meiner Mutter erlag der Landwirt einem Herzinfarkt. Vielleicht war es das Alter. Oder die Aufregung. Oder tatsächlich Allah ... Es war ein Wunder, wenn auch ein äußerst makaberes.

Und so kam es, dass wir alle gemeinsam nach Teheran zurückkehrten, dass die Scheidung rückgängig gemacht wurde und wir von einem Tag auf den anderen wieder eine Familie waren. Eine Scheidung, wie auch ihre Rücknahme, waren einfache Verwaltungsakte, die man mit wenig Aufwand in einem Amt erledigen konnte. Der Krieg im Kleinen war beendet, es kehrte Ruhe ein – so wie auch unser vom Golfkrieg gezeichnetes Land langsam zur Ruhe kam. Die Menschen fanden sich nach und nach mit dem Verlust ihrer Lieben ab. Und auch unsere Welt schien wieder heil zu werden ...

Ein knappes Jahr verging ereignislos, bis ein Nachrichtensprecher, den Tränen nahe, eines Abends den Tod des Ayatollah Khomeini verkündete. Von Politik verstand ich zu jener Zeit nichts, aber ich kann mich noch erinnern, dass meine Eltern in diesen Tagen kein anderes Gesprächsthema mehr hatten. Zur selben Zeit verstärkten sich die Depressionen meines Vaters so sehr, dass er arbeitsunfähig wurde. Seine Krankheit, das war von Ärzten bestätigt worden, hatte ihren Anfang genommen, als mein Vater noch ein kleiner Junge war, und schien nun voll ausgebrochen zu sein.

Über die Kindheit meines Vaters hätte ich gerne mehr erfahren, aber er sprach nur sehr selten über die Zeit, in der er, als drittes von vier Geschwistern, in Hamadan aufwuchs. Sein Leben blieb über weite Strecken im Dunkeln – so dunkel, wie sein Gemütszustand zu jener Zeit gewesen sein muss. Khomeini war tot, und unser Land stand erneut vor unsicheren Zeiten.

7.
Argusauge –
Ein Mädchen auf Abwegen

Im Jahr 1990 zogen wir wieder fort aus Teheran, weil wir hofften, mein Vater würde in Hamadan auf andere Gedanken kommen. Die Ärzte meinten, etwas Abwechslung könnte ihm guttun und ihm helfen, den Krieg zu vergessen sowie über den Verlust seiner Arbeitskollegen hinwegzukommen. Mir aber fiel der Abschied sehr schwer. Natürlich fand ich die Militärsiedlung oft genug bedrückend und langweilig und freute mich auf jeden Sommer in Hamadan. Aber dennoch hatten wir auch in Teheran unweit von unserer Wohnung einen Fluss und Berge – freie Natur, in der wir uns austoben konnten. Was haben wir nicht alles angestellt, Frösche gefangen, im Haus versteckt, Fische geangelt, sie ausgenommen und ihr Innerstes genau studiert, in den Bergen wilden Rhabarber gepflückt und Füchse beobachtet.

Nun aber hieß es Abschied nehmen. Einmal mehr Abschied nehmen. Das Leben schien immer nur zu nehmen, dachte ich damals. Es nahm mir regelmäßig meine Heimat, es nahm mir das Glück, die Freunde und die Freude. Später musste ich erkennen, dass mir das Leben auch die Zeit, die Jugend und die Schönheit genommen hat. Doch das Leben gibt auch. Es schenkt uns einen reichen Schatz an Erlebnissen und Erfahrungen. Damit wir das nicht vergaßen, ermahnte mein Vater uns ständig, ältere Menschen zu respektieren und ihren Rat nicht achtlos in den Wind zu schlagen. Zu jener Zeit konnte und wollte ich das alles noch nicht verstehen. Ich war noch ein Kind. Ein Kind, das erneut seine Heimat verlassen musste.

Bald brachen wir auf zur letzten Fahrt durch unseren Stadtteil, durch endlose Straßen, von Nadelbäumen gesäumt, vorbei an all den schmucken Häusern, die Deutsche und Franzosen einst erbaut hatten. Vorbei an der Schule und an dem Kindergarten, den ich so gerne besucht hätte, als ich noch klein war. Mein Vater aber wollte damals, dass wir zu Hause groß wurden, weil er fand, wir hätten mit unserer Mutter mehr Freiheit als in dem strengen Kindergarten.

Hamadan war über viertausend Jahre alt und somit eine der ältesten Städte des Iran. Einst war die Stadt ein wichtiges Handelszentrum an der Seidenstraße, auf dem Weg zwischen Bagdad und Teheran, und weithin berühmt für ihre Trauben, ihren Mohn, für Pelze und Teppiche. Vielleicht bedeutet ihr Name ja deshalb »Stadt der Versammlung«, auch wenn der Volksmund lieber sagt, Hameh dana heiße, dass alle »weise seien«. Wie auch immer, in ihrer bewegten Geschichte war die Stadt häufig umkämpft, unter anderem von Arabern, Türken und Mongolen. In der Neuzeit, während der beiden Weltkriege, marschierten Russen und Briten ein.

Häufig zerstört, zuletzt durch die fürchterlichen irakischen Luftangriffe, die wir selbst miterlebt hatten, und ebenso oft wieder aufgebaut, ist Hamadan heute zwar keine blühende Metropole mehr, doch sie hat noch immer eine große Anziehungskraft. Die verdankt sie namhaften Persönlichkeiten, damals wie heute. Der Dichter Baba Taher zum Beispiel lebte im zehnten und frühen elften Jahrhundert hier. Und der vielleicht berühmteste Gelehrte aller Zeiten, Abu Ali Ibn Sina, Avicenna, starb 1037 im Alter von 57 Jahren in Hamadan. Er war Physiker, Mathematiker, Astronom, Alchimist, Jurist und Arzt und für einige Jahre auch der Leibarzt und Großwesir des Emirs von Hamadan. Bis heute kommen Touristen aus aller Welt, um seine Grabstätte zu sehen. Kaum vorstellbar, dass »Bouali«, wie er auch genannt wurde, schon mit zehn Jahren den Koran auswendig konnte und sich mit achtzehn als Arzt einen Namen gemacht hatte. Außerdem stammt der erste Präsident der Islamischen Republik Iran, Abolhassan Banisadr, aus Hamadan und natürlich Schirin Ebadi, die erste muslimische Friedensnobelpreisträgerin.

Wir fanden bald ein Haus mit Blick auf die Berge und endlos weite Felder, über die sich, kaum dass wir eingezogen waren, der schönste Regenbogen spannte, den ich je gesehen hatte. War er von Gottes Hand gemalt? Wie viele Kinder sehen wohl heute noch solche Regenbögen, so imposant und farbenprächtig? Ich sehe sie heute nur noch in meiner Phantasie. Zu traurig, dass die nicht ausreicht, um mir vorzustellen, wie Hamadan früher einmal ausgesehen haben mag. Gerade als wir dort hinzogen, waren Ausgrabungen im Gange. Einige Fundstücke aus dieser Zeit stehen heute im Nationalmuseum in Teheran. Ich werde sie vermutlich nie wieder sehen können.

In Hamadan kam ich zunächst in die erste Klasse der Realschule und hatte einen ziemlich weiten Schulweg. Ich hätte mit dem Bus fahren können, ging aber oft zu Fuß, weil mir der Weg über die Felder, durch die freie Natur so gut gefiel.

Die Erwachsenen fanden es zwar zu gefährlich, mich als Mädchen alleine gehen zu lassen, doch die Abwechslung half mir auch, Teheran schneller zu vergessen.

So vergingen die ersten Monate in der neuen Umgebung, und schon bald hatten wir uns an das neue Leben gewöhnt. Doch was sich so unbeschwert anließ, währte leider nicht sehr lange.

Aus für uns zunächst unerklärlichen Gründen wurden die Rentenzahlungen an meinen Vater eingestellt, und seine Depressionen wurden so heftig, dass er sich schon bald in ein Krankenhaus begeben musste. Meine Mutter hatte mit uns fünf Kindern alle Hände voll zu tun und keine Sekunde Zeit, sich in Teheran nach der ausbleibenden Altersversorgung meines Vaters zu erkundigen. Unsere Geldsorgen wuchsen von Tag zu Tag …

Inzwischen war es Winter und klirrend kalt geworden. Weil ich nun das Fahrgeld nicht aufbringen konnte, fuhr ich nicht mit dem Bus zur Schule. Ich stapfte tapfer durch hohen Schnee, der mir mal bis an die Knie, mal sogar bis an die Hüften reichte. Bewaffnet war ich auf diesen Wegen immer mit einem Knüppel, um mir die vielen streunenden Köter vom Hals zu halten, die mir unterwegs schwer zu schaffen machten. Wenn ich zitterte, vermochte ich selten zu unterscheiden, ob es vor Kälte oder vor Angst war. »Lernen, lernen und noch mal lernen!«, hatte mein Vater uns eingetrichtert. Und ich wollte mich auch nach Kräften bemühen, aber diese Kälte auf meinen Schulwegen raubte mir schier die Kraft. Dann fiel mir wieder ein, was uns der Grundschullehrer in Teheran immer wieder gesagt hatte: »Kinder, habt keine Angst vor harten Zeiten. Die werden euch formen, euch stark machen und vielleicht mehr prägen als die guten Zeiten.«

Doch auch wenn ich mir stets aufs Neue vornahm, eines Tages eine starke, mutige Frau zu werden, war ich immer heilfroh, wenn ich die Strecke bis zum alten Friedhof unverletzt überstand. Lag der alte Friedhof erst hinter mir, ging es auf befestigten Straßen weiter, und es lauerten auch keine hungrigen Hunde mehr. Meinen Schulkameradinnen verschwieg ich, dass mir, lange vor dem Ende der letzten Stunde schon, ein dicker Kloß im Hals saß: Während sie bequem mit dem Bus nach Hause kämen, lag vor mir der beschwerliche Weg durch Eis und Schnee.

Meine Mutter beschloss, sich eine Arbeit zu suchen, weil die Rentenangelegenheit meines Vaters weiterhin ungeklärt blieb. Sie fand tatsächlich bald eine Stelle als Kindergärtnerin in unserem Stadtviertel, und fortan ging es uns finanziell etwas besser. Unser Leben wurde ruhiger, wir hatten Geld für Heizöl und eine warme Mahlzeit am Tag. Mein Vater hatte sich in der Zwischenzeit etwas erholt, wurde aus dem Krankenhaus entlassen und hatte wieder etwas mehr Zeit, sich besonders um unsere kleinen Geschwister, Farhad und das Nesthäkchen Schadi, zu kümmern. Um mir den weiten Weg zur Schule zu ersparen, wechselte ich im folgenden Schuljahr in die Namdschu-Schule, die näher bei unserem Haus lag.

Eines Nachmittags rief mich die Schuldirektorin in ihr Büro und herrschte mich an: »Was denkst du dir eigentlich dabei, dich so ans Reck im Pausenhof zu hängen?« Ich schwieg und wusste beim besten Willen keine Antwort auf die unerwartete Frage. Was hatte ich denn nur angestellt?

»Weißt du, wie du aussiehst, wenn du da so baumelst, kopfüber?«, bohrte sie weiter.

»Nein, das weiß ich nicht.«

»Na, dann will ich's dir sagen: Wie ein Affe siehst du aus! Also untersteh dich, Mädchen! Wehe, ich sehe dich noch ein einziges Mal an diesem Turngerät hängen!«

Ich hielt mich an ihr Verbot und mühte mich redlich, eine brave Schülerin zu sein. So blieb ich eine Weile unbehelligt, bis eines Morgens beim Appell wieder einmal besonders genau kontrolliert wurde, ob wir Mädchen auch sauber und ordentlich waren: War die Schultasche aufgeräumt? Schaute auch kein Haar unter unserer Maghnae, der strengen schwarzen, offiziell üblichen Kombination aus Haube und Kopftuch, hervor? Waren die Hände sauber, die Fingernägel gepflegt?

Plötzlich befahl die Direktorin wie aus heiterem Himmel: »Ameneh, warte im Klassenzimmer auf mich.« Als meine Klassenlehrerin verwundert fragte, was denn vorgefallen sei, musste ich ihr die Antwort schuldig bleiben. Ich konnte ihr beim besten Willen keinen Grund nennen. Den lieferte mir alsbald die Direktorin. Sie trat dicht an mich heran, wischte mir unversehens und grob mit Daumen und Zeigefinger über ein Augenlid, wohl um zu prüfen, ob ich Wimperntusche aufgetragen hatte.

»Geh dir das Gesicht waschen!«, herrschte sie mich an. Doch auch beim Waschen kam keine Spur von Tusche zum Vorschein. Meine Beteuerungen, dass wir in der Familie alle von Natur aus dichte dunkle Wimpern und Augenbrauen hätten, halfen mir nicht. Die strenge Sittenwächterin bestellte schließlich meine Mutter ein.

Als sie am folgenden Tag in der Schule erschien, musste die Direktorin wohl einsehen, dass ich meine dichten Wimpern ganz offenbar von meiner Mutter geerbt hatte. Sie entschuldigte sich, ließ es sich aber nicht nehmen, uns ausdrücklich an die sittlichen Grundsätze der islamischen Republik zu erinnern. Es sei schließlich ihre Pflicht, darauf zu achten, dass in der Schule alles mit rechten Dingen zugehe.

Und schon wenig später stand ich beim Morgenappell erneut im Visier der Direktorin: »Ameneh, mach bitte deine Schultasche auf!« Aber mit dem Öffnen allein war es nicht getan – ich musste die Tasche auch ausräumen: Bücher, Stifte, Spitzer, Taschentücher. Die Direktorin entdeckte meine Geldbörse: »Öffnen!«, befahl sie in scharfem Ton. Ich klappte meine Geldbörse auf, dachte an nichts Böses und sah plötzlich in die blitzenden Augen der Direktorin: »Na, wen haben wir denn da!«, triumphierte sie. Ich erklärte ihr, dass es sich um ein Foto meines Vaters handele. Aber sie glaubte mir kein Wort, schien es im Gegenteil besser zu wissen: »So, so, der Papa, so jung, so hübsch … Na, dann fragen wir doch morgen gleich mal die Mama.« Und wieder musste meine Mutter in der Schule antreten. Da sie aber dasselbe Foto von meinem Vater in der Börse hatte, musste sich die Direktorin ein weiteres Mal entschuldigen.

Hatte sie gehofft, meine Mutter mit der Nachricht zu überraschen, dass ihr Töchterchen im zarten Alter von dreizehn Jahren bereits einen Freund hatte? Seit Neuestem war mir zwar an meiner Bushaltestelle ein Junge aufgefallen, der sehr gut aussah, aber ich war noch immer ein anständiges, braves Kind, das allenfalls im Stillen von einem Jungen schwärmte. Einmal – er schaute dem Bus nach, in den ich gestiegen war – trafen sich unsere Blicke, und mir stockte für Bruchteile von Sekunden der Atem. Noch heute, siebzehn Jahre später, ist mir dieser Augenblick lebhaft in Erinnerung. Doch was wusste ich damals schon vom Verliebtsein? Ich hatte ja meist nur Streiche im Kopf.

Meine Schwester Schirin aber hatte bald in Erfahrung gebracht, dass »er« Amir hieß, ein Sohn aus gutem Hause war und nicht allzu weit von uns entfernt wohnte. Ich war mir zu jener Zeit allerdings sicher, dass Amirs Aufmerksamkeit meiner älteren Schwester galt, die ja allmählich in das passende Alter kam. Er bat sie eines Tages sogar um ein Schulbuch, das er ihr bald zurückgeben wollte. Was das wohl zu bedeuten hatte? Für mich war Amir jedenfalls bald vergessen. Viel kniffliger war die Geschichte, die ich Mama würde beichten müssen und von der mein Vater auf keinen Fall Wind bekommen dürfte: Meine schlechten Noten für Diktat und Aufsatz hatten mir die Versetzung verbaut. Ich war untröstlich! Mir fehlte nur ein Viertelpunkt!

»Die Lehrerin hätte ihrem Herzen weiß Gott einen Stoß geben können!«, weinte ich mich bei meiner Mutter aus. »Verstehe, die Lehrerin«, meinte meine Mutter dazu in bedeutungsvollem Ton, »dich trifft natürlich keinerlei Schuld, wie?«

Ich nahm Nachhilfestunden und wollte fortan fleißiger sein, denn nicht nur der Schreck über die vermasselte Versetzung saß mir tief in den Knochen, es kam auch der Spott der anderen hinzu, die mich nun ungestraft Sitzenbleiberin nennen durften. Meine Mutter kaufte mir zum Trost neue Schulbücher, damit das neue »alte« Schuljahr nicht gar zu bitter schmeckte. Und weil mir Mathematik und Biologie viel leichter fielen als Aufsätze und Diktate, nahm ich eines Tages an einem stadtweiten Schulwettbewerb in Biologie teil.

»Schau mal ans Schwarze Brett!«, rief mir eines Morgens eine Klassenkameradin zu, als sie mich auf den Schulhof kommen sah. »Oh nein, nicht schon wieder eine Rüge!«, schoss es mir durch den Kopf, während ich zum Lehrerzimmer lief.

»Was habe ich wohl jetzt wieder verbrochen?«, fragte ich mich, als ich auf den Aushang starrte. Da stand mein Name, Bahrami, Ameneh, schwarz auf weiß. Ich hatte den Biologie-Wettbewerb für meine Schule gewonnen.

Ich war überglücklich! Plötzlich konnte ich meine Schule mit anderen Augen sehen, fand sie fast schön, ins Licht der kühlen Morgensonne getaucht. Während die anderen Mädchen sich nach und nach zum Appell im Hof versammelten, wurde mir plötzlich klar: Ab heute würde ich nicht mehr unterwürfig durchs Schultor treten und ständig damit rechnen, dass man etwas an mir auszusetzen hätte. Ab heute konnte ich mit Stolz behaupten: Ich habe meiner Schule Ehre gemacht. Ein wunderbares Gefühl.

Später dann gab es sogar eine öffentliche Preisverleihung. »Langsam, Ameneh, der Preis läuft dir nicht davon!«, hatte die Direktorin lächelnd zu mir gesagt, als ich nervös ans Mikrofon gestolpert war, um ein paar Worte an meine Mitschülerinnen zu richten. Mir saß zwar ein dicker Kloß im Hals vor Aufregung, doch ich brachte ein paar Sätze zustande. Ich bedankte mich bei allen, die mir geholfen hatten, mich auf den Wettbewerb vorzubereiten, und ich sagte vor allem, was mich stark motiviert hatte: Ich wollte auf keinen Fall länger Sitzenbleiberin heißen!

Der Preis bedeutete mir damals unglaublich viel. Zu Hause angekommen, breitete ich vor lauter Freude meine Schulsachen eifrig im Wohnzimmer aus, statt mich in mein Zimmer zu verziehen. In mein Mathematikbuch vertieft, merkte ich leider viel zu spät, dass mein Vater mir plötzlich über die Schulter schaute.

»Ameneh, was rechnest du da?«

Ich schwieg.

»Das sind doch Aufgaben aus dem vergangenen Schuljahr!«

»Ich wiederhole bloß …«

»Mit nagelneuen Büchern?«

Wieder wusste ich keine Antwort.

»Bist du wirklich sitzengeblieben?«

Zutiefst enttäuscht, zog sich mein Vater in sein Lesezimmer zurück, ohne ein weiteres Wort zu verlieren. Ob unter seinen vielen Büchern auch eines war, das ihm jetzt verriet, was er bei der Erziehung seiner missratenen Tochter falsch gemacht hatte? Ich hätte mich ohrfeigen können. Erst hatte ich vor lauter Freude vergessen, dass mein Vater nicht wissen sollte, dass ich sitzengeblieben war, und dann wegen meines schlechten Gewissens auch noch versäumt, ihm von meinem Sieg in dem Wettbewerb zu berichten.

Als meine Mutter von der Arbeit nach Hause kam, zeigte ich ihr meine Urkunde, und so war am Ende auch mein Vater wieder versöhnt. Zur Belohnung bekam ich endlich die schicken weißen Schuhe geschenkt, die ich mir schon so lange gewünscht hatte.

8.
Augenstern –
Die große Liebe

Amir brachte Schirin tatsächlich bald das geliehene Schulbuch zurück. Sie ließ mich das Gedicht, das er zwischen den Seiten versteckt hatte, natürlich nicht freiwillig lesen. Ich musste also eine günstige Gelegenheit abwarten.

»Ach, könnten deine Augen tief in meine schauen. Ach, könnte ich dir sagen …«

So in etwa lasen sich die Zeilen, aber genau weiß ich heute nicht mehr, was er ihr geschrieben hat. Jedenfalls schien es ihn ziemlich erwischt zu haben. Ich hätte damals mit dem Gedicht gut mein erstes Poesiealbum anlegen können.

Er wollte sich sogar mit ihr treffen, ein Stück Schulweg gemeinsam gehen, möglichst unauffällig natürlich, damit kein Sittenwächter-Komitee auf sie beide aufmerksam würde. Die Moral- und Sittenwächter hatten peinlich genau darauf zu achten, dass nicht nur die Kleiderordnung der islamischen Republik eingehalten wurde, sondern auch, dass Mädchen und Jungen einander in der Öffentlichkeit keinesfalls zu nahe kamen. Auch heute noch lauern sie an beinahe jeder Ecke und nehmen ihre Aufgabe sehr ernst, nicht zuletzt, weil die Verbote natürlich bei jeder sich bietenden Gelegenheit unterlaufen werden. Händchenhalten in der Öffentlichkeit etwa ist völlig indiskutabel – auch bei verheirateten Paaren. In besonders strengen Phasen darf nicht ein Haar unter dem Kopftuch oder dem Tschador hervorschauen, der kurz nach der islamischen Revolution Pflicht wurde. Viele junge Frauen tragen statt des schwarzen Tschadors heute Mantel und Kopftuch. Während der Tschador die Frau nach wie vor von Kopf bis Fuß verhüllt und nur das Gesicht frei lässt, sind die Mäntel mittlerweile kürzer geworden und liegen enger an als früher. Kopftücher rutschen aus der Stirn weiter und weiter nach oben und geben die Sicht auf perfekt frisiertes Haar frei. Frauen schminken sich, tragen Kleidung und Sonnenbrillen aller angesagten Designer, zeigen lackierte Fußnägel in offenen Sandalen. Jedes noch so kleine Vergehen konnte zu jener Zeit bestraft werden. Wer auf einen dieser freiwilligen Sittenwächter stieß, musste damit rechnen, wegen eines Kaugummis oder eines Hauchs von Parfüm denunziert zu werden. Auf fast alles, was das Leben ein wenig schöner machte, standen Strafen – mal eine Geldbuße, mitunter konnten es auch Stockschläge sein. Wir mussten also äußerst vorsichtig sein, denn die Sittenwächter erkannte man nicht auf Anhieb. Rein äußerlich waren es ganz normale Menschen. Äußerlich …

Spätestens an der großen Kreuzung vor der Schule wollte Amir also zu seiner Schule abbiegen, weil er ja nicht mit uns Mädchen auf dieselbe Anstalt ging. Und tatsächlich, eines Morgens stieg er mit uns in den Bus, den er sonst immer wegfahren ließ, weil er erst zur Nachmittagsschicht Unterricht hatte. Er fuhr vorne bei den Männern mit, während wir Frauen und Mädchen wie üblich hinten saßen, brav getrennt von den Männern. Er stieg aber mit uns aus und folgte uns – in gebührendem Abstand natürlich.

Irgendwie war das sehr reizvoll, aber wir wollten um keinen Preis auffallen und schon gar nicht erwischt werden. Kurz vor der großen Kreuzung sagte Amir dann leise zu Schirin: »Wir müssen uns treffen, ich muss unbedingt mit euch reden.«

Ich wollte schon weitergehen, damit die beiden ein paar Minuten alleine sein könnten, als Amir mich zurückhielt: »Geh nicht, Ameneh, du sollst auch dabei sein.«

Hatte ich richtig gehört? Was sollte ich denn bei einem Rendezvous von Schirin und Amir? Ich hatte mir fest vorgenommen, eine geachtete Schülerin zu bleiben. Und diesen Plan würde mir niemand durchkreuzen! Ich wandte mich unwirsch ab, wollte in Richtung Schulhof gehen – und kreuzte Amirs Blick. Ich sah in seine Augen, die flehten: »Sag nicht nein! Komm mit zu unserem Treffen!« Wieder stockte mir der Atem, sekundenlang. Mein Herz klopfte mir bis zum Hals, ich bekam kaum Luft und hörte, endlich am Schulhof angelangt, eine Klassenkameradin fragen: »Ameneh, ist dir nicht gut? Du bist ja kreidebleich.«

Ich wiegelte ab: »Nein, nein, alles in Ordnung, kein Grund zur Sorge.«

Wie viele Sorgen ich sehr bald haben würde, ahnte ich damals noch nicht. Auch nicht, als Schirin mir verriet, dass Amir, der gewiefte Stratege, sie nur benutzt hatte, um mit mir Kontakt aufzunehmen. Mit mir? Obwohl Schirin doch viel besser zu ihm passte? Ich war damals etwas über dreizehn Jahre alt, und Amir mochte vielleicht fünfzehn sein. Warum ich, warum nicht meine ältere Schwester? Ich rief mir Amirs sehnsuchtsvollen Blick in Erinnerung – und Schirin riss mich aus meiner leisen Träumerei: »Nächsten Donnerstag, nachmittags, um fünf am Lunapark.«

Keine leichte Aufgabe, denn ich würde eine Nachhilfestunde ausfallen lassen müssen.

»Deine Freundin Mardschan kommt auch mit«, setzte Schirin schnell hinzu, denn Amir konnte sich unmöglich mit mir alleine treffen. Wir würden einem Komitee sofort auffallen, so jung, wie wir waren, und einander viel zu unähnlich, als dass man uns für Geschwister hätte halten können. Ganz und gar verschwinden wollte ich vor den Augen der Sittenwächter allerdings auch nicht und trug, statt des weiten schwarzen Tschadors, meinen engen weißen Mantel und dazu passend ein weißes Kopftuch. Vorsichtshalber aber steckte ich zumindest meine Maghnae ein, die ich notfalls rasch überziehen könnte.

Mardschan war fast noch gespannter als ich, als wir an jenem Donnerstag im April zum Lunapark aufbrachen. Amir erwartete uns schon.

»Hast du ein Glück! Der sieht ja super aus!«, flüsterte Mardschan mir sofort zu, als sie ihn sah. Ich brachte kein Wort heraus, hatte Herzklopfen, folgte Amir zu der Bank unter der kleinen Baumgruppe in der Nähe, während Schirin und Mardschan spazieren gingen, damit wir alleine sein konnten.

»Hast du nichts anderes als dieses helle Kopftuch?«, war Amirs erste Frage. Auch er schien sehr angespannt und nervös zu sein. Unser Treffen war gefährlich genug, da musste ich nicht auch noch durch ein helles Kopftuch auffallen. Ich tat ihm den Gefallen und zog die Maghnae über. Und da saßen wir nun, auf einer Bank in Hamadans Lunapark, unter dunklen Tannen, rote Rosensträucher im Blick, die ganz gewiss dieselbe Farbe hatten wie meine vor Scham flammenden Wangen.

»Keine Angst«, beeilte sich Amir, mich zu beruhigen, während er ein Stück näher rückte, damit er leiser sprechen konnte. Ich saß an den äußersten Rand der Parkbank gedrängt und brachte vor Anspannung nicht eine Silbe über die Lippen.

»Du bist mir vor langer Zeit schon aufgefallen«, sagte Amir und hielt inne.

»Erinnerst du dich an die Skateboarder am Spielplatz?«

Ich nickte nur, unfähig, ein Wort zu sagen.

Amir sprach weiter: »Ich dachte damals, ihr seid nur zu Besuch in Hamadan, denn euer Akzent verriet ja, dass ihr aus Teheran wart. Was habe ich mich gefreut, als ich erfuhr, dass ihr in Hamadan lebt!«

Ja, ich erinnerte mich an ein paar Jungen mit Skateboards, die den Spielplatz meist umlagerten, wenn wir Mädchen dort spielten. Amir war mir nie besonders aufgefallen, obwohl er so gut aussah. Zumindest maß ich den jungen Männern damals keinerlei Bedeutung bei. Und heute saß ich hier mit Amir im Park und sollte ihm sagen, ob – nein, dass – ich seine Freundin werden wollte.

»Meine Güte, Amir, wo denkst du hin? Wir sind doch noch viel zu jung. Was ist mit Schule, Studium und Beruf?«

Er lächelte, seine eigene Entscheidung schien schon felsenfest zu stehen: »Lass dir Zeit mit der Antwort, ich will dich nicht drängen«, sagte er. Sanft, zugleich unbeirrbar, setzte er nach: »Nein sagen darfst du aber nicht.«

Er sah mich dabei so eindringlich an, dass es mich plötzlich durchzuckte: Amir überträgt seine Gefühle auf mich! Sein ruhiger, flehender Blick weckte Empfindungen, weckte Energien in mir, die mir vollkommen neu waren. Ich zitterte und hätte nicht sagen können, ob es am kühlen Frühlingsnachmittag lag oder an Amirs Verlangen. Jetzt schon einen Freund haben, ihn geheim halten, Ärger riskieren, in der Schule, zu Hause?

Tausend Fragen wirbelten mir durch den Kopf, als Schirin und Mardschan uns in die Wirklichkeit zurückholten: »Ihr sitzt jetzt schon fast eine Stunde hier! Was soll denn das noch werden?«, lachten sie und drängten zum Aufbruch.

»Eine Stunde ist doch erst der Anfang!«, gab Amir zurück, sah auf seine Uhr und meinte: »Von Ameneh kriege ich nie genug, das weiß ich jetzt schon.«

Und auch für mich führte von nun an kein Weg mehr an Amir vorbei. Er wartete fast täglich an der Bushaltestelle, um mich aus der Ferne zu grüßen. Manchmal fuhr er sogar ein paar Stationen mit, um mir für kurze Zeit näher zu sein. Auch wenn Frauen und Männer den Bus getrennt nutzten, war für verstohlene Blicke während der Fahrt oft genug Gelegenheit. So machte nicht nur der Schulweg Spaß. Auch das Lernen fiel mir zunehmend leichter. Meine Noten waren ganz gut, und ich freundete mich mit dem Gedanken an, eine gemeinsame Zukunft mit Amir zu haben.

Es schien sich inzwischen sogar herumgesprochen zu haben: Ameneh hat einen Freund, der nicht nur in Ordnung ist, sondern auch gut aussieht. »Zeig ihn uns doch mal!«, schlugen meine neugierigen Klassenkameradinnen eines Tages vor und staunten nicht schlecht, als sie sahen, wer mich eines Morgens, in gebührendem Abstand zwar, aber doch unverkennbar stolz, bis fast ans Schultor begleitete.

Lange dauerte es nicht, bis Amirs Vater ihm den Kontakt mit mir verbot. »Die Schule leidet!«, lautete seine Begründung. Wir fanden dennoch Wege, einander zu sehen, wenn auch weniger häufig als früher. Amir arbeitete nach der Schule im Laden seines Schwagers, und ich kaufte ständig irgendwelche Kleinigkeiten bei ihm ein. Ich setzte mich zum Lernen gemeinsam mit einer Nachbarin in den Park vor Amirs

Haus – er saß an seinem Fenster und beobachtete uns. An Aschura, einer Folge von Passionsfeiertagen, kam Amir nachts sogar mehrmals zu uns ans Haus. Zehn Tage dauern im heiligen Monat Muharram die Trauerriten für Imam Hussain, den Enkel des Propheten Mohammed. An Aschura, dem zehnten Tag, erreichen die Feiern ihren Höhepunkt. Wenn sich die Leute auf ihre Trauer konzentrierten, wenn sie sich zur Buße selbst bis aufs Blut geißelten und die Schuld auf sich luden, weil ihre Vorfahren, Schiiten wie sie, dem Imam im Jahr 680 in der Schlacht bei Kerbala gegen den Sunnitenkalifen Yazid nicht beigestanden hatten, und wenn sie bei Passionsspielen bis tief in die Nacht hinein weinten, hatten nur wenige Passanten Augen für einen jungen Mann, der scheinbar ziellos vor einem Haus herumlungerte …

Wir konnten einander kaum erkennen, unterhielten uns flüsternd im Schutz der Dunkelheit über Gott und die Welt, stundenlang, bis Amir sich stets schweren Herzens hundemüde auf den Heimweg machte – manchmal erst morgens um fünf. »Schreib«, schärfte er mir dann jedes Mal ein, »damit ich auch tagsüber etwas von dir habe!« Ja, Briefe waren eine praktische Lösung, denn sie gaben uns auch die Möglichkeit, Dinge anzusprechen, die wir nicht auszusprechen wagten. Amirs Schwester ging auf dieselbe Schule wie ich und übernahm die Rolle des Kuriers. Doch es dauerte nicht lange, da ließ Amirs Vater mir ausrichten, dass er mir jeden Kontakt zu Amir endgültig verbiete. Amirs Leistungen in der Schule hatten so stark nachgelassen, dass der Vater die Zukunft seines begabten Sohnes ernsthaft gefährdet sah.

»Willst du unsere Zukunft aufs Spiel setzen?«, fragte ich ihn bei der nächsten Gelegenheit. »Was wird aus unseren kostbaren Plänen: Schulabschluss, Studium, eine Arbeit finden, eine Familie gründen … Bedeutet dir das alles schon jetzt gar nichts mehr, Amir?«

Mit seiner Antwort jagte er mir einen gehörigen Schrecken ein und machte mich zugleich unendlich traurig: »Ameneh, ich will nur dich und sonst nichts und niemanden. Lass uns heiraten, lieber heute als morgen.« Lachend fügte er hinzu: »Dann kann ich dich endlich einschließen, und niemand nimmt dich mir weg.«

Wenn diese Bemerkung scherzhaft gemeint war, verstand ich sie wohl schlecht. Sollte der kleine Vogel, eben erst flügge geworden, seine Freiheit nicht genießen dürfen? Sollte er schon morgen im Käfig enden? Eine düstere Ahnung, die ich nicht richtig einzuordnen wusste, erfasste mich in jenen Tagen. Ich, ein junges Mädchen – fast noch ein Kind –, spürte, dass mein Leben in eine merkwürdige Richtung gedrängt werden könnte.

Den nächsten Schrecken jagte mir Schirin ein, als sie mir eines Nachmittags atemlos eröffnete: »Sie haben Amir geschnappt. Mama ist gerade auf dem Polizeirevier!« Ich war entsetzt. Mein Gott, dachte ich, jetzt machen sie uns doch noch die Hölle heiß. Was tun? Schirin drängte mich, schleunigst alles zu verbrennen, was auf Amir hinweisen könnte. Fotos, fünfzehn schöne Porträts von ihm, Briefe, endlose Zeugnisse seiner ernsthaften Zukunftspläne – Geschenke, kleine Zeichen seiner unbeirrbaren Zuneigung. Ich hörte auf meine Schwester, noch widerwilliger als sonst, bei all den Kostbarkeiten, die ich jetzt opfern musste. Doch diesmal blieb mir ja wirklich nichts anderes übrig. Ich warf die Geschenke weg, verbrannte Fotos und Briefe und wartete nervös darauf, dass Mama heimkäme.

»Salam, Mama ...«

»Salam, Ameneh, mein Schatz! Na, wie war dein Tag?«

»Gut, nichts Besonderes. Und bei dir?«

»Ach, auch das Übliche. Ein Sack Flöhe lässt sich leichter hüten als die kleinen Kindergartenteufel.«

Meine Mutter verhielt sich so wie sonst auch. Ihre Stimme verriet nicht die leiseste Spur von Ärger oder Anspannung. Hieß das etwa Fehlalarm? Kam sie gar nicht vom Revier? Saß Amir gar nicht im Gefängnis? Ein düsterer Verdacht kam in mir auf. Oh, Schirin, du Unausstehliche, wenn du mich belogen hast ...! Und es sollte sich bestätigen. Meine Schwester hatte mich betrogen. Und mit dieser Lüge maßlos verletzt.

In der Schule hieß es unterdessen: »Macht euch Gedanken über euer künftiges Studienfach.« Naturwissenschaftliche Fächer lagen mir mehr als Sprachen oder Literatur. Eine Lehrerin gab mir den Rat, ich solle entweder Grafikdesign, Elektronik oder Elektrotechnik in die engere Wahl nehmen – Studiengänge mit guten Berufsaussichten.

»Das klingt doch, als wär's genau richtig für mich«, berichtete ich Amir gleich schwärmerisch, als wir das nächste Mal miteinander telefonierten.

»Ich könnte Professorin werden oder eine eigene Firma aufmachen. Als Grafikdesignerin oder als Elektroingenieurin kann ich ...« Amir unterbrach mich: »... Radios und Fernseher reparieren, oder was? Das ist doch lächerlich – als Frau. Wenn überhaupt, dann studierst du Hauswirtschaft. Frauen müssen kochen, sticken und nähen können.«

Ich glaubte meinen Ohren nicht zu trauen! Und das war noch nicht alles. Amir übertraf sich sogar noch: »Wenn du mich wirklich liebst, Ameneh, dann lässt du die Finger von diesem Elektronikstudium, hörst du!«

Ich war fassungslos. Amir, der selbst bald Elektrotechnik studieren würde, wollte mir mein Studienfach vorschreiben? »Wenn er dich einschließen will, kannst du die Universität getrost vergessen«, schoss es mir durch den Kopf. Weil ich nicht in Streitlaune war, ignorierte ich jedoch meine Einwände und schlug Amir vor: »Wenn ich mich in Elektronik dumm anstelle, studiere ich Hauswirtschaft. Einverstanden?«

Er schien mit meiner Antwort zufrieden zu sein – zumindest vorläufig. Aber etwas stimmte nicht mehr. Mein Freund war irgendwie seltsam geworden. Das zumindest glaubte ich zu erkennen. Oder hatte ich mich verändert? Ich wusste es nicht. Sicher war nur, dass er mir von Tag zu Tag unausstehlicher vorkam – nicht nur, weil er nun ständig auf eine baldige Hochzeit drängte.

»Amir, dein Vater hat mir wieder ausrichten lassen, dass ich mich von dir fernhalten soll, weil deine Noten immer schlechter werden«, hielt ich ihm erneut vor. Aber er wiegelte ab: »Wer setzt denn solche Gerüchte in die Welt? An meinen Noten gibt es nichts auszusetzen!« Sagte Amir die Wahrheit? Ich dachte zu jener Zeit nur: »Möge Gott geben, dass er die Wahrheit sagt.« Meine Zweifel indes blieben bestehen.

Was wirklich in ihm vorging, konnte ich erst erkennen, als er eines Nachmittags wegen seiner stetig wachsenden Kontrollsucht ausrastete. Mahin, eine Schulfreundin, hatte sich in Amirs Freund Mahmud verliebt. Ich begleitete sie zu einer Telefonzelle, von der aus sie ungestört mit Mahmud reden könnte. Das zumindest dachten wir damals. Was wir allerdings nicht wussten: Amir war an jenem Nachmittag bei Mahmud zu Besuch, als Mahin bei ihm anrief. Amir verlangte nach mir und stellte mich zur Rede: »Wieso begleitest du Mahin, wenn sie mit Mahmud telefonieren will?«, schrie er in harschem Ton in den Hörer. »Was hast du überhaupt auf der Straße verloren? Bleib gefälligst zu Hause!«

Ich war sprachlos. Was hatte ich da eben gehört? War das wahr oder nur ein böser Traum?

»Bist du krank, Amir? Hast du sie noch alle?«, hörte ich Mahmud im Hintergrund rufen. Ich selbst war zu nichts mehr fähig – meine Gedanken kreisten wirr durcheinander.

Was war nur in ihn gefahren? Amir schien wie besessen zu sein. Wie konnte es geschehen, dass dieser hübsche junge Mann so schrecklich eifersüchtig geworden war? Zumal es doch überhaupt keinen Grund dazu gab. Wo war der verständnisvolle, lebensfrohe Amir geblieben, der noch wenige Wochen zuvor endlose Stunden unter meinem Fenster verbracht und vernünftige Pläne mit mir geschmiedet hatte? Wo war er?

Eines Abends, gegen neun, kam ich mit meiner Mutter vom Einkaufen nach Hause. Draußen war es schon dunkel, und auf dem offenen Feld hinter unserem Haus brannte ein Lagerfeuer. Ein paar Jungen machten sich wohl einen gemütlichen Abend, dachte ich mir – mehr nicht. Als Amir mich allerdings am folgenden Tag fragte, was ich am Vorabend noch so spät auf der Straße verloren hatte, wurden mir zwei Dinge klar: Amir war verrückt geworden, und er machte mir Angst! Ich stand unter seiner Bewachung, und mein Leben drohte in einem Beziehungsgefängnis zu verkümmern.

»Du warst also zusammen mit den Leuten am Lagerfeuer gestern Abend?«, fragte ich ihn fassungslos. »Da stellt sich doch die Frage, wieso du dich nachts da draußen herumtreibst, statt die Nase in deine Bücher zu stecken? Dein Vater macht mich für deine schwachen Leistungen in der Schule verantwortlich, dabei bist allein du selbst schuld!«

Amir schwieg und gestand mir an jenem Tag erst viele Stunden später, dass er Streit mit seinem Vater hatte, seit drei Tagen nicht mehr zu Hause gewesen war und wohl auch sein Abitur nicht schaffen würde. Zudem habe er das Rauchen angefangen, räumte er ein und schaute mich mit seinen großen Augen an. Rauchen? Drogen? Weg von zu Hause? Keine Aussicht auf einen guten Schulabschluss? Ich war so enttäuscht, ich wusste kaum, was ich noch zu ihm sagen sollte.

»Und was wird aus uns beiden, Amir, was wird aus unseren Plänen?«, brachte ich mit Mühe heraus. Eine Antwort bekam ich an diesem Tag nicht.

Damals, 1995, lagen knapp vier Jahre Hamadan hinter uns. Meine Mutter wollte zurück nach Teheran, nachdem mein Vater – zurück aus der Nervenklinik – nur noch Haut und Knochen war. Er hatte, wie er selbst sagte, in wenigen Wochen siebentausend Jahre Hölle durchlebt und keine Einwände gegen eine Rückkehr nach Teheran.

Für Amir allerdings brach eine Welt zusammen.

»Ohne dich überlebe ich hier nicht«, beteuerte er immer wieder. »Ich bringe nichts zustande, weiß nicht mehr ein noch aus. Aber eines ist sicher: Ich lass dich nicht gehen, Ameneh!«

Ich blieb also in Hamadan, zog zu meinen Großeltern und hoffte inständig, Amir würde sich wieder fangen und zu seiner früheren Gelassenheit zurückfinden. Doch sooft ich auch beteuerte: »Amir, ich bin deinetwegen in Hamadan geblieben!« oder ihm drohte: »Amir, du verlierst mich, wenn du so weitermachst!« oder ihn gar anflehte: »Setz doch unsere Zukunft nicht aufs Spiel!« – es half nichts.

Amir spionierte mir nach, sprach noch immer davon, dass er mich einschließen würde, damit kein anderer mich bekäme, und schien jeglichen Antrieb, auch jede Selbstachtung verloren zu haben. Meine Angst vor Amir wuchs mittlerweile wohl stärker als meine Liebe zu ihm. So konnte es einfach nicht weitergehen. Ich war inzwischen sogar so weit, mir einzureden, dass er mir bald auch auf dem Schulweg auflauern würde. Eine schreckliche Vorstellung. Eines Morgens, ich war damals 17 Jahre alt, schlug ich in der Frühe die Augen auf und wusste plötzlich, dass ich meiner Familie heimlich nach Teheran folgen würde.

Ich packte den Rucksack, sagte meinen Großeltern Auf Wiedersehen und fuhr mit dem Bus zurück in die Hauptstadt – schweren Herzens und ohne mich von Amir verabschiedet zu haben. Ich ließ den Mann meiner Träume hinter mir. Den Mann, mit dem ich den Rest meines Lebens hatte verbringen wollen und der nun nicht mehr der Mensch war, den ich einst kennen- und lieben gelernt hatte. Ich war traurig und verzweifelt. Sollte meine Liebe zu Amir, sollte unsere gemeinsame Zukunft mit jener Busfahrt wirklich ihr Ende finden?

9.
Weitsicht –
Der erste Arbeitsvertrag

Nun war ich also zurück in Teheran, musste mitten im Schuljahr die Schule wechseln und landete im Fazilat-Gymnasium, einer Lehranstalt mit naturwissenschaftlichem Schwerpunkt. Hier kam ich sehr gut zurecht. Ich brachte eine Belobigung nach der anderen nach Hause und hatte viele gute Gründe, zufrieden zu sein. Aber mein Blick ging immer wieder zurück nach Hamadan. Eine tiefe, gleichwohl ambivalente Sehnsucht bohrte in mir und warf die immer wiederkehrenden Fragen auf. Was macht Amir wohl gerade? Und: Geht es ihm auch wirklich gut?

Ich vermisste ihn sehr. Seine schönen Augen, seine warme Stimme, seine Beharrlichkeit. Doch ich hörte auf die Stimme in mir, die mich warnte. »Nein!«, befahl ich mir selbst. »Du darfst nicht schwach werden.« Keine Briefe, keine Anrufe, kein Kontakt. Ich musste versuchen, Amir endlich zu vergessen. Wenn ich ganz ehrlich zu mir selbst war, wusste ich, dass er mir zuletzt nicht gutgetan hatte und auch in Zukunft nicht gut für mich wäre. Es gab nur eine Lösung: Ich musste von Amir loskommen.

Auf dem Weg zur Schule versuchten ein paar Jungs, uns Mädchen anzumachen. Sie stellten uns nach, posierten und machten sich mit peinlichen Einlagen lächerlich. Einer von ihnen schien sich mit seinem Motorrad für besonders unwiderstehlich zu halten. Er kam eines Nachmittags sogar bis auf den Fußweg gefahren und baute sich vor uns auf: »Na, ihr Hübschen, wollt ihr wirklich schon nach Hause gehen, so ganz allein?«

Ich trug an jenem Tag eine Rolle Zeichnungen unter dem Arm, die ich dem Angeber einfach vor die Brust stieß. Er geriet mitsamt seiner Maschine ins Straucheln und musste sich unsere bittere Schadenfreude anhören. Mir blieb das Lachen allerdings schnell im Halse stecken, als ich seine bedrohlich laute Stimme hörte: »Das nächste Mal kriegst du Säure ins Gesicht, das schwöre ich dir!«

Säure? Seine Drohung hielt mich tagelang in Atem, zumal meine Freundin Sohre ihn wenige Tage später in einer winzigen Autowerkstatt unweit der Schule wiedererkannte. Säure! Wir hatten schon davon gehört. Es kam nicht allzu häufig vor, aber in unregelmäßigen Abständen wurde von solchen grässlichen Attentaten berichtet. Meist ging es um Männer, die sich aus verletztem Stolz an ahnungslosen Frauen oder jungen Mädchen rächen wollten. Alptraumhafte Bilder geisterten durch die Medien, und mir wurde erst Sekunden nach meiner vermeintlich mutigen Abwehrreaktion bewusst, in welche Gefahr ich mich gebracht hatte. Eine kleine Unbedachtheit, und mein ganzes Leben hätte sich verändern können. Ein schlimmer Gedanke.

Seine Drohung blieb leer – Gott sei Dank! Ich hörte und sah von dem jungen Kerl nie wieder etwas, und das war auch besser so. Selbst wenn er bei meinen Eltern höflich um meine

Hand angehalten hätte, wäre seine Mühe umsonst und vergeblich gewesen. Mir stand der Sinn nicht nach einer neuen Freundschaft. Über Amir war ich noch lange nicht hinweg, auch wenn er mir mit seiner fast krankhaften Eifersucht oft genug auf die Nerven gegangen war. Meine Schwester Schirin hatte zu jener Zeit mit einundzwanzig Jahren Said geheiratet, einen Werbefilmproduzenten. Sie schien zufrieden und glücklich zu sein. Ich war es auch. Und zwar alleine! Ich hatte andere Pläne: meinen Schulabschluss machen, einen Studienplatz bekommen und irgendwann einen Traumjob finden. So stellte ich mir damals meine Zukunft vor. Und erst wenn ich all meine Ziele erreicht hätte, würde ich heiraten. Und dann würde ich auf keinen Fall als einfache Hausfrau enden!

Um meine Wünsche zu verwirklichen, brauchte ich zunächst einmal Geld. Wenn ich an einer freien Universität studieren wollte, würde ich meinen Unterhalt selbst bestreiten und auch die Studiengebühren aus eigener Tasche bezahlen müssen. Meine Eltern konnten mich nicht unterstützen. Meine Mutter arbeitete zwar auch in Teheran wieder in einem Kindergarten, und die Rentenangelegenheit meines Vaters war endlich geklärt. Er hatte vier lange Jahre buchstäblich als Behördenleiche verbracht, weil seine verschollene Akte den Hinweis »Bezugsempfänger verstorben« trug. Er bekam endlich wieder Geld vom Staat, aber das Einkommen meiner Eltern reichte gerade, um unsere Familie einigermaßen über die Runden zu bringen.

Als es endlich Schulabschlusszeugnisse gab, war ich mit meinem Durchschnitt von knapp über achtzehn von zwanzig möglichen Punkten mehr als zufrieden und fühlte mich gut gerüstet für die Aufnahmeprüfungen in Elektronik – entweder an einer staatlichen oder an der Freien Universität Teheran. Meine Freundin Mardschan schlug vor: »Lass uns unser Glück erst an der Staatlichen versuchen. Falls das schiefgeht, sehen wir weiter.«

Eisern paukten wir wochenlang gemeinsam den Stoff für den Aufnahmetest und sahen uns im Geiste schon in den Hörsälen sitzen, wo wir uns ganz nebenbei den ansehnlichsten Kommilitonen ausgucken würden, durch dessen täglichen Anblick unser trockenes Studium etwas attraktiver werden würde. Wir träumten und wir lernten … und wir schrieben diese Prüfung.

Je näher die Bekanntgabe der Ergebnisse rückte, desto unruhiger wurden Mardschan und ich. Nur wenige Tage noch, dann würden wir die entsprechende Zeitung kaufen, würden gespannt wie selten sonst mit Augen und Zeigefinger die endlosen Namenslisten überfliegen, uns in der fieberhaften Aufregung mehrfach in der Zeile vertun – und schließlich in Siegesgeheul ausbrechen, wenn der eigene Name dort stünde, schwarz auf weiß, in der Zeitung, für alle Welt sichtbar. So konnten Bekannte, Freunde, Verwandte die Freude über unseren Erfolg mit uns teilen und wussten weitaus schneller Bescheid, als wenn wir sie alle einzeln angerufen hätten.

Doch unsere Träume fanden schon bald ein jähes Ende. Wir hatten beide die Prüfung verpatzt, trotz der ganzen Lernerei. Da half es auch nicht, zwei, drei weitere Zeitungen zu kaufen und nach unseren Namen zu suchen. Wir standen nicht auf dieser Liste, und damit mussten wir uns leider abfinden.

Eine unserer Schulkameradinnen indes hatte einen Studienplatz bekommen. Wir freuten uns mit ihr, aber ein paar Zweifel kamen doch auf. Möglicherweise hatte bei der Entscheidung auch eine Rolle gespielt, dass sie im Golfkrieg zwei

Brüder als Märtyrer verloren hatte. Wer dieses schwere Opfer gebracht hatte, kam in den Genuss von Jobs, Studienplätzen oder anderen staatlichen Leistungen. Für das riesige Heer der freiwilligen Basidsch im Krieg waren viele Annehmlichkeiten reserviert.

Ich war durch diesen Misserfolg tagelang so niedergeschlagen, dass meine Mutter mir vorschlug, ich solle doch für eine Weile nach Hamadan zu den Großeltern fahren. Da käme ich bestimmt auf andere Gedanken und würde den Kopf wieder freibekommen, um im folgenden Jahr die Aufnahmeprüfung zu wiederholen. Ich fuhr also zu meinen Großeltern, wo ich es jedoch nicht sehr lange aushielt, weil ich mich kaum aus dem Haus bewegen konnte, um nicht zufälligerweise Amir oder einem seiner Freunde über den Weg zu laufen.

Nach ein paar Tagen kehrte ich zurück nach Hause und wollte mich fortan gemeinsam mit Mardschan auf die Vorbereitungen für ein Studium an der Freien Universität Teheran konzentrieren. Um das Studium überhaupt finanzieren zu können, mussten wir auf Jobsuche gehen und parallel dazu für die Aufnahmeprüfung in Elektronik lernen. Wir wollten möglichst eine Arbeit finden, die sich zeitlich, vor allem aber inhaltlich mit unserem Studium vereinbaren ließ – also eine Stelle im Bereich Elektronik oder Elektrotechnik.

Mein Schwager Said hatte uns zwar angeboten, in seiner Werbefirma zu arbeiten, doch ich wollte lieber aus eigener Kraft eine Stelle finden. Dass die Suche so absonderlich werden würde, hätten Mardschan und ich uns allerdings nicht gedacht.

Wir sprachen in einer Teheraner Produktionsfirma vor. Riesige Räume, alle menschenleer, und eine wortkarge Sekretärin, die uns in ihrem Büro im vierten Stock empfing. Es war eine bedrückend stille und seltsame Atmosphäre, als wir da vor ihrem Schreibtisch standen. »Haben Sie Betriebsferien?«

»Nein, wieso fragen Sie?«

»Produzieren Sie hier rund um die Uhr?«

»Selbstverständlich. Sowohl für den heimischen als auch für den internationalen Markt.«

Die Sache kam uns merkwürdig vor. Wir wollten schon wieder nach Hause gehen, als endlich doch ein älterer Herr auftauchte, der – nachlässig rasiert, mit schlechten Zähnen und in ungebügeltem Hemd – nicht eben unserer Vorstellung eines Firmenchefs entsprach.

»Wie hübsch Sie sind«, stellte er schon bei der Begrüßung fest. Sofort war unser Misstrauen geweckt, und wir schauten uns von der Seite her mit hochgezogenen Brauen an.

»Und Sie wollen tatsächlich hier arbeiten?«, fragte er, während er sich über seinen Dreitagebart fuhr.

»Für Sie gäbe es doch ganz andere Möglichkeiten, wenn Sie nicht gleich heiraten wollen ...«

»Nichts wie raus hier!«, flüsterte ich Mardschan zu, die noch weiter mit dem Mann verhandeln wollte – wohl weil sie dieses sogenannte Vorstellungsgespräch nicht abrupt und unhöflich beenden wollte.

Ich drängte: »Mardschan, bitte, wir haben noch einen anderen Termin, lass uns nicht zu spät kommen!« Wir hasteten die Treppen hinunter und wollten auf keinen Fall im Aufzug stecken bleiben, mit dem wir vor wenigen Minuten hinauf in die Höhle dieses Löwen gefahren waren.

Nach diesem Schrecken spielte Mardschan ernsthaft mit dem Gedanken, sich weitere Erniedrigungen dieser Art zu ersparen. Sie dachte darüber nach, preiswert an einer staatlichen Universität möglicherweise etwas ganz anderes zu studieren und dort – vielleicht schon bald – den passenden Mann zu finden. Jedenfalls legte sie das Thema Studieren zunächst einmal ad acta. Ich gönnte Mardschan eine Pause, rief meine Schulfreundin und künftige Kommilitonin Mansureh an und schlug ihr vor, mit mir gemeinsam nach Arbeit zu suchen. Zunächst studierten wir die Stellenanzeigen in der Zeitung der Vorwoche, die Mansureh aufgehoben hatte. Und tatsächlich: Sazegan-Gostar, ein Hersteller medizinischer Geräte, suchte junge Mitarbeiter. Wir waren uns ziemlich sicher, dass sämtliche Stellen inzwischen vergeben sein würden, machten uns aber dennoch auf den Weg.

Mansureh hatte sich vorsorglich brav in ihren Tschador gehüllt, trug dunkle Strümpfe, geschlossene Schuhe dazu, während ich bei meinem Stil bleiben wollte und wie sonst auch meinen hellen, knapp knielangen Mantel trug, dazu ein helles Kopftuch – nachlässig gebunden. Und ich ging barfuß in meinen Sandalen, verbarg also meine lackierten Fußnägel nicht. In manchen Gegenden Teherans reichten kleine Sünden dieser Art, um auf der Stelle von übereifrigen Sittenwächtern aus dem Verkehr gezogen und einer »gerechten« Strafe zugeführt zu werden.

An jenem Nachmittag hatten vor uns bereits zehn andere Bewerber ihren Weg zu Sazegan-Gostar gefunden. So blieb Mansureh und mir ausgiebig Zeit, zu plaudern und vor allem zu beschließen, dass wir hier, wenn überhaupt, nur zu zweit arbeiten würden. Als die Reihe endlich an uns war, traten wir also auch gemeinsam ein. Ich dachte sekundenlang an den Reinfall, den Mardschan und ich einige Tage zuvor erlebt hatten – und atmete erleichtert auf beim Anblick des geschmackvoll eingerichteten Büros und des seriös wirkenden Personalchefs. Er war respektvoll, höflich und das genaue

Gegenteil von dem schmierigen alten Herrn aus der Höhle des Löwen.

Wir wollten gleich zu Beginn klarstellen, dass wir nur zu zweit hier arbeiten mochten – oder gar nicht. Aber der Personalchef, ein gewisser Herr Erschadmanesch, kam uns zuvor. Er wies uns darauf hin, dass für weibliche Angestellte der Tschador Pflicht sei. Da war also der Haken. Ich war regelwidrig oder gar unsittlich gekleidet. Meine Freundin Mansureh fand sich mühelos mit der strengen Kleiderordnung ab, ich allerdings bat mir eine kleine Bedenkzeit aus.

Schon wenige Tage später durfte sich Mansureh über ihre neue Arbeitsstelle freuen, und das gewiss nicht allein ihres Tschadors wegen, sondern auch, weil sie die entsprechende schulische Vorbildung besaß. Erfreut erzählte sie mir: »Ameneh, stell dir vor, er hat sich nur mein Zeugnis angesehen, hat zwei, drei Fragen gestellt und gesagt: Wenn Sie möchten, versuchen Sie's doch mit uns. Am besten noch in dieser Woche.« Sie lud mich zum Tee ein und spendierte Schirini, Süßigkeiten, wie üblich, wenn man Grund hatte, etwas zu feiern.

Bei heißem Samowartee und leckerem Gebäck aus meiner Lieblingskonditorei saßen wir also da und überlegten, was wir tun könnten, damit Sazegan-Gostar auch mich einstellen würde. Mansureh könnte ja nochmals mit dem Personalchef sprechen. »Mehr als wieder auf die Tschadorpflicht hinweisen, mehr als endgültig nein sagen kann er doch nicht, oder?«

Ich kaufte mir weitere Tageszeitungen und ging die Stellenanzeigen durch. Nein, als Zugehfrau wollte ich nicht arbeiten – Hauswirtschaft stand nicht auf dem Plan. Und wie auf Knopfdruck musste ich an Amir denken. Den Mann, den ich einst liebte und der mich zur Hausfrau hatte machen wollen.

Er war sicher schon im zweiten oder dritten Semester, dachte ich mir, und er hatte ganz gewiss eine Freundin, die er bald heiraten und glücklich machen würde. Entgegen jeder Vernunft kam meine Sehnsucht wieder auf. Die Sehnsucht nach dem Mann, den ich damals kannte und der lange Zeit sein wahres eifersüchtiges Gesicht zu verbergen wusste. Wie gerne hätte ich ihn angerufen und einfach nur seine Stimme gehört, aber die Vernunft musste siegen. »Schlag ihn dir endlich aus dem Kopf!«, rief ich mich zur Ordnung. »Hör auf zu träumen, und steck die Nase lieber wieder in die Zeitung!«

Und da stand: »Hersteller hochwertiger medizinischer Geräte expandiert, sucht junge Mitarbeiter, auch Berufsanfänger oder Studenten der Elektronik oder Elektrotechnik. Bei Interesse wenden Sie sich an ...« Sazegan-Gostar! Die suchten also noch immer Leute. Das musste meine Chance sein. Ich vereinbarte erneut einen Vorstellungstermin und stand ein zweites Mal in der Firma, in der ich so gerne gearbeitet hätte. Bei dem zweiten Termin sprach anstelle des Personalchefs der Produktionsleiter mit mir. Er sah sich mein Zeugnis an und schien tatsächlich bereit, mich einzustellen – mit Mantel und Kopftuch.

Herr Hosseinzad, so hieß der Mann, bestellte mich für den nächsten Tag. Ich erschien pünktlich, wartete – und bekam nichts zu tun. Stundenlang musste ich tatenlos dasitzen, drehte Däumchen und beantwortete gelegentliche Nachfragen, wie ich es denn geschafft hätte, trotz Schleierpflicht diese Stelle zu bekommen. Ob ich Beziehungen hätte oder mit jemandem in der Firma verwandt sei ...

Irgendwann lächelte mir Herr Erschadmanesch im Vorübergehen zu: »Na, nun sind Sie ja zusammen mit Ihrer Freundin hier!« Das war wohl wahr, nur hatte ich nichts zu tun. Ich hatte einen Job, aber ich hatte keine Arbeit. Vielleicht hatte sich jemand einen schlechten Scherz mit mir erlaubt? Womöglich wollte jemand beweisen, dass man mit Tschador tatsächlich besser vorankäme? Ich war vollkommen ratlos. Inzwischen war es kurz vor vier, und Mansureh hatte bald Feierabend – wir könnten uns gemeinsam auf den Heimweg machen, dachte ich mir. Ich war mir sicher, dass ich hier nicht eine Minute länger untätig herumsitzen wollte.

Als ich gerade aufgestanden war und gehen wollte, kam mir Herr Hosseinzad entgegen: »Bitte verzeihen Sie, Frau Bahrami, wir hatten eine ausländische Delegation im Haus, der Termin hat sich unerwartet in die Länge gezogen, es tut mir wirklich leid. Doch nun stehe ich Ihnen zu Diensten. Eigentlich hätte ich Sie gerne durch die ganze Firma geführt, jetzt bleibt mir nur Zeit, Ihnen zu zeigen, wo Sie künftig arbeiten werden.«

Ich muss verblüfft geschaut haben, denn Herr Hosseinzad lächelte freundlich und amüsiert zugleich. Dass ich ihm am liebsten um den Hals gefallen wäre, weil mir meine Stelle nun wohl doch sicher war, hatte er mir vermutlich nicht angesehen, als er mich durch die Montageabteilung führte, in der überwiegend Männer arbeiteten.

Hier würde ich also künftig eingesetzt, um Platinen für Blutsauerstoff-Messgeräte zu bestücken, die in dieser Firma produziert wurden und in der Intensiv- und Rettungsmedizin Anwendung fanden. Ich hoffte nur inständig, dass ich mich als Neue nicht allzu ungeschickt anstellen würde, denn mir wurde schnell klar, wie gerne ich für eine längere Zeit in einer solchen Firma arbeiten würde. Und zwar ganz abgesehen von der Aussicht auf das reichliche Frühstück, das der Betrieb seiner Belegschaft bot. Mansureh hatte gleich zu Anfang davon geschwärmt: Fladenbrot, Schafskäse, saftige Kräuter, Basilikum, Minze, Koriander, Radieschen … Und wer lieber Süßes aß, für den standen Honig, Marmelade, Gebäck und Tee bereit. Aber für das entspannte Arbeitsklima sorgte nicht nur der leckere Einstieg in den Tag, sondern vor allem der respektvolle, ungezwungene Umgangston, der uns zu gleichberechtigten Kollegen machte.

Meine drei Monate Probezeit waren bald um, und ich hatte Angst davor, nicht übernommen zu werden. Dass ich mich in dem Betrieb gut aufgehoben fühlte, hieß nicht zwangsläufig, dass man mich auch übernehmen würde. Dieser Job bedeutete mir so viel, dass ich zum ersten Mal in meinem Leben ein Gelübde ablegte: Wenn ich die Stelle bekäme, würde ich ans Grab der heiligen Zainab gehen, der Enkelin des Propheten Mohammed. Ich würde dem Wächter des Mausoleums Geld geben, damit er ein Segensgebet sprach. Und ich würde ihr zu Ehren ein Sofreh ausbreiten, ein Tischtuch, und würde den Tisch für sie decken, indem ich Nachbarn, vielleicht auch Passanten vor unserem Haus reichlich Brot, Schafskäse und frische Kräuter spendierte.

Als der Personalchef mich schließlich in sein Büro rief, war ich zunächst ratlos. Was wollte er von mir? Gab es vielleicht Beanstandungen? Ging es um meine Entlassung? Oder vielleicht doch um einen festen Arbeitsvertrag? Meine Hände zitterten, als ich Herrn Erschadmaneschs Büro betrat.

»Salam, Frau Bahrami, ich hoffe, Sie sind wohlauf.« Hatte er vielleicht bemerkt, wie nervös ich war?

»Ja, danke, Sie hoffentlich ebenfalls?«

»Ich denke, in den drei Monaten hier bei uns haben Sie sich recht gut geschlagen – und gratuliere Ihnen zu Ihrem ersten Arbeitsvertrag.«

Ich hätte meine Freude und meine tiefe Dankbarkeit am liebsten herausgeschrien. Doch ich hielt an mich, nahm den Vertrag entgegen – »Gott im Himmel, du hast mich erhört!« – und bedankte mich höflich. Nun würde ich auf der Stelle mein Gelübde einlösen, würde das frischeste Brot kaufen, den besten Käse, die saftigsten Kräuter …

»Besprechen Sie den Vertrag auch mit Ihren Eltern.« Der Personalchef riss mich aus meiner Träumerei und lächelte – wohl weil er sah, welche große Freude er mir mit diesem Dokument gemacht hatte. Wie alle offiziellen Schreiben der Islamischen Republik war der Vertrag »Behnam-e khoda«, im Namen Gottes, verfasst, und ich hatte – niemals wieder stärker als in jenem Moment – das Gefühl, dass der Herr im Himmel hier tatsächlich die Feder geführt hatte.

An den Stolz meiner Eltern über meinen ersten Arbeitsvertrag werde ich mich ewig erinnern. Meine Mutter hat ihn bis heute aufgehoben. Ich verschwieg meinem Vater, dass ich in meinem ersten Job mehr verdiente als er während seiner Zeit im Verteidigungsministerium, denn das war in diesem Augenblick zweitrangig. Ich konnte mit meinen neunzehn Jahren zum Einkommen der Familie beitragen, und das allein zählte damals.

Inzwischen war es Frühling geworden. Meine Platinen waren von Tag zu Tag schneller bestückt. Alles lief bestens. Zu meinem Glück fehlte mir jetzt nur noch der Studienplatz an der Freien Universität.

Meine Familie zog unterdessen in eine preiswertere Wohnung um, und die Firma gewährte mir sogar einen kleinen Vorschuss für die Umzugskosten. Nur wenige Tage nach unserem Umzug bat mich der Personalchef in sein Büro. Sofort begann ich wieder zu grübeln, ob ich etwas falsch gemacht hatte. Wollte er vielleicht den Vorschuss wieder zurück? Nun, auch das klärte sich schnell – ich wurde in eine andere Abteilung versetzt und sollte die Qualität aller Kabel kontrollieren.

»Wir haben mehrere Gründe für unsere Entscheidung: Erstens sind wir mit Ihrer Arbeit zufrieden, möchten zweitens aber, dass Sie in eine Abteilung wechseln, in der fast ausschließlich Frauen eingesetzt sind. Wir organisieren die Arbeit künftig für Frauen und Männer getrennt. Und drittens übernimmt der Kollege, den Sie ersetzen, die Leitung der Montageabteilung.«

Das klang überzeugend.

»Wie sieht es eigentlich mit der Uni aus?«, wollte Herr Erschadmanesch wissen.

»Die erneute Aufnahmeprüfung an der Staatlichen habe ich nicht bestanden, weil ich der Arbeit hier den Vorzug gegeben habe«, erklärte ich ein wenig bedrückt. »Arbeit und Studium sind schwer miteinander zu vereinbaren.«

»Frau Bahrami, bleiben Sie beharrlich, Sie dürfen nicht zu schnell aufgeben.«

Er hatte gut reden. Sein Studium lag ja längst hinter ihm, er hatte einen sicheren Arbeitsplatz und musste nicht zusehen, wie er seine Studiengebühren zusammenbekam.

»Ich habe ähnlich angefangen wie Sie, Frau Bahrami. An alle vier Wände meines Zimmers hatte ich damals geschrieben: ›Ich will studieren!‹, um mich täglich zu motivieren.«

Genau das war auch mein größter Traum …

10.

Perspektive –
Der Plan für eine bessere Zukunft

Meine Freundin Mardschan und ich warteten schon seit Tagen auf die Ergebnisse unserer Aufnahmeprüfung für die Freie Universität Teheran. Nach der Ablehnung durch die staatliche Hochschule hing unsere gesamte Zukunft von der Freien Universität ab. Diese eine Prüfung war gleichsam die entscheidende Weggabelung. Von hier aus ging es in zwei Richtungen. Die eine, die akademische, versprach uns Freiheit, die andere würde mit hoher Wahrscheinlichkeit in Abhängigkeit münden. Abhängigkeit von einem Mann.

An einem Nachmittag saß ich mit meiner Cousine Massi zusammen, als meine damalige Kollegin Bahar anrief. Sie studierte später Medizintechnik und lebt heute in London.

»Salam, Ameneh, rate mal, warum ich anrufe.«

Sie klang fröhlich.

»Hast du dir endlich die Schuhe gekauft, die dir seit Wochen nicht aus dem Kopf gehen?«

»Aber nein, wo denkst du hin, Ameneh. Es hat nichts mit mir zu tun.«

»Keine Ahnung, Bahar, ich komme nicht drauf. Sag du's mir.«

»Also gut, aber halt dich fest, Ameneh! Die Freie Uni Teheran hat dich ange–«

Ich weiß nicht, ob Bahar diesen Satz damals zu Ende gesprochen hat. Auf einen Schlag war ich wie von Sinnen. Es war geschafft. Mein größter Traum war in Erfüllung gegangen. Die Universität hatte mich tatsächlich angenommen, und ich war endlich Studentin.

Ich suchte hastig nach meinen Schuhen, warf mir mein Kopftuch über und stürmte los zum nächsten Zeitungsstand. Das musste ich mit eigenen Augen sehen! Und tatsächlich, als ich die Zeitung aufschlug, stand es da: Zum Studium der Elektrotechnik und Elektronik an der Freien Universität Teheran zugelassen, Bahraminava, Ameneh. Das war ich. Ich selbst. All die harten Jahre in der Schule, die Paukerei für die Prüfungen, die Ungewissheit, die Erschöpfung und die Enttäuschungen fielen in diesen Minuten von mir ab wie der gesamte Berg Damawand – immerhin der höchste in unserem Land. Und zum Vorschein kam ein neuer Mensch: Ab heute war ich stolze Studentin der Fachrichtung Elektronik an der Freien Universität Teheran!

In diesem Moment musste ich an meinen Onkel Asghar denken. Ob er mich wohl sehen konnte? Ob er sich mit mir freute? Ob er vielleicht in diesem Augenblick stolz auf mich war? Stolz darauf, dass ich den Weg gehen würde, den er so gerne gegangen wäre? Das Telefon klingelte. Wer auch immer das war, worum auch immer es ging – er oder sie würde sich jetzt mit mir freuen müssen. Und so war es auch. Ich konnte kaum verstehen, was meine Freundin Mardschan glückselig in den Hörer kreischte. Aber eines war mir sofort klar: Auch sie hatte es geschafft. Wir beide hatten es endlich geschafft.

Die Flügel, die Mardschan und mir vor Begeisterung gewachsen waren, halfen uns leider wenig auf dem recht beschwerlichen Weg zum neuen Campus im Süden der Stadt. Er lag in einem neu erschlossenen Neubaugebiet – die Hauptstraße zum Campus war über weite Strecken noch unbefestigt und holprig und die Gegend karg und kahl. Doch von diesem Süd-Campus sollten bald, so hofften die Stadtplaner, Impulse zur Entwicklung des gesamten Umlandes ausgehen.

Die frohe Botschaft von meinem »Aufstieg« hatte man auch bei Sazegan-Gostar aus der Zeitung erfahren. Die Kollegen spendierten mir nicht nur eine riesige Torte, sondern wunderbarerweise auch etwas Geld, mit dem ich mir einen Teil meiner Ausstattung für die Hochschule kaufen konnte: ein Paar Schuhe und eine neue Tasche, um standesgemäß gerüstet in meinen neuen Lebensabschnitt aufzubrechen.

Es war ein schönes Gefühl, so viel Unterstützung zu erfahren und auf so aufrichtige Art und Weise angespornt zu werden. Frauen in unserem Land waren bisher kaum ermutigt worden, technische Berufe zu ergreifen. Um gerade das zu ändern, war an meiner ehemaligen Schule auch ein naturwissenschaftlicher Zweig eingerichtet worden. Mardschan und ich gehörten damals zur zweiten Generation Mädchen, die an dieser Schule Grafikdesign oder Elektronik zu ihrem Ausbildungsschwerpunkt machen konnten. Und nun, im Jahr 2000, waren wir Teil einer kleinen Gruppe von Frauen, die weiter unaufhaltsam ihren Weg in einer Männerdomäne machen wollte.

Studentenleben. Was hieß das eigentlich genau? Und was käme jetzt auf uns zu? Wir würden hoffentlich unbeschwerter, mit mehr Elan lernen können als in der Schule, weil die Entscheidung für unser Studienfach freiwillig gefallen war.

Und zudem herrschte auf dem Süd-Campus damals noch keine Kleiderordnung. Keine Tschadorpflicht! Das war uns viel wert. Es bildete die geistige Freiheit gewissermaßen nach außen hin ab. Ein unabhängiger Geist in einer frei gewählten Hülle. Ein starker Kontrast! In besonders konservativen Regionen unseres Landes waren Frauen ausgepeitscht worden, weil sie es sich erlaubt hatten, »kurze« Hosen zu tragen – was gemäß der offiziellen Definition als kurz galt: Hosen, die nur bis zu den Knöcheln reichen, ohne sie jedoch zu bedecken. Bis zu den Knöcheln …

Wir würden nun an der Universität neue Leute kennenlernen, vielleicht neue Freundschaften schließen können und unseren Weg in eine bessere Zukunft gehen. Ganz gewiss aber hieß es für Mardschan und mich auch, dass wir für mindestens fünf oder sechs Jahre eine enorme Doppelbelastung schultern müssten, weil wir neben dem Studium weiterhin unser eigenes Geld verdienen mussten. Die Frage, ob wir nach dem Studium auch Arbeit in unseren Berufen finden würden, raubte uns immerhin noch nicht den Schlaf. Wir waren angekommen, und wir würden unseren Weg schon gehen – davon waren wir beide vollkommen überzeugt.

An unseren ersten Tag in der Universität erinnere ich mich noch wie heute: Mardschan und ich saßen schon lange vor Beginn der ersten Vorlesung auf dem Campus, betrachteten das Gewimmel von jungen Leuten ringsum und schauten uns bereits die Studenten aus, mit denen wir am liebsten gemeinsam in der Vorlesung sitzen wollten. An dieser Privatuniversität würden wir, anders als einst in der Schule, nicht mehr nach Geschlechtern getrennt unterrichtet. Endlich durften junge Frauen und Männer ungehindert und ungezwungen miteinander umgehen. All die Zwänge, die auf unserer Kindheit und Jugend lasteten, schienen mit einem Mal beseitigt. All diese Verbote, die naturgemäß Heimlichkeiten heraufbeschworen, wichen einer Alltäglichkeit zwischen den Geschlechtern, die mir normal und angemessen schien. Das ging manchmal so weit, dass uns der eine oder andere Mann auf dem Campus geradezu lästig wurde und wir uns scherzhaft wünschten, die Geschlechtertrennung hätte noch Bestand gehabt.

Wie so häufig in jenen Tagen musste ich immer wieder an Amir denken. Ich war nicht nur räumlich von ihm entfernt – mein ganzes Leben hatte sich seit unserer Trennung weiterentwickelt und massiv verändert. Wie es ihm jetzt wohl erging? Ob er mit dem Studium bald fertig war? Ob er zu den Besten zählte? Ganz gewiss aber war er unter den Beliebtesten seines Jahrgangs. Ach, Amir! Im Grunde bewahrte ich mir ja die Erinnerung an seine guten Seiten, an seine Hilfsbereitschaft, seine Geduld, seine Großzügigkeit, die sich in seinen schönen Augen spiegelten. Ob wir doch füreinander geschaffen waren? Das zu prüfen war es wohl einfach zu spät ...

Ich war nun eine Teheraner Studentin, und an dieses Leben musste ich mich zunächst einmal gewöhnen. Ich dachte immer wieder darüber nach, dass ich mich ein bedeutendes Stück weiter in die Welt des Erwachsenwerdens vorgewagt hatte. Im Übrigen ging es an der Hochschule mitunter sehr lebhaft und sogar rau zu. Eine Tatsache, die mir schon in den ersten Tagen eindringlich bewusst gemacht wurde, als ich eines Mittags in der Mensa saß.

Ich wartete an einem Tisch, träumte vor mich hin, behielt zugleich aber den Eingang im Auge, um Mardschan nicht zu verpassen, mit der ich gemeinsam essen wollte. Plötzlich schoss ein Schatten an meinem Gesicht vorüber, und zugleich durchfuhr mich ein stechender Schmerz. Was war das? Warum tat das so weh? Ich griff mir an die Nase, aber sie blutete zum Glück nicht. Mir schwirrte der Kopf, ich verstand gar nicht, was da gerade geschehen war.

»Oh mein Gott, entschuldige! Das wollte ich nicht. Tut mir wirklich leid. Ich bin ein miserabler Werfer. Ich habe meine Tasche bloß drüben auf den Tisch geworfen, um mir den Platz zu reservieren«, versuchte der Typ mich zu beschwichtigen.

»Du gehörst echt zurück in den Kindergarten!«, fauchte ich ihn an und versuchte, die Sache so schnell wie möglich wieder zu vergessen.

Die Freie Universität schien uns in mancher Hinsicht eine Insel zu sein, eine Oase in der Wüste. Und gleichwohl kein Ort, der von Frivolitäten oder Anstößigkeiten bestimmt war. Nein, die gewonnenen Freiheiten entfernten uns keinesfalls von den Grundsätzen unseres islamischen Glaubens – sie machten uns junge Leute einfach nur ein wenig freier.

Wo sonst hätte man in unserer Gesellschaft öffentlich, ohne Anstoß zu erregen und ohne Einmischung der Familie, den Partner oder die Partnerin fürs Leben finden sollen? Oder auch nur einen guten Freund. Einen, mit dem man seine Alltagssorgen besprechen oder von dem man sich einfach nur einen guten Rat holen konnte. Ganz unverbindlich.

Irgendwann lernte ich Farzan kennen, der damals Pharmazie studierte und heute eine eigene Apotheke besitzt. Er wurde für mich dieser ersehnte Vertraute. Wir trafen uns zwar nur selten und telefonierten nur alle zwei bis drei Monate miteinander. Aber Farzan half mir oft – nicht nur beim Lösen von Mathematikaufgaben. Immer wieder hat er mir Mut gemacht, wenn ich dachte, ich würde nicht weiterkommen, oder wenn ich, der Verzweiflung nahe, alles hinschmeißen wollte. Er hat mir zu jener Zeit gutgetan, weil er mich ganz selbstverständlich in meinen Plänen bestärkte. Farzan vertrat nicht die Ansicht, dass Hauswirtschaft, Geburtshilfe oder Kindergarten besser zu mir passten als ein »Männerfach« wie Elektronik.

Und so blieb ich bei meiner Fachrichtung, auch wenn ich mich streckenweise regelrecht durchbeißen musste. Mathematik und Physik waren längst kein Kinderspiel mehr wie einst in der Schule. Manches Mal flößten sie mir sogar Angst und Abneigung ein, weil sie mir das Leben so schwer machten. Die Klausuren zum Abschluss des ersten Semesters waren eine einzige Quälerei, das Ergebnis jämmerlich trotz durchgearbeiteter Nächte. Um nicht kläglich zu scheitern, musste ich mir etwas einfallen lassen. Die Arbeit in der Firma konnte und wollte ich nicht aufgeben. Meine finanzielle Eigenständigkeit war mir lieb und teuer. Wenn ich mein Ziel erreichen wollte, blieb mir nichts anderes übrig, als mich noch stärker aufs Lernen zu konzentrieren. Irgendwie bestand ich dann auch die Abschlussklausuren des zweiten Semesters – Gott sei es gedankt.

Mein Arbeitsvertrag war wieder verlängert worden, aber die Zeichen standen schlecht, weil die Firma inzwischen beschlossen hatte, ihre Produktion schrittweise einzustellen und auf den Vertrieb importierter Geräte umzusteigen. Und dann, mitten im Semester, wurden plötzlich alle Studenten entlassen – eine sogenannte Einsparmaßnahme.

Entlassung. Ich war raus aus der Firma. Weg von meiner Zweitfamilie. Ich war verzweifelt. Wo hätte ich je wieder einen so großzügigen Arbeitgeber finden können? Wie sollte ich fortan meine Studiengebühren finanzieren? Fragen über

Fragen brachen über mir herein. Ich saß im Bus nach Hause, hielt mit Mühe meine Tränen zurück und flehte leise: »Ey khoda, Gott im Himmel, zeig mir einen Weg, mach irgendwo eine Tür auf, ich bitte dich!« Statt direkt nach Hause zu gehen, setzte ich mich in den Park bei uns in der Nähe. Ich wollte erst in Ruhe weinen und dann ungestört überlegen, wie es weitergehen könnte. Das fröhliche Kindergeschrei vom Spielplatz störte mich nicht. Im Gegenteil. Es half mir beim Nachdenken. Die Mütter auf den Bänken ringsum hatten genug damit zu tun, ihre Sprösslinge im Auge zu behalten. Sie schenkten mir und meinen Tränen keine Beachtung.

Wie ich nun meine Probleme auch drehte und wendete, ich sah nur eine Möglichkeit: Der Buchhalter des Betriebs würde eine Lösung finden müssen. Immerhin war ich gut drei Jahre in der Firma tätig gewesen, und man hatte uns lange vor Vertragsablauf gekündigt. Nach einem Gespräch versprach mir der Buchhalter, sich kundig zu machen. Und wieder musste ich warten, bis schließlich doch gute Nachrichten kamen. Da die Firma uns gekündigt hatte, war sie zur Lohnfortzahlung bis zum offiziellen Vertragsablauf verpflichtet. Damit war zumindest eine vorläufige Lösung gefunden. Für den Moment hatte ich Ruhe, und mein Leben war abgesichert. Für eine Weile. Die Zeit verging rasch, und nachdem die Firma ihrer Schuldigkeit nachgekommen war, musste ich mich an das Amt für Arbeit und Sozialwesen wenden, um weiterhin versorgt zu sein. Es dauerte, bis ich für meine Hartnäckigkeit belohnt wurde; erst nach gut sechs Monaten Behördengängen und zähen Verhandlungen war das Amt endlich bereit zu zahlen – in wöchentlichen Raten, deren Empfang wir regelmäßig quittieren mussten.

Schon nach der zweiten Woche deutete die Sachbearbeiterin in dem Arbeitsamt an, wie hilfreich es doch wäre, wenn ich ihr halbtags im Büro zur Hand ginge, und im Übrigen sei so etwas auch durchaus üblich. Warum nicht, dachte ich. Solange es meiner Sache diente … Ohne jede Begeisterung wälzte ich also ein paar Vormittage lang Amtsakten. Nach ein paar Tagen fragte ich eine ehemalige Kollegin, die auch von dieser Sparmaßnahme betroffen war, ob sie diesen Bürojob auch so nervtötend finde.

»Bürojob? Was meinst du?«, fragte sie zurück und starrte mich entgeistert an.

»Na, die Arbeit im Amt, als Gegenleistung für unsere monatlichen Raten!«

Meine Exkollegin starrte mich ratlos an: »Hat die Sachbearbeiterin dich zur Eselin gemacht, oder hast du das ganz alleine geschafft? An die Lohnfortzahlung sind doch keine Bedingungen geknüpft!«

Sie konnte sich ihr Lachen kaum verkneifen. Ich verstand gar nichts mehr. Es gab überhaupt keine Bedingungen? Was hatte mir die Frau vom Amt denn da weismachen wollen?

Schon am folgenden Tag stand ich bei dem Vorgesetzten dieser perfiden Amtsfrau. Der Mann versuchte mich zu beschwichtigen und bat mich, von einer Beschwerde abzusehen. Ich erzählte ihm, dass diese Dame mir auf die Frage, ob sie mir eine neue Stelle vermitteln könne, geraten hatte, in die Zeitungen zu schauen. Ihre Antwort hatte mich damals derart verblüfft, dass mir meine Entgegnung im Halse stecken geblieben war. Eigentlich hätte ich die Frau fragen müssen, ob sie ihre Zeit im Amt hauptsächlich dazu nutze, schlechte Romane zu lesen.

Ich stellte die Frau zur Rede. Sie blickte beschämt zu Boden und gestand mir, dass gar nicht sie für diese merkwürdige Aktion verantwortlich sei.

»Frau Bahrami, ein Herr aus unserer IT-Abteilung hatte Sie gesehen, als Sie hier regelmäßig vorbeikamen. Er fand Sie auf Anhieb so sympathisch, dass er mich gebeten hat, alles zu tun, um Sie hier zu halten … Verzeihen Sie, Frau Bahrami, es war gewiss nicht böse gemeint … Er macht Sie bestimmt glucklich, Frau Bahrami …«

Ich war erneut sprachlos! Durfte ich meinen Ohren trauen? Was fiel diesem Kerl ein? Hätte er mich nicht persönlich ansprechen können? Musste dieser feige Hund diese Hexe für seine Zwecke einspannen? Ich schäumte vor Wut, hastete atemlos aus dem Gebäude – und das Amt hatte von diesem Tag an eine kostenlose und naive Halbtagskraft weniger.

In der Universität waren weiterhin meine ganze Konzentration und Aufmerksamkeit gefordert. Ich musste in Physik ein Projekt vorbereiten und einen Vortrag vor dem gesamten Kurs halten. Mir war sofort klar, dass ich den SpO_2-Pulsoximeter zur Messung der Sauerstoffsättigung von Blut vorstellen würde – das Topgerät meiner ehemaligen Firma Sazegan-Gostars. Nach den drei Jahren im Betrieb wusste ich alles über diesen Apparat: Herstellung, Vertrieb, Einsatzgebiete, Funktionsweise – einfach alles.

»Bei der künstlichen Beatmung ist die Sauerstoffsättigung eine wichtige Richtgröße. Sie kann mit dem Pulsoximeter gemessen werden, vollkommen schmerzfrei. Ein Clip wird an einer gut durchbluteten Stelle des Körpers – Finger, Zeh oder Ohrläppchen – angebracht. Er enthält auf der einen Seite eine starke Leuchtquelle, die den Finger durchleuchtet. Auf der anderen Seite misst ein Lichtsensor, welche Lichtanteile durch den Finger gedrungen sind. Das an den Clip angeschlossene Gerät errechnet den Sauerstoff-Sättigungswert, den der Arzt dann ablesen kann. Zum Einsatz kommt das Gerät meist in der Notfall- und Intensivmedizin ...«

Es war absolut still im Hörsaal, alle schienen echtes Interesse an meinem Vortrag zu haben. Bald stießen sogar ein paar Kommilitonen aus anderen Veranstaltungen dazu, und ich spürte, wie viel Spaß ich daran hatte, dem Plenum »unseren Lebensretter« ausführlich zu erklären. Nach einer knappen Stunde war meine Präsentation beendet, die Kommilitonen klatschten Beifall und stellten etliche Fragen. Jemand wollte sogar wissen, ob ich aus meinem eigenen Unternehmen berichtet hatte. Nein, aber die Firma war mir ja fast zur zweiten Familie geworden.

Als es schließlich an die Benotung ging – der Dozent bat die Studenten um Vorschläge –, waren sich alle einig: zwanzig Punkte. Der Dozent aber schien anderer Meinung. Ich bekam nur 14 Punkte. Die Kommilitonen protestierten, doch er ließ sich nicht umstimmen. Für mich brach eine kleine Welt zusammen, und ich war auch Tage nach dieser strengen Entscheidung noch zutiefst verletzt. Irgendwann fasste ich mir schließlich ein Herz und ging in seine Sprechstunde.

»Ich wusste, Sie würden sich eines Tages hier sehen lassen, Frau Bahrami«, sagte er und hielt inne. Mich verwunderte sein Blick. Dann fuhr er fort: »Mir war klar, dass Sie irgendwann vorbeikommen würden, um sich zu beschweren.«

Ich verstand noch immer nicht genau, was sich hier abspielte, aber mein Misstrauen war geweckt. Ich denke, ich konnte damals schon ahnen, was noch kommen würde.

»Ihre Präsentation hat mich durchaus beeindruckt, Frau Bahrami.« Er hielt kurz inne. »Verzeihen Sie, darf ich fragen, sind Sie verheiratet?«

Meine innere Stimme hatte mich also nicht getäuscht. Hier ging es nicht um akademische Grundfragen, es ging um mich als Frau …

»Nein, bin ich nicht«, entgegnete ich kurz angebunden und hörbar verärgert.

»Und wenn jemand wie ich Sie fragen würde, ob Sie seine Frau werden wollen, was würden Sie ihm antworten?« So schnell ging das also. Eine gute Präsentation in der Universität, und schon war der Heiratsmarkt eröffnet. Eine interessante Wendung allemal. Mir kam die Frage meiner Mutter in den Sinn: »Ameneh, warum läufst du vor der Ehe weg?« Tat ich das denn wirklich, oder gab ich mir nur die gerechte Chance, den richtigen Mann fürs Leben zu finden? Hier stand ein Mann vor mir, den ich nicht im Geringsten kannte. Er hatte eine akademische Ausbildung und eine respektable Position – mehr wusste ich nicht über ihn. Und das sollte genügen, um den sogenannten Bund fürs Leben zu schließen?

Der Mann war mir ja nicht einmal unsympathisch – so ehrlich muss ich schon sein –, aber als meinen Ehemann konnte ich ihn mir beileibe nicht vorstellen. Zu einer Beziehung gehörte doch ein wenig mehr an Basis als nur die Tatsache, dass er mein Lehrer und ich seine Studentin war. Er kannte mich nicht und ich ihn auch nicht. Und auch wenn es in unserer Kultur üblich war, dass junge Menschen ungefragt verheiratet werden konnten, wollte ich diesen Weg mit Sicherheit nicht gehen. Hier stand mir ein gebildeter, vermeintlich aufgeklärter Mann gegenüber. Auf dem Land war es durchaus üblich, dass junge Menschen ungefragt verheiratet wurden. Seit der islamischen Revolution wurde das Mindestalter für heiratsfähige Mädchen von neun auf dreizehn Jahre hochgesetzt, was fast schon als Fortschritt bezeichnet werden durfte. Wir standen hier aber nicht in einer Lehmhütte, sondern in den Räumen der Freien Universität von Teheran …

»Darf ich um Bedenkzeit bitten?«, fragte ich, um ihn nicht zu brüskieren. Er nickte und ließ mich ziehen. Eine Antwort bekam er natürlich nicht von mir, aber auch das war letztlich eine Antwort.

»Ameneh, wovor läufst du davon?« – die Frage meiner Mutter. Ich lief vor nichts davon – ich wollte nur einfach aus Liebe heiraten und nicht, um andere Leute zufriedenzustellen. Einen anderen Grund gab es nicht, doch der wog in unserer Gesellschaft ja schon schwer genug.

Inzwischen hatte mein guter Freund Farzan geheiratet, und ich musste infolgedessen den Kontakt zu ihm abbrechen. Es wäre viel zu kompliziert geworden, unsere Freundschaft fortzusetzen. Ich hätte nicht mal eben anrufen oder kurz zum Tee bei ihm vorbeischauen und so ungezwungen mit ihm plaudern können wie früher. Der Ruf aller Beteiligten wäre auf der Stelle ruiniert gewesen.

So rückt eben wieder deine Karriere in den Vordergrund, dachte ich. Dein Finanzpolster wird bald aufgebraucht sein. Such dir neue Arbeit, das bringt dich auf bessere Gedanken als die Suche nach der Liebe des Lebens. Die es möglicherweise gar nicht gibt!

Ich besuchte weiterhin meine Kurse an der Universität und machte nichtsahnend die verhängnisvollste Begegnung meines Lebens …

II.

Vorsicht –
Die Begegnung mit dem Bösen

Ich war im Elektronik-Tutorium und betrachtete mit mehreren Studenten zusammen die Details einer Schaltkonstruktion. Plötzlich stieß mich ein Kommilitone an, berührte mich am Oberarm und ging wortlos weiter. Ich hielt die Berührung zunächst für ein Versehen. Nichts, worüber man länger nachdenken musste. Wenig später wurde die Sache allerdings merkwürdig. Während der nächsten Minuten rempelte mich der Kollege noch ein paar Mal an – jedoch nicht mehr mit dem Arm, sondern mit seinem Bein.

Das war zu viel. Ich drehte mich zu dem Typen um und fauchte ihn an: »Willst du etwas von mir, oder liegt dir die Schaltung da auf dem Tisch am Herzen?«

Er sagte kein Wort, starrte mich nur durch seine dicken Brillengläser stumm an, um dann wieder ins Leere zu blicken. Ein komischer Kauz, dachte ich mir. Aber irgendwie auch bemitleidenswert. Er war mir früher schon einige Male aufgefallen. Nicht, weil er mir sympathisch schien, sondern aufgrund seines armseligen Erscheinungsbildes.

Ich kam auch aus sehr einfachen Verhältnissen, und auch meine Familie musste sich bei jedem Toman überlegen, ob er nicht sinnvoller hätte ausgegeben werden können. Dieser Kerl mit der dicken Brille aber kam immer im selben T-Shirt in die Vorlesungen. Zu jeder Jahreszeit, bei jedem Wetter! Fror er denn gar nicht? Oder hatte er schlicht nichts anderes anzuziehen?

Trotz seiner plumpen Anmache aber hatte er wohl meinen Helferinstinkt geweckt. Wenn ich heute daran denke, jagt es mir noch immer einen eiskalten Schauer durch den Körper. Und noch heute wundere ich mich, wie ich damals wohl dazu kommen konnte, für einen fremden Mann Kleider zu sammeln. Einfach so. Ich fragte Bekannte, Verwandte, ob sie nicht abgelegte Sachen entbehren könnten, und bekam tatsächlich in kürzester Zeit einen Packen zusammen, den ich einem Wächter am Eingang zum Campus hinstellte.

Ich erklärte ihm mein Anliegen: »Geben Sie die Sachen doch bitte dem Kommilitonen, der hier immer nur im T-Shirt aufkreuzt.« Erstaunlicherweise schien der Wächter auf Anhieb zu wissen, wen ich meinte.

»Aber sagen Sie diesem jungen Mann auf gar keinen Fall, von wem Sie diese Kleider haben!«, schärfte ich ihm ein. Der Wächter sagte mir seine Verschwiegenheit zu, und es vergingen kaum zwei Tage, da trug der junge Mann tatsächlich die gespendeten Sachen. Und sie standen ihm gut. Geradezu schick sah er in den abgetragenen Kleidern aus meiner privaten Sammlung aus, und ich fragte mich, woher er wohl das Geld für die Studiengebühren nahm, so ärmlich gekleidet, wie er hier herumlief. Mein Bedürfnis zu helfen war für mich jedenfalls mit dieser guten Tat befriedigt.

Mein Vater war inzwischen wieder im Krankenhaus. Er sprach nicht mehr, schien nichts zu hören, hielt die Augen fest geschlossen und lag da wie gelähmt. Ich saß mit Mardschan eines Nachmittags an seinem Krankenbett und fragte mich, womit er solche Qualen wohl verdient hatte. Keinem Menschen hat er je etwas zuleide getan. Er war ein rechtschaffener, anständiger, aber leider auch zutiefst unglücklicher Mann, und dieser Kummer schien ihn im Laufe der Jahre immer mehr aufzufressen.

Wie gern hätte ich ihm geholfen, wieder gesund zu werden – aber was konnte ich tun? Hätte ich ihm doch wenigstens durch bloßes Handauflegen helfen können, um meine positive Energie auf ihn zu übertragen – so, wie ich es im Fernsehen gesehen hatte. Aber das war Hokuspokus, mehr nicht – und ich war letztlich dazu verdammt, seinem langsamen Niedergang hilflos zuzusehen.

In jener Zeit hatte ich Alpträume. Schreckliche Visionen von grauen Menschen, die sich im Schlamm suhlten, einander auffraßen und sich auch über mich hermachen wollten. In diesen Träumen rief mich plötzlich eine Stimme: »Komm her! Komm!«

Zwei Pferde kamen in diesen Träumen vor, ein Schimmel und ein Brauner. Auch ein Mann, ganz in Weiß gekleidet und strahlend – als ob es der Prophet Mohammed war, erschien und sprach zu mir: »Reite den Schimmel, sitz auf, komm!«

Ich zögerte dann immer, denn das Tier hatte ein gebrochenes Bein. Und doch trug das Pferd mich – es lief mühelos davon, und ich wusste stets, dass es mich in Sicherheit brachte. Ich empfand jedes Mal ein wundervolles Gefühl der Geborgenheit, fühlte mich glücklich und frei …

Es waren seltsame Träume, über die jeder lachte, dem ich sie anfänglich erzählte. Deshalb behielt ich sie irgendwann einfach für mich. Es galt schließlich, in der Realität zu bestehen. Und das hieß, wieder einen neuen Job finden – was mir gottlob schon bald gelang. Nach langer Suche landete ich bei Pischgam, einem Unternehmen, das vornehmlich Leiterplatten herstellte. Und weil nicht nur der Chef, Herr Fatawi, sondern auch die Kollegen sehr sympathisch waren, fühlte ich mich in der Firma schon bald fast so zu Hause wie einst bei Sazegan-Gostar. Mein Studium war finanziell wieder abgesichert, wenn auch die Doppelbelastung aus Job und Hochschule mit der Zeit sehr ermüdend war. Jeden Morgen musste ich um kurz vor sieben Uhr aus dem Haus, fuhr zur Universität, von wo aus ich mittags mit dem Bus eineinhalb Stunden in meine neue Firma fahren musste, um dort bis 21 Uhr am Abend meinen Job zu erledigen. Insgesamt saß ich jeden Tag drei Stunden in einem stickigen Bus, der in den völlig überfüllten Straßen Teherans mehr stand, als dass er fuhr. Wenn ich dann erschöpft endlich in den Feierabend entkam, ging ich meist ein Stück durch den Ressalat-Park, der ganz in der Nähe meiner neuen Arbeitsstelle lag. Er war wie ein kleines Paradies. Ich konnte ungestört spazieren gehen, meinen Gedanken nachhängen und von Zeit zu Zeit junge Paare sehen, die verstohlen Händchen hielten. Ich ging zwar noch immer alleine durch den Park, aber ich war glücklich und mit meiner Lebenssituation vollständig im Reinen.

Eines Nachmittags – im März 2003 – klingelte bei uns zu Hause das Telefon. Eine fremde Frau am anderen Ende der Leitung verlangte nach mir und kam sofort ohne Umschweife auf einen gewissen Madschid Mowahedi zu sprechen. Ich wusste nicht, was die Frau von mir wollte, und ich erklärte ihr, dass ich keinen Madschid kennen würde und sie vermutlich falsch verbunden sei.

»Wieso kennen Sie Madschid nicht? Er studiert doch mit Ihnen.«

»Ich kenne beim besten Willen keinen Madschid. Sie müssen wirklich eine falsche Nummer gewählt haben.«

»Aber ich bin Madschids Mutter. Und Sie sind doch Ameneh Bahraminava, studieren Elektronik an der Freien Uni Teheran, auf dem Süd-Campus.«

Die Frau klang sehr forsch und fordernd, aber ich bemühte mich, höflich zu bleiben.

»Ja, das ist richtig«, erklärte ich ihr, »aber ich kenne keinen Madschid. Es tut mir wirklich leid.«

»Mein Sohn ist Ihr Kommilitone«, gab die Frau mir mit gellender Stimme zur Antwort. »Er will Sie heiraten.«

Was hatte diese fremde Frau am Telefon gesagt? Ein Unbekannter, der angeblich mit mir studierte, den ich aber nicht kannte, wollte mich heiraten? Das konnte nur ein Scherz sein, und ich überlegte einen Augenblick, ob sich womöglich eine meiner Freundinnen einen Spaß erlauben wollte. Aber irgendwie spürte ich doch, dass diese Sache ernst gemeint war. Die Anspannung in ihrer Stimme war deutlich zu hören, und ich hatte keine Vorstellung, wie ich richtig hätte reagieren können. Was dachte sich diese Frau denn nur? Was wollte sie von mir?

»Ich kenne Ihren Sohn nicht!«, sagte ich nach einer kurzen Pause mit ruhiger Stimme und legte dann den Hörer einfach auf.

Nur wenige Tage später rief die Frau wieder an und begann erneut, ohne jede Vorrede von ihrem Sohn Madschid zu sprechen.

»Er trägt eine Brille«, sagte sie. »Sie kennen ihn.«

»Viele meiner Kommilitonen sind Brillenträger«, gab ich zurück. Mehr fiel mir dazu im ersten Augenblick nicht ein.

»Mein Sohn trägt eine besondere Brille.« Eine besondere Brille also. Ich beendete das Gespräch schnell und zog mich verwundert zurück. Wer sollte das denn sein, fragte ich mich. Mir wollte kein Gesicht zu der Beschreibung dieser Frau einfallen. Auch als ich mich unter meinen Kommilitonen umhörte, konnte mir keiner weiterhelfen. Niemand hatte eine Idee, von welchem Mitstudenten die Rede war.

Die fremde Frau rief wieder an. Im dritten Anlauf begann sie das Gespräch zumindest etwas höflicher: »Salam, Frau Bahrami. Wissen Sie jetzt, wer mein Sohn ist?«

»Nein, es tut mir wirklich leid, aber ich weiß beim besten Willen nicht, von wem Sie sprechen.«

Meine ablehnende Antwort schien die Frau nicht im Geringsten zu entmutigen, und sie fing plötzlich damit an, mich auszuquetschen.

»Wie alt sind Sie überhaupt?«, wollte sie wissen.

»Vierundzwanzig«, gab ich ihr entnervt zur Antwort. Und ich spürte, dass meine Altersangabe diese Frau nicht gerade entzückte.

»Was? Vier Jahre älter als mein Sohn!«

Ich war fassungslos. War das hier etwa ein Viehmarkt? Dann hätte sich diese Frau doch besser nach einem Schaf erkundigen müssen. Ich beendete das Gespräch ohne ein Wort, knallte den Hörer auf und wollte nur noch meine Ruhe haben. Und die hatte ich für eine Weile, denn die lästigen Anrufe der aufdringlichen Mutter blieben während der folgenden Wochen tatsächlich aus.

Und doch schien uns das Pech weiter zu verfolgen. Meine Brüder Mohammad und Farhad waren mit Freunden für drei Tage in den Norden ans Kaspische Meer gefahren. Als Farhad anrief, nahm ich zunächst an, er wolle sich nur kurz melden, um uns mitzuteilen, dass alle gut angekommen seien. Stattdessen rang er mit tränenerstickter Stimme nach Worten. Ich konnte ihn kaum verstehen. Einzig »Katastrophe, Katastrophe!« war zwischen seinen Schluchzern herauszuhören.

»Mein Gott! Mach, dass es nicht wahr ist! Nicht das!«, betete ich stumm.

»Unfall. Alkohol. Minibus. Zwei Autos gerammt, Tote. Verletzte«, hörte ich Farhad stammeln.

»Wahay, Herr im Himmel, steh uns bei!«

Dann beruhigte er sich endlich und erzählte mit stockender Stimme, dass er, Mohammad und Dawud unverletzt davongekommen seien. Nicht jedoch ihre beiden Freunde. Abolfazl verlor durch den Unfall beide Arme, und Arash, der heute wieder sehen kann, bangte damals lange Zeit um sein Augenlicht.

Ein Leben ohne Arme? Und ohne zu sehen? Mir erschien das zu jener Zeit unvorstellbar.

Meinen Brüdern steckte der Schock noch in den Gliedern, als sie endlich wieder bei uns in Teheran vor der Tür standen – blass, verstört, die Kleider blutverkrustet. Irgendwann fiel mein Blick auf Mohammads Schuhe, die Flipflops, die ich so gerne mochte. Kurz bevor er losgefahren war, hatte ich ihm noch eingeschärft: »Wenn du ohne die Schlappen zurückkommst, drehe ich dir den Hals um!« Plötzlich wurde mir bewusst, wie grausam leichtfertig man so etwas dahinsagte! Mein Gott, Mohammad und Farhad – wie viele Schutzengel waren wohl mit euch unterwegs? Und für ihre Gesundheit hätte ich deutlich mehr geopfert als nur ein Paar bedeutungsloser Schuhe …

Zu allem Unglück meldete sich auch die fremde Frau am Telefon wieder. Sie rief an, um mir zu sagen, dass sie ihrem Sohn nicht ausreden könne, mich heiraten zu wollen.

»Er lässt sich nicht umstimmen.«

Ich beschloss, die Flucht nach vorne anzutreten: »Lassen Sie mich mit Madschids Vater sprechen. Der sieht hoffentlich ein, dass ich nicht zu seinem Sohn passe.«

Aber auch der Vater ließ sich nicht abwimmeln.

»Sie müssen einander privat kennenlernen«, forderte er.

Ich wusste sofort, dass ich mich um keinen Preis mit ihm einigen würde. Um aber meiner Mutter einen Gefallen zu tun, die mir seit diesen Anrufen, die mich nun seit Monaten quälten, ständig mit ihren Fragen in den Ohren lag, wie lange ich wohl noch alleine bleiben wolle, stimmte ich schließlich entnervt einem Treffen zu. Ich hatte keine Kraft mehr, mich dem länger zu widersetzen.

»Schau ihn dir wenigstens einmal an«, bat mich meine Mutter, und so wurde vereinbart, dass die Eltern dieses geheimnisvollen jungen Mannes uns im Frühjahr 2004, zu Neujahr, einen Besuch abstatteten.

Zu meiner Kollegin Mariam Rassulipanah sagte ich damals noch im Scherz: »Wer weiß, vielleicht ist er ja mein Traummann? Wenn er nur nicht so ungehobelt ist wie seine Mutter, hat er schon viel gewonnen!«

»Ach was, Traummann«, meinte Mariam, »du sagst doch ohnehin wieder nein.«

»Das werden wir ja sehen ...«, sagte ich wider besseres Wissen.

Eines Nachmittags, auf dem Heimweg von der Arbeit, lüftete meine Kollegin und Kommilitonin Nasrin endlich das Geheimnis um die Identität meines vermeintlichen Traummanns: »Ameneh, der Typ, dieser Madschid Mowahedi – du kennst ihn. Dass er sich ausgerechnet dich ausgeguckt hat ... Das ist der mit der besonders dicken Brille und der immer nur das eine T-Shirt anhatte.«

»Was, der? Dieser schmierige Kerl. Ausgerechnet der! Meine Güte, der sieht doch zum Fürchten aus, mit seinen Augengläsern so dick wie Teeglasböden. Ich bin ja ein echter Glückspilz. Alle Leute kriegen elektrisches Licht, nur ich soll mich mit einer Petroleumlampe begnügen.«

Als seine Mutter wieder anrief, erklärte ich ihr, dass ich nun wisse, wer ihr Sohn sei, und keinerlei Interesse an ihm habe. Und zwar nicht nur wegen seines abscheulichen Annäherungsversuchs im Tutorium: »Meine Antwort heißt Nein, und dabei bleibt es. Tamam, Schluss, aus! Das ist mein letztes Wort!«

Damit schien mein Schicksal besiegelt. Ich würde mutmaßlich unverheiratet bleiben, einen guten Job finden, meine Freunde um mich scharen und in aller Ruhe ein normales Leben genießen. Und das ginge auch ohne Mann und Kinder. Oder etwa nicht? Für mich schien das nicht die schlechteste Perspektive zu sein. Ich hatte ja nichts dagegen, jemanden zu finden, der zu mir passte, aber ich wollte es auch nicht erzwingen.

Meine Mutter indes versuchte, mich zu ködern: »Mit der Zeit findet ihr schon zueinander.«

Meinte sie damit etwa, ich solle mich doch für Madschid entscheiden? Das konnte nicht ihr Ernst sein! Wie auch immer, ich steckte zu Hause in einem Dilemma. Meine Mutter wollte mich nicht als alte Jungfer enden sehen, und ich wollte nicht, dass sie meinetwegen unglücklich war. Dennoch weiß ich bis heute nicht, welcher Teufel mich damals geritten hat, als ich ihr schließlich versprach, bis Ende jenes Jahres verheiratet zu sein.

Dschafar kam mir in den Sinn, der Boxer, der an der Fazilat-Schule seinen Abschluss mit Schwerpunkt Grafikdesign gemacht hatte. Damals hatte auch ich Grafikdesign belegt und ihn irgendwann kennengelernt. Ein netter Kerl, dieser Dschafar. Wir verstanden uns gut und hatten zu der Zeit beschlossen, es miteinander zu versuchen. Ich hatte die Hoffnung, dass das ständige Gerede über mich und die bohrenden Fragen, wann es denn endlich so weit sei, irgendwann aufhören würden. Ich erklärte Dschafar damals, dass er zwei Hürden überwinden müsste. Erstens meine Schwester Schirin, die schon am Telefon alles abwimmelte, was auch nur entfernt nach einem Anwärter für mich klang. Und zweitens meine Mutter, die jemanden für mich wollte, der auch meinem Vater und ihr gefiele.

»Leichte Übung«, meinte Dschafar damals, »das kriegen wir schon hin.«

Mein Bruder immerhin fand ihn auf Anhieb in Ordnung.

»Klar«, sagte Mohammad, »wenn du ihn liebst, warum nicht?« Dschafar wollte sich einen guten Job suchen und dann um meine Hand anhalten, zu Neujahr, im Frühling. Ein kleines Hindernis stand unserem Glück allerdings noch im Weg: Dschafar kam aus der Türkei, und seine Familie sprach kaum ein Wort Farsi. Wir zogen sogar kurz in Erwägung, in der Türkei zu heiraten, aber dann kam doch alles ganz anders.

Nur wenige Wochen vor dem Jahreswechsel meinte mein Vater plötzlich: »Ameneh, Kind, ich bitte dich von Herzen, bei deinem Leben, beim Leben deiner Mama, such dir einen Mann, der besser zu uns passt.«

»Ach, Dschafar, was meinst du?«, fragte ich daraufhin verzweifelt. »Sollen wir vielleicht doch in der Türkei heiraten?« Aber Dschafar ahnte wohl, dass es ohne den Segen meiner Familie keine tragfähige Zukunft für uns geben würde. Eine Hochzeit in der Türkei ohne meine Familie hätte unsere Ehe unter einem schlechten Stern beginnen lassen. Und Dschafar hatte wohl recht. Auch ich musste mir eingestehen, dass er am Ende nicht der Mann meiner Träume war. Ich hätte ihn geheiratet, weil er gut zu mir war und mich respektiert hatte. Und – weil ich endlich meine Ruhe haben wollte. Aber er war eindeutig mehr ein guter Freund als die große Liebe, und das hätte auf Dauer vermutlich nicht für eine lange, glückliche Ehe gereicht. Und so blieben wir das, was wir bis dahin auch waren: einfach nur gute Freunde.

Wenige Tage später rief meine Cousine Mahnaz aus Hamadan an: Der Bruder meiner Mutter, mein Onkel Da'i Haschem, war gestorben. Ich hatte ihn vor Tagen noch anrufen wollen. Und nun war es zu spät. Die Familie fuhr also nach Hamadan, zur Beerdigung. Ich durfte in der Universität nicht fehlen und blieb zurück in Teheran. Nur Tage später, an einem Sonntag, war ich nachmittags vor dem Fernseher eingeschlafen und hatte einen merkwürdigen Traum. Mein verstorbener Onkel wollte mich zu sich rufen.

»Komm mit, Ameneh!«, drängte er. »Schau dir an, wie wunderschön es hier ist.«

»Aber ich bin doch erst fünfundzwanzig. Ich will leben!«, rief ich ihm zu.

»Das kannst du hier auch. Bring deine Freunde einfach mit! Und wenn es dir hier nicht gefällt, kehrst du einfach nach Hause zurück!« Ich ging ein paar Schritte auf ihn zu – und dann fuhr ich zu ihm auf …

Inzwischen war es Juli geworden. Zu jener Zeit fing auch Madschid selbst damit an, bei mir zu Hause anzurufen. Das erste Telefongespräch mit ihm persönlich begann mit den Worten: »Ich bin der, den du ins Unglück gestürzt hast …«

Ich knallte sofort den Hörer auf und zitterte am ganzen Leib. Waren die Anrufe seiner Mutter nicht schlimm genug? Musste er mich jetzt auch noch quälen? Wo hätte das Ganze denn hinführen sollen? Kann es der Wunsch eines Mannes sein, mit einer Frau zusammenzuleben, die ihn gar nicht will? Was hätte das für eine Beziehung werden sollen? Eine, die auf Abneigung, Ablehnung und Unglück baut? Kann man so etwas wollen? Er wusste doch, dass ich nicht mit ihm zusammen sein wollte. Er wusste auch, dass ich nicht das geringste Interesse hatte, ihn auch nur kennenzulernen. Und trotzdem wollte er von mir verlangen, dass ich mich selbst unglücklich mache, um ihn zufriedenzustellen. Das konnte doch nicht im Sinne gebildeter Menschen sein. Wir waren doch denkfähige Studenten und keine Bergbauern aus längst vergangenen Zeiten!

Kurz darauf rief mich meine Schwester Schadi in der Firma an: »Ameneh, dieser Madschid hat wieder angerufen. Er hat mir die Ohren vollgejammert, weil er mit dir reden will.«

»Lass ihn einfach reden, Schadi. Er gibt hoffentlich bald Ruhe.«

»Eigentlich kann er einem ja leidtun«, antwortete meine jüngere Schwester.

»Nein, Schadi, das kann er nicht. Er versucht etwas zu erzwingen, das nicht vorhanden ist und nie da sein wird. Er versucht, mich zu zwingen, ihn zu lieben, und das geht einfach nicht. Kümmere dich nicht um ihn, ich bitte dich!«

Nur wenige Tage später rief Madschid in meiner Firma an. Ich war ein weiteres Mal fassungslos. Wie um alles in der Welt hatte er herausgefunden, wo ich arbeitete, schoss es mir durch den Kopf, als er mich auch schon durch den Hörer anbrüllte: »Glaub ja nicht, du kannst mich für dumm verkaufen!«

»Was soll denn das bitte heißen?«

»Meiner Mutter erzählst du, du heiratest mich, wenn ich genug Geld zusammenhabe. Und mir zeigst du nach wie vor die kalte Schulter!«

Das übertraf wirklich alles. Nun war ich also in ein völlig neues Spiel verwickelt. Ein Spiel, in dem ich gänzlich in der Falle zu sitzen schien – eingeschlossen zwischen einer irren Mutter, die ihren eigenen Sohn belügt, und einem verrückten Sohn, der geradezu blindwütig eine Frau besitzen möchte.

»Das also soll ich gesagt haben?«

»Ja, das hast du. Und ich hab jetzt genug Geld zusammen. Außerdem hast du selbst gesagt, dass du in mich verliebt bist!«

»Hab ich das? Ich kenne dich doch gar nicht, abgesehen von deinem ekelhaften Annäherungsmanöver an der Uni!«

Ich war fassungslos. Warum wollte er mich nicht verstehen? Für wen hielt er sich? Ich hatte seiner Mutter doch ganz deutlich gesagt, dass ich ihren Sohn nicht wollte. Ging das nicht in seinen Kopf? Schwer von Begriff konnte er eigentlich nicht sein, schließlich studierte er doch Elektronik.

»Also, ich sag's dir jetzt zum letzten Mal: Such dir eine andere, und lass mich endgültig in Ruhe. Sonst rufe ich die Polizei!«

Am anderen Ende der Leitung wurde es still. Die Pause kam mir unerklärlich lang vor. Schließlich schnaubte er: »Du wirst schon sehen, was du davon hast!« in den Hörer und legte wutentbrannt auf.

Er musste es jetzt verstanden haben. Endlich! Persönlich und unmissverständlich, aus meinem Munde!

Zu meinem Schrecken wartete meine Freundin Nasrin nur wenige Tage später nach einer Mittagspause mit der Nachricht auf, dass sie Madschid in einer Telefonzelle unweit der Firma gesehen hatte. »Was? Bist du sicher, Nasrin? Steigt er mir jetzt sogar nach? Mein Gott, er weiß tatsächlich, wo ich arbeite!« In was war ich da nur hineingeraten? Und warum hörte dieser schreckliche Alptraum nicht mehr auf?

Bald darauf rief er mich wieder in der Wohnung meiner Eltern an.

»Ich träume und habe Visionen von dir. Ich heirate dich, oder ich bringe mich um!«

Ich sagte etwas, das gar nicht meinem Naturell entsprach, das aber meine tiefe Verzweiflung offenbarte: »Wenn das so ist – dann tu, was du nicht lassen kannst.« Ich warf den Hörer in eine Ecke, kauerte mich auf den Boden und weinte. Warum ich? Was hatte ich denn nur verbrochen, dass ich eine solche Strafe hinnehmen musste?

Am nächsten Tag rief er wieder in der Firma an. Meine Ablehnung schien ihn nicht im Geringsten zu beeindrucken. »Das nimmt ja wirklich lästige Formen an, Frau Bahrami«, meinte mein Vorgesetzter Herr Fatawi.

»Wenn das so weitergeht, schädigt er nicht nur Ihren Ruf, sondern auch den meiner Firma.«

Das hatte mir gerade noch gefehlt. Seine Aufdringlichkeiten, das Nachstellen, der Telefonterror seiner Mutter, seine ständigen Anrufe ... und nun sah es danach aus, als ob ich wegen dieser Geschichte auch noch Probleme in meiner Firma bekommen könnte. Der Kerl war im Begriff, meine Existenz zu ruinieren, und ich wusste nicht, wie ich mich dagegen wehren sollte.

Der nächste Anruf ließ nicht lange auf sich warten: »Ameneh, ich habe jetzt Geld genug, ein Auto, eine Wohnung – alles ist vorbereitet, für dich. Wir müssen jetzt heiraten!«

Ich hatte den Eindruck – wie in einem schlechten Traum –, als machten meine Füße einen Schritt nach dem anderen, ohne dass ich auch nur einen Zentimeter vom Fleck käme.

»Deine Mutter hat dich angelogen. Verstehst du das nicht? Nichts von dem, was sie dir erzählt hat, stimmt. Ich will dich nicht, dein Geld will ich nicht, dein Auto und deine Wohnung auch nicht. Ich will nur eines: meinen Frieden! Akzeptiere das endlich, und lass mich in Ruhe!«

Die gewünschte Ruhe ließ er mir naturgemäß nicht. Eines Nachmittags, nach der Arbeit, unterwegs zum Bus, sah ich jemanden um die nächste Straßenecke biegen, der ihm ähnlich schien. Er verfolgte mich also noch immer! Nicht nur über das Telefon, auch hier auf den Straßen Teherans. Sollte ich vielleicht doch die Polizei rufen? Aber die würde doch erst aktiv werden, wenn bereits Blut geflossen wäre …

Plötzlich hielt mich eine ältere Frau an. In einen ärmlichen Tschador gehüllt, sprach sie undeutlich, leise und wollte wissen, wie sie zu einer Straße ganz in der Nähe käme. Sie musterte mich seltsam eindringlich und schien gar nicht auf meine Handbewegungen zu achten, während ich ihr den Weg beschrieb. Die Frau starrte mich nur unentwegt an, und plötzlich überkam mich ein schrecklicher Verdacht: Das ist seine Mutter. Das musste sie sein! War sie gekommen, um mich zu taxieren? Um mit eigenen Augen zu sehen, wie diese Frau aussieht, die ihrem Sohn derart den Kopf verdreht hatte? Viehmarkt. Basar. Ein Gefühl der Angst überkam mich. Beklemmung. Mein Mund wurde schlagartig trocken, mein Hals war wie zugeschnürt. Ich musste weg. Nur noch weg von hier. Bevor sie zugreifen würde. Wie ein Raubvogel mit ihren krummen Krallen. Ich lief los, aufgebracht und in heller Panik.

Ein Kollege riet mir, nicht mehr alleine zum Bus zu gehen, aber ich solle dem Kerl ins Gesicht sagen, dass ich nichts von ihm wissen wolle. Die direkte Konfrontation würde ihre Wirkung bestimmt nicht verfehlen, versicherte er mir.

Eine andere Kollegin schlug vor: »Du nimmst am besten meinen Verlobten mit, wenn du's ihm sagst.« Mein Studienfreund Hassan bot sogar an, ihn zu verprügeln. »Ein Kinderspiel, Ameneh. Ein Wort von dir, und wir schlagen ihn so windelweich, dass er seinen hohlen Kopf unter dem Arm mit nach Hause nehmen kann!«

Madschids unsagbare Zudringlichkeit sollte zu jener Zeit nicht mein einziges Problem bleiben.

An einem Nachmittag im September hatte ich auf dem Heimweg von der Arbeit gesehen, dass an einer Kreuzung in der Nähe unserer Wohnung ein Autounfall passiert war, mir aber weiter keine Gedanken darüber gemacht. Als ich die Wohnungstür aufschloss, hüllte meine Mutter sich gerade in ihren Tschador.

»Die Nachbarn sagen, Mohammad sei in einen Unfall verwickelt«, schluchzte sie mir entgegen. »Khoda-ya, barmherziger Gott, lass das nicht wahr sein!«

Ich sagte: »Unten an der Kreuzung, ja, da hat es vor ein paar Minuten einen Unfall gegeben. Gott erbarme dich! Mach, dass Mohammad nichts zugestoßen ist!« Aber unsere Gebete waren vergebens. Mohammad wurde schon ins Krankenhaus gebracht. Er hatte eine Hirnblutung erlitten, und niemand wusste, wie er diesen Unfall überstehen würde. Mein Bruder war schwer verletzt, und wir wussten nicht, wo wir das Geld für eine teure Operation hernehmen sollten.

Ob Mohammad jemals wieder auf die Beine käme? Ob er sich verändern würde? Mein geliebter Bruder! Was sollte ich bloß machen? Ich sah nur eine einzige Möglichkeit: Ich musste meine Firma um Hilfe bitten.

»Sie sind in der Tat vom Pech verfolgt, Frau Bahrami«, meinte Herr Fatawi, als ich ihn fragte, ob er uns unterstützen könne. »Warum weinen Sie eigentlich nicht?«, fragte er noch. Ich seufzte tief, dachte einen Augenblick über seine Frage nach und gab ihm dann zur Antwort: »Ach, Herr Fatawi, Tränen helfen mir nicht, meine Probleme zu lösen.«

»Ja, da mögen Sie recht haben. Ich wünsche Ihnen und Ihrer Familie jedenfalls alles Gute.« Ich bin Herrn Fatawi noch heute wirklich dankbar für seine Hilfe und das Geld, das er uns für die Behandlung meines Bruders gegeben hat. Leider ist Mohammad nicht wieder ganz gesund geworden. Er hat bleibende Schäden davongetragen und muss heute noch regelmäßig zur Behandlung in eine Nervenklinik.

In jener Zeit träumte ich oft wirres Zeug, fühlte mich schlapp und müde, hatte zu nichts mehr Lust und dachte immer häufiger an Amir, den ich nun doch endlich anrufen wollte. Ich wollte wissen, wie es ihm ging, und mich vergewissern, dass er glücklich war und ein zufriedenes Leben führte. Unzählige Fragen schwirrten mir durch den Kopf. Ob er wohl verheiratet war? Ob er Kinder hatte? Ob er überhaupt noch in Hamadan lebte? Ich rief eine alte Freundin an, die in der Nähe meiner Großeltern wohnte, und versuchte, etwas über Amir herauszufinden.

»Ja, Amir lebt noch hier, aber er hat sich sehr verändert. Sei vorsichtig, Ameneh!«, erklärte sie mir am Telefon.

»Wieso vorsichtig? Hat er viele Frauen? Ist er hässlich geworden oder was?« Aber sie ließ sich keine weiteren Details entlocken. »Das musst du schon selbst herausfinden,

Ameneh«, sagte sie nur geheimnisvoll und ließ mich mit meinen unbeantworteten Fragen zurück.

An einem Freitagnachmittag nahm ich all meinen Mut zusammen und wählte die Geschäftsnummer, die meine Freundin mir gegeben hatte. »Sei auf der Hut, Ameneh!«, hörte ich noch einmal ihre warnende Stimme. Eigentlich war ja schon Wochenende, und ich würde vermutlich niemanden erreichen, aber ich rief trotzdem an. Wer weiß, vielleicht ginge er ja sogar selbst an den Apparat?

»Baleh, ja bitte?« Da war sie wieder, seine wohltuende Stimme! Amir, du, tatsächlich! Doch anstatt mich zu erkennen zu geben, stammelte ich nur: »Salam, ist Sahnaz zu sprechen?«

»Nein, das hier ist kein Privatanschluss. Sie sind falsch verbunden.«

»Eine Firma? Sie arbeiten am Wochenende?«

»Ja, zu tun ist immer genug.«

»Da haben Sie recht. Verzeihen Sie die Störung.«

»Auf Wiederhören.«

Mir wurde heiß und kalt zugleich. Ich hatte tatsächlich mit Amir gesprochen. Meine Hände zitterten vor Aufregung, und ich rief noch mal an.

»Baleh ...?«

»Hallo, ich ... Weißt du nicht, wer ich bin?«

»Ach, Ameneh, ich hab dich gleich beim ersten Mal erkannt. Jahrelang hab ich auf diesen Moment gewartet. Warum rufst du erst heute an?«

»Ich dachte, du bist bestimmt verheiratet, und ich wollte nicht aufdringlich sein.«

»Ameneh, keine Frau der Welt kann deinen Platz einnehmen. Hast du das immer noch nicht begriffen?«

Es war kaum zu fassen! Da sprach ich mit Amir nach so langen Jahren, und es fühlte sich an wie am ersten Tag.

»Mehdi, Mehdi!«, rief er seinem Freund oder Kollegen im Hintergrund zu. »Eines Tages ruft sie an! Hab ich's nicht gesagt?« Die Freude wich sofort aus seiner Stimme, als er sich mir wieder zuwandte: »Du hast mich schon sitzenlassen, damals, Ameneh!«

»Und du hast mir eine Riesenangst eingejagt, Amir, vergiss das nicht.« Ich seufzte tief, konnte noch immer kaum glauben, dass ich wirklich mit Amir verbunden war.

»Geht's dir gut?«

»Ja, und dir? Hast du geheiratet?«

»Kein Mann reicht an dich heran, Amir, keiner gefiel mir so gut wie du. Aber als Student hattest du doch sicher eine Freundin?«

»Ach was, Student. Ich hab das Studium abgebrochen und bin zum Militär … Ameneh, ob du's mir glaubst oder nicht: Als Soldat hab ich allen unsere Geschichte erzählt, die Geschichte von Amir und Ameneh, von Leila und Madschnun, von Romeo und Julia …«

»Ach, Amir!«

»Und du bist jetzt bald Ingenieurin und wirst nichts mehr von mir wissen wollen! Nachdem du weg warst aus Hamadan, war ich verloren, Ameneh.«

»Ich hatte solche Angst, dass du mir etwas antun würdest, Amir, glaub mir!«

»Und du glaub mir, dass ich jemandem, den ich liebe, nicht ein Haar krümmen könnte. Ich schwöre dir, ich war verloren ohne dich. Wie oft hab ich stundenlang nur dagesessen und geheult! Wie oft bin ich die Wege gegangen, die wir gemeinsam gegangen sind. Alles in Hamadan, alles hat mich an dich erinnert, Ameneh … Es war die Hölle ohne dich!«

»Erinnerst du dich noch an das Gedicht von Feridun Moshiri, Kutscheh, Die Gasse?«

Ich zitierte die Verse, die ich heute noch auswendig kenne:

*Ohne dich ging ich in einer Mondscheinnacht wieder
    durch diese Gasse hier,*
*War von Kopf bis Fuß Auge, das sehnsuchtsvoll suchte
    nach dir.*
*Wie ein Kelch war ich, der vor Wiedersehensfreude
    überquoll,*
Und wurde wieder jener Tor von einst vor Liebe toll.
Du bist der Jäger, ich bin die Gazelle.
*Den Weg in deine Falle hab ich vielerorts gesucht, an
    jeder Stelle.*
*Lassen von der Liebe, ich wüsste nicht, wie, ich kann's
    auch nicht!*
Damals hab ich keine Antwort mehr von dir gehört.
Tief verzweifelt war ich, tief verstört.
Bin nicht zurückgeschreckt, hab mich nicht abgekehrt.
*Ohne dich, doch mit wie viel Schwermut, ging ich
    wieder durch diese Gasse hier!«*

»Du bist noch genauso romantisch wie damals und hast dich kein bisschen verändert, wie?«, sagte Amir mit ruhiger Stimme.

»Du wolltest immer, dass ich dir schreibe, wolltest mich spüren in meinen Briefen. Von Lyrik wolltest du nie was wissen. Schreib richtige Briefe!, hast du immer gesagt. Dabei hast du nie verstanden, dass ich dir Gedichte geschickt hab, weil es mir so schwerfiel, ausführliche Texte zu schreiben!«

»Ah, jetzt wird mir klar, warum ich deine Briefe so oft korrigieren musste!«

»Und heute, Amir, was machst du heute? Hast du den Supermarkt aufgemacht, von dem du geträumt hast?«

»Das Projekt hat sich zerschlagen ...«

»Wir telefonieren heute miteinander, als sei kein bisschen Zeit vergangen seit damals in Hamadan. Meinst du, es kann wieder so werden wie früher, Amir? Meinst du, wir könnten heiraten?«

»Hat denn wirklich niemand um deine Hand angehalten?«

»Doch, schon, aber ich mag ihn nicht. Und er macht mir Angst. Ich weiß nicht, wie ich ihn loswerden soll. Ich will einen Mann, den ich aus tiefstem Herzen schätzen und lieben kann. Amir, das warst immer du, weißt du das?«

»Wenn du wüsstest ...«

»Wieso? Was meinst du damit, Amir?«

»Ach, nur so.«

»Wir könnten wohl ewig weitertelefonieren, Amir. Es gibt noch so viel zu erzählen.«

»Wir könnten uns auch treffen!«

Und so verabredeten wir uns für das kommende Wochenende in Teheran. An einem Freitag, ganz früh am Morgen vor dem Bahman-Kino am Platz der Revolution.

Unser Gespräch war kaum beendet, da machte mein Herz tausend Freudensprünge, und mein Kreislauf spielte verrückt. Heiß und kalt war mir vor Aufregung. Ich konnte es noch immer kaum glauben und war so aufgekratzt wie seit der Zulassung zum Studium nicht mehr. Nur mit dem Unterschied, dass ich meine Freude an diesem Tag nicht laut herausschreien konnte. Ich würde Amir wiedersehen. Nach so langer Zeit. Ob er sich verändert hatte? Würde ich ihn wiedererkennen? Endlich könnte ich ihn meinen Eltern vorstellen!

Ich wartete. Der Platz der Revolution war noch fast leer. Nur Amir sah ich nicht. Wo war er bloß? Weit und breit war niemand zu sehen … Doch, da! Hinter der Telefonzelle. Amir? War das Amir? Ich traute meinen Augen nicht. Mir fielen die Worte meiner Freundin ein, die mich gewarnt hatte. »Mach dich auf eine Überraschung gefasst, Ameneh.« Und das war die Überraschung. Eine böse …

Ich musste an mich halten, um nicht die Hand an den Mund zu heben und einen entsetzten Aufschrei zu unterdrücken. Amir stand vor mir, und ich erkannte ihn kaum wieder. Er war nur noch ein Schatten seiner selbst – abgemagert und ausgemergelt. Seine schönen Augen blutunterlaufen, verquollen, in schwarze Höhlen gesunken. Gott im Himmel, warum tust du mir das an!? Und dann fragte er mich auch noch, warum ich ihn so anstarren würde …

»Wie sehr du dich verändert hast, Amir.«

Ich war entsetzt. Aus dem schönen jungen Amir war ein alter, verbrauchter Mann geworden. Was hatte das Opium nur aus ihm gemacht! In so kurzer Zeit? Seine Schönheit, seine Selbstsicherheit, sein Stolz – alles schien dahin zu sein. Meine Freundin hatte es im Grunde ja angedeutet, aber ich hatte es nicht wahrhaben wollen.

»Amir, weißt du noch – damals wollte ich nicht, dass du mit dem Rauchen anfängst.«

»Ja, ich weiß … Kannst du mir Geld leihen?«

Geld? Für was? Für Drogen? So weit war es also wirklich

gekommen. Warum, Herr im Himmel, warum tust du mir das an?

»Ameneh, können wir nicht doch heiraten …?«

»… aber Amir, wie denn noch, jetzt? Sag mir, wie denn noch, ich bitte dich?«

Es tat so bitter weh, ihn enttäuschen zu müssen. Es tat so bitter, bitter weh zu sehen, dass mein, dass unser Traum an diesem Tag endgültig zerplatzt war! Ich fühlte mich so einsam. Und ich war es auch. Ich war alleine, und ich würde es wohl auch bleiben. Die Liebe meiner Jugend war gegangen. Sie war mir genommen worden, für immer.

Wenig später rief Madschid wieder in der Firma an. Der Terror ging weiter. Woher nahm er nur das Recht, mich so hartnäckig zu bedrängen? Da ich seine Telefonnummer nicht kannte, musste ich Herrn Fatawi bitten, den Anruf zurückzuverfolgen. Leicht fiel es mir nicht, doch dann rief ich bei ihm an.

Madschid selbst nahm den Hörer ab, und als ich ihm in knappen Worten sagte, dass ich mit seiner Mutter sprechen wolle, rief er aufgeregt: »Mami, Mami! Ameneh will mit dir reden!« Sehr erwachsen klang das nicht, die eigene Mutter in seinem Alter noch Mami zu rufen. Dann vernahm ich wieder seine Stimme: »Meine Mutter ist nicht da.«

Seltsam. Die Frau, die mich schon seit Monaten immer wieder ungefragt und ungebeten mit ihren Anrufen belästigt hatte, war selbst nicht zu sprechen.

Einen Tag später sah ich ihn auf dem Weg zur Arbeit auf der anderen Straßenseite stehen. War er das? Tatsächlich, ja, er war es, aber er befand sich schon auf dem Rückzug. Er wollte wohl unentdeckt bleiben. Ich rannte hinter ihm her, holte ihn ein und stellte ihn zur Rede. Es war die erste Gelegenheit seit langer Zeit, denn in der Universität waren wir uns seit Monaten schon nicht mehr begegnet. Ich musste es schaffen, ihn endgültig loszuwerden.

»Ich hab geheiratet, hörst du! Also lass mich jetzt endlich in Frieden, ein für alle Mal!«

»Nein!«, fauchte er. »Ich hab mich erkundigt, du bist nicht einmal verlobt. Einen Mann hast du auch nicht. Und selbst wenn: Lass dich scheiden.« Seine Stimme wurde nach einer kurzen Pause noch kälter. »Heirate mich, oder ich mach dich unglücklich! Und dann steht dir eine rabenschwarze Zukunft bevor!«

»Verstehst du nicht, was ich sage?«, brüllte ich ihn an. »Du sollst endlich aus meinem Leben verschwinden! Hast du gehört? Endgültig!«

»Du wirst schon sehen, was du davon hast«, drohte er düster blickend. »Ich werde dich verbrennen!«

Ich wich zurück. Angst, nackte Angst überkam mich. Ich ging schnell zurück auf die andere Straßenseite, an geparkten Autos entlang, als ich in einer blitzblanken Windschutzscheibe für Sekunden mein Spiegelbild sah. Ein fürchterlicher Gedanke durchfuhr mich: »Er wird dir dein Augenlicht nehmen.« Eine innere Stimme sagte mir: »Er nimmt dir das Licht! Er nimmt dir das Licht!«

Ich zitterte am ganzen Körper. Was sollte das heißen? Was hatte das alles zu bedeuten? Was meinte er damit? Und was war das für eine Stimme in mir? Was wollte sie mir sagen? Was nur? Was?

Das letzte Stück Weg bis zur Firma ging ich langsamer als sonst, ich prägte mir den Gehsteig ein, die Bäume, Blätter, die Sonne, Schattenrisse und murmelte ein Gebet vor mich hin:

»Herr im Himmel, ich habe Angst und gebe mich ganz in deine Hand. Ich bitte dich, beschütze mich!«

In der Firma angelangt, erzählte ich einer Kollegin, was gerade geschehen war.

»Du hast ihm doch jetzt ins Gesicht gesagt, dass du nichts von ihm wissen willst. Das musste er nun doch endgültig kapiert haben.«

»Inschallah, wollen wir's hoffen!« Etwas in mir gab mir jedoch das Gefühl, dass diese Sache noch längst nicht zu Ende war.

Der Fastenmonat hatte begonnen. Wenn ich abends von der Arbeit nach Hause kam, hatte mein Vater immer ofenfrisches Brot gekauft, Barbari, längliche Fladen, hellbraun, knusprig, mit Sesam bestreut. Dazu gab es Datteln und Tee, zum Fastenbrechen, dem Iftar.

Wenn ich damals sehr früh, noch vor dem ersten Ruf zum Morgengebet, aufstand, sah ich vom Dach unseres Hauses aus die Sonne aufgehen, dazu vereinzelte Sterne. Nachts hing der Himmel mitunter so übervoll von ihnen, dass die Pracht mir fast Angst machte. Nun stand ich auf dem Dach, hängte Wäsche auf und sah meine Welt minutenlang in Sonnenrot getaucht: Dächer, Antennengewirr, Wäsche auf den Nachbardächern, die im sanften Morgenwind trocknete, die mächtigen Alborz-Berge in der Ferne.

Auf den Straßen unten noch kein Verkehrsgewimmel, noch kein Lärm, hier und da ein Passant, der früh auf den Beinen war.

Mein Alltag nahm auch im Ramadan seinen Lauf. Rennerei von früh bis spät. Studium, Arbeit, Familie, lernen, schuften, sich kümmern, sich sorgen, heute, morgen, übermorgen. Hätte das irgendwann ein Ende? Wäre es mit einem Ehepartner nur halb so beschwerlich? Kochen, waschen, putzen, aufräumen … tagein, tagaus. Ein wenig Abwechslung wäre mir durchaus recht gewesen. Ein bisschen mehr Freizeit vielleicht, gute Freunde, mit denen man Freude und Sorgen teilen und unbeschwert zusammen sein konnte. Lieber Gott, das ließe sich doch einrichten, oder?

12.

Augenblick –
Schwarzer Dienstag

Seit Stunden stehe ich hier auf diesem Berg und hebe dieses Grab aus. Warum? Für wen? Verfluchte Knochenarbeit! Viel länger ertrage ich das nicht. Und ständig diese Stimme aus dem Nichts, dieser Befehlston: »Größer, Ameneh, das muss größer werden und tiefer, es ist noch nicht tief genug!« Ja, ich komme mir vor wie meine eigene Totengräberin ... Ganz kurz Pause machen, nur einen Moment innehalten, den Schweiß von der Stirn wischen, den Rücken strecken, meine Hände kühlen, sie brennen vor Schmerz ...

Oh Gott, ich stürze ab. Hinunter ins Tal. Ich habe den Boden unter den Füßen verloren. Ich falle ins Tal. Und dann liege ich da unten auf dem Boden. Nichts tut mir weh nach dem Sturz. Wie kann das sein? Ich bin so tief gefallen. Aber mein Gesicht, oh Gott! Mein Gesicht ist völlig zerschmettert! Ich bin entstellt. Wie soll ich mich je wieder unter Leute wagen? Mit dieser Fratze? Da kommt jemand. Es ist ein Soldat.

»Amir, bist du das? Wie schön, dich zu sehen! Und wie gut dir deine Uniform steht! Wohin ...? Nein, geh nicht, Amir, bleib doch!« Die Erde bebt! Nichts wie weg von hier,

Ameneh! Bloß nicht auf der Stelle treten, weg von hier, Ameneh, so geh doch, geh voran! Ich trete auf der Stelle. Kein Stück komme ich voran. Der Weg vor mir ist komplett versperrt. Ich drehe mich in eine andere Richtung um … Großer Gott, dieser Weg ist auch verschüttet! Kein Ausweg? Wohin jetzt? Wie weiter? Auf die Knie fallen und Gott um Beistand bitten: »Herr im Himmel, hilf du mir weg von hier, ich bitte dich inständig, hilf mir!«

Weiter, Ameneh, geh weiter, immer weiter … Dunkel. Plötzlich ist alles stockdunkel. Wo bin ich hier? Ein Gewölbe, Säulen ringsum … im Hamam? Und ich splitternackt? Und schäme mich nicht im Geringsten? Wie ungewöhnlich.

Geh einfach weiter, Ameneh. Schau, die Frau und der Junge an dem Tisch dort vorne. Sie überschüttet den Jungen mit Vorwürfen, holt kaum Luft für ihre Tirade. Warum lässt er sich das gefallen? Streitet nichts ab? Armer Kerl. Halt dich damit nicht auf, Ameneh, geh weiter, raus aus dem Hamam.

Pass auf! Was ist dieses weiße Zeug hier auf der Straße? Seidenraupen? Massenweise Seidenraupen. Wo kommen die plötzlich her? Wie soll ich jetzt weitergehen, ohne sie zu zertreten? Ganz behutsam, Ameneh, erst den linken Fuß voran, die Raupen sanft beiseiteschieben, dann … Rotes Licht? Ist das die Straßenbeleuchtung? Warum sehe ich sie mit dem linken Auge rot statt gelb? Jetzt den rechten Fuß voran. Vorsicht! Nur keine Seidenraupe zertreten, Ameneh, schieb sie beiseite … Mit dem rechten Auge sehe ich die Straßenbeleuchtung gelb, wie sonst auch.

Seltsam, schon … aber das ist doch kein Grund zu weinen!

Ich schrak auf, berührte mein Gesicht. Es waren keine Tränen zu spüren.

Was hatte das alles nur zu bedeuten? Was hatte es mit den Seidenraupen auf sich? Warum sah ich Farben mit dem linken Auge anders als mit dem rechten? Der Fernseher lief – ich musste wohl eingeschlafen sein. Was für ein düsterer Traum! Ausgerechnet an diesem Tag. Ich wollte meinen Bruder doch zur Gebetsversammlung begleiten. Um der Offenbarung der ersten Koranverse zu gedenken, die dem Propheten Mohammed an drei Tagen im Fastenmonat herabgesandt wurden, so heißt es. Abends versammeln sich die Gläubigen und verbringen diese Nächte des Ramadan mit gemeinsamen Gebeten bis zum frühen Morgen. Was man in einer solchen Nacht träumt, wird wahr, sagen manche Leute. Gott steh mir bei! Dieser schreckliche Alptraum darf sich nie erfüllen!

Die furchterregenden Traumbilder steckten mir auch am folgenden Morgen noch in den Knochen. Für wen mochte dieses Grab sein? Wieso war mein Gesicht zerschmettert worden? Warum war ich Amir begegnet? Ob ich diesen Tag heil überstehen würde?

Ich beschloss, auf dem Weg zur Arbeit noch ein Stück durch den Ressalat-Park zu gehen. Das würde mich bestimmt auf andere Gedanken bringen, hoffte ich. Die Ruhe, das viele Grün, nur für ein paar Schritte dem rüden Verkehrschaos Teherans entfliehen – am Krankenhaus vorbei, noch zwei, drei Stufen die Treppe hinauf, und endlich war ich bei der Arbeit angekommen. Hier würde ich meine Sorgen und Ängste ausblenden können. Den Kollegen erzählte ich besser nichts von meinem wirren Traum. Gespött hätte ich an diesem Tag nicht auch noch brauchen können.

»Wo hast du denn deine gute Laune gelassen?«

Wieso fragte die Kollegin mich das? Hatte sie gemerkt, dass mich etwas bedrückte? Sollte ich ihr sagen, dass ich vermutete, der beängstigende Traum hinge mit Madschids Drohung zusammen? Je länger ich darüber nachdachte, desto hysterischer kam ich mir vor.

Hab dich nicht so! Nimm die Sache nicht zu schwer. Träume kommen und gehen, redete ich mir auch ein, als ich mich beim Händewaschen im Spiegel betrachtete. Einhundert Prozent Sehfähigkeit hatte mir der Augenarzt kürzlich bescheinigt. Meinen Augen, die groß, schwarz und freundlich aussahen. Amir fand sie bezaubernd. Die Brauen ganz dicht, schwarz und schön geschwungen. Meine Wangen, ein wenig zu voll? Meine Nase gerade, schmal, ein klein wenig zu lang vielleicht. Meine Lippen gefielen mir. Sie konnten lächeln, an besseren Tagen. Meine Zähne – regelmäßig, aber nicht perfekt. Verstecken brauchte ich mich vor niemandem! Da hörte ich die Stimme wieder: »Sieh dir dein Gesicht genau an, Ameneh, präge es dir ein. Schau gut hin. Schau gut hin!«

Was hatte das alles nur zu bedeuten? Was sollten diese Warnungen? Vielleicht war ich einfach nur müde und erschöpft.

Als es Zeit war, Feierabend zu machen, verabschiedete ich mich rasch von ein paar Kollegen und ging nach draußen. Wieder die Stufen hinab … Einen Moment innehalten, Augen schließen, zur Sonne hinaufschauen, tief durchatmen, Kraft tanken … und schnell nach Hause. Am besten wieder durch den Park – vorbei an jungen Leuten, an jungen Paaren, die verträumt schlenderten, mir im Vorübergehen einen kurzen Blick zuwarfen.

»Du siehst das alles hier zum letzten Mal, Ameneh, sieh's dir genau an, präge es dir ein, schau gut hin, Ameneh. Schau dir alles an, zum letzten Mal!«

Schon wieder diese Stimme! Hatte ich vielleicht den Verstand verloren? Ich musste mich ablenken und diese Stimme aus dem Kopf bekommen. Ich gab mich kindlichen Denkspielen hin: Was hatte ich in meiner Schultertasche? Der Tasche, die ich mir zum Studienanfang gekauft hatte. Sie war strapazierfähig, geräumig, praktisch und schick obendrein, farblich passend zu meinem hellen Mantel. Also, was war drin in der Tasche: Skripte für die nächste Mathematikklausur. Ein hartes Stück Arbeit lag da noch vor mir! Fotos von meinen Eltern, von Mohammad, Farhad, meinen Schwestern. Ein Lippenstift, etwas Geld.

Wie gepflegt die Rasenflächen waren, wie ruhig der Park war, im Kontrast zur Hektik auf den Straßen. Er lag mitten in dem Gewühl der vielen Staus und Werbetafeln, all der Autos aus Japan, der plärrenden Fernseher aus Korea, der dunklen Tschadors und der grauen Asphaltflächen … Was es wohl zum Abendessen geben würde? Zum Fastenbrechen, zum Iftar, nach Sonnenuntergang? Ein seltsamer Tag war das, und je schneller er vorüberginge, desto besser! Nach Hause, duschen, früh schlafen gehen. Morgen wäre bestimmt alles besser. Und nicht mehr so düster …

Die Jungs hinter mir klangen gut gelaunt. Aber wieso rückten sie so dicht auf? Verfolgten sie mich etwa? Geht ruhig an mir vorbei, Jungs, ich lass euch ja genug Platz, dachte ich, als ich ganz am Rand des Weges weiterging. Aber was war jetzt? Da kam doch jemand immer näher? Woher diese innere Unruhe? Was war mit mir los? Schon unzählige Male war ich durch diesen Park gegangen und fremden Leuten begegnet. Dieser Traum war es, der mich innerlich zermürbte. Drohte ich verrückt zu werden? Paranoid? Krank vor Verfolgungswahn?

Krank wie mein armer Vater? Bleib ruhig, Ameneh, es ist alles wie immer.

Dreh dich einfach um, Ameneh. Schau, dass alles in Ordnung ist. Es wird nichts passieren. Auch dieser Mensch wird einfach an dir vorbeigehen, und du – du gehst zur Bushaltestelle, fährst nach Hause, und alles wird gut sein. Er kann doch bequem an mir vorbeigehen … Soll ich mich etwa in Luft auflösen? Du musst diesen furchtbaren Traum vergessen, sonst nimmt er dich gefangen. Er raubt dir deine innere Ruhe, deine Zufriedenheit und dein Lebensglück. Es war nichts weiter als ein entsetzlicher Alptraum. Dies hier ist echt. Die Wirklichkeit sieht ganz anders aus – sie ist besser, sicherer und friedlicher.

Madschid? Was willst du denn schon wieder hier? Was …? Wozu diese rote Kanne? Was machst du nur? Warum sind deine Augen so kalt und leer?

Tu mir nichts, Madschid! Lass mich leben, Madschid! Himmel!

Ich brenne. Alles wird schwarz. Schwarz und gleißend hell. Und heiß, furchtbar heiß. Ich glühe. Ich verbrenne. Alles lodert und stinkt. Feuer! Tausend Nadeln bohren sich in mein Gesicht. Jemand reißt mir die Haut vom Kopf. Meine Augen! Da läuft er weg! Madschid, was hast du getan? Was ist das in meinem Gesicht? Warum bleibst du jetzt stehen, Madschid? Du siehst mich brennen? Und du weißt, dass ich verbrenne? Du weißt es! Und du genießt es?

Ich sehe ihn. Seine weißen Socken. Mit roten Streifen. Und diese Kanne! Da sind Leute, viele Leute. Sie rennen auf mich zu. Sie schreien um Hilfe, kreischen, brüllen wild durcheinander. Und du stehst ruhig da, Madschid. Du stehst da und schaust mir zu.

Meine Augen. Ich kann kaum noch sehen. Feuer, Glut, Nadeln. Helft mir! So helft mir doch! Nimm dein Kopftuch ab, Ameneh! Beug dich vor, beug dich nach vorne, strecke den Kopf nach vorn! Hilfe! So tut doch was! Warum hilft mir niemand? Es brennt so sehr! Ich werde wahnsinnig! Diese Schmerzen. Ich halte diese Schmerzen nicht mehr aus … Warum löscht niemand dieses Feuer in meinem Gesicht. Und auf meinen Händen. Weshalb nimmt man mir die Luft? Ich brauche Luft. Und Wasser! Das Feuer …

Nimm die Hände weg, Ameneh, nimm die Hände weg! Da kommt jemand mit Wasser. Endlich! Spritzt mir endlich Wasser ins Gesicht! Ihr müsst mich löschen … Wasser! Nein! Kein Wasser! Bitte nicht! Oh mein Gott, kein Wasser! Ich verbrenne von innen. Mein Hals, mein Magen, alles …! Was will dieser Mann jetzt? Warum hilft er mir nicht? Warum nimmt er mir nicht diesen Schmerz?

»Kommen Sie, steigen Sie ein! Schnell, hier ins Auto – ich fahre Sie ins Krankenhaus! Schnell! Oh mein Gott, wer war das? Wer hat Ihnen das angetan?«

Endlich Hilfe. Dieser fremde Mann wird mir helfen. Gott im Himmel, es war Madschid! Madschid hat es getan. Er wollte mich heiraten … Aber ich habe ihn abgelehnt. Helfen Sie mir, bitte! Bitte!

Da ist ein Polizist. Ich kann ihn verschwommen sehen. Er wird mir helfen. Die Polizei kann mir endlich helfen. Er weiß, wie man das Feuer in meinem Gesicht löschen kann. Helfen Sie mir! Helfen Sie mir! Was? Wer das war?

Ein Mann! Ein Mann. Er heißt Madschid Mowahedi. Haben Sie gehört? Madschid Mowahedi. Er ist abgehauen. Oh mein Gott, ich verbrenne! Warum, warum hilft mir denn niemand?

Ich werde ihn finden und ihn vor Ihren Augen zerreißen – das schwöre ich Ihnen bei meinem Leben! Der Polizist wird mir helfen. Ganz sicher! Aber es brennt noch immer. Das Feuer ist noch da. Auf mir, in mir! Diese Schmerzen sind grauenhaft. Wo ist das Krankenhaus? Um Gottes willen, wann sind wir endlich da?

Ich höre wieder die Stimme dieses Mannes. Es ist gut. Er ist da. Für mich da. Er redet mit mir, versucht mich zu beruhigen. Und er fährt. Er wird mich zum Krankenhaus bringen.

Nicht abwischen! Um Gottes willen, berühren Sie Ihr Gesicht nicht!

Aber es brennt so fürchterlich, ich halte das nicht mehr aus …

Tun Sie es nicht, bitte. Nicht berühren, bitte – Ihr Gesicht zerfällt!

Es ist nicht mehr weit, beruhigen Sie sich … Nur noch wenige Meter, alles wird gut werden. Bleiben Sie nur ruhig …

Ich kann Sie nur bis ans Tor bringen. Wenn ich mit hineingehe, bekomme ich Probleme. Verstehen Sie? Wir sind nicht miteinander verwandt, ich kann nicht mit Ihnen ins Krankenhaus gehen. Verstehen Sie? Und ich habe doch kein Geld! Wenn ich Sie da hineinbegleite, wollen die vielleicht Geld von mir für die Behandlung. Das habe ich nicht … Verstehen Sie? Gehen Sie jetzt einfach nur geradeaus. Vielleicht zwanzig Schritte. Man wird Ihnen helfen! Man wird sich um Sie kümmern! Viel Glück, Gott schütze Sie!

Oh mein Gott, warum hast du mich denn nicht beschützt?

Alles ist dunkel. Ich sehe nichts. Blind. Bin ich blind? Himmel, wer nimmt mir das Feuer aus meinem Leib? Wer hilft mir endlich? Wo bin ich? Wie soll ich nur alleine weiterkommen? Da, eine Hand. Ich spüre eine Hand. Und da ist eine Stimme … Ich kann sie kaum noch hören. Der Verstand. Ich verliere immer wieder meinen Verstand! Warum so viel Wasserdruck? Das Brennen – warum sprüht ihr mir einen Feuerstrahl ins Gesicht? Warum quält ihr mich so? Ist es das Höllenfeuer? Nehmt doch den Druck aus dem Wasserstrahl! Herr im Himmel, lass mich doch einfach sterben! Sieht so der Schutz aus, um den ich dich gebeten hatte? Was hab ich nur getan, was hab ich verbrochen, um das zu verdienen? Hätte ich dieses Tier lieben und heiraten müssen? War ich zu undankbar? War das mein Verbrechen? Ist das nun deine Strafe?

Alles verschwimmt. Mein Verstand verschwimmt, ich verliere ihn … es wird weiß. Strahlend hell.

»Gedulde dich, Ameneh. Verzweifle nicht.«

Wem gehört diese Stimme? Wer spricht da zu mir?

»Gedulde dich, Ameneh. Eines Tages kehrt alles zurück! Aber du hast einen steinigen Weg vor dir. Den wirst du alleine gehen müssen, Ameneh – denn alle Welt wird sich mit der Zeit von dir abwenden. Selbst du wirst dich von Gott abwenden. Du wirst ganz alleine sein, Ameneh. Sei gefasst darauf. Ohne zu verzweifeln. Denn eines Tages kehrt alles zu dir zurück.«

Wer war das? Habe ich die Stimme tatsächlich gehört? Oder habe ich sie mir nur eingebildet? Das Licht, den breitschultrigen Mann, seine Stimme, seine Prophezeiung? Meine Schmerzen waren für einen Moment verflogen. Jetzt sind sie wieder da, so grausam wie zuvor. Das Feuer auf meiner Haut brennt noch immer lichterloh. Meine Ohren, meine Augen … Sind sie überhaupt noch da? Weit aufgerissen hatte ich sie, als er vor mir stand. Vor Verwunderung erst, dann vor Entsetzen, als dieser Kerl, dieses Ungeheuer auf mich zukam. Mein

Gott, wieso nimmt er sich das Recht, mich zu zerstören? Es ist Säure, hat man mir gesagt. Kein Feuer, auch wenn es sich so anfühlt. Säure, die sich in meine Haut und meine Augen gefressen hat und die mich noch immer verschlingen möchte.

Hat diese Säure überhaupt etwas übrig gelassen? Sie können mir hier nicht helfen, haben sie gesagt. Ich brauche dringend Geld für den Transport in eine Spezialklinik. Ohne Bezahlung fahren sie mich nicht, haben sie mir gesagt. Geld – die paar Münzen in meiner Tasche werden nicht reichen. Warum fahren sie mich nicht einfach? Ich habe kein Geld, aber ich habe auch keine Zeit. Sie rennt mir und meinem Körper davon. Immer weiter, immer stechender und verschlingender …

Ist schon alles weggefressen? Warum soll ich jetzt hier im Bett liegen bleiben. Ich kann nicht. Es ist unmöglich! Unerträglich! Ich muss aufstehen, muss rumlaufen, auch wenn ich nichts sehe. Warum helfen die Schmerzmittel nicht? Die Säure hört nicht auf zu brennen, sie frisst und frisst und frisst sich in mich hinein. Da, eine Frauenstimme …

Sie müssen liegen bleiben, Frau Bahrami, bis die Spritzen wirken. Und versuchen Sie bitte, die Augen aufzumachen.

Die Augen öffnen? Wie denn? Es geht nicht! Ich kann das nicht.

Und da ist eine Männerstimme. Was sagt dieser Mann? Dass er meinen Anblick nicht ertragen würde?

Oh Gott, und wie soll ich das alles ertragen? Wie denn?

Mir ist schlecht. Meine Hände, mein Gesicht, Augen, Ohr, Nase, Mund, mein Kinn … mein ganzer Körper, alles lodert.

Wie soll ich überhaupt den Weg bis zum Krankenwagen schaffen? Wo kommt das Geld her? Von meiner Firma? Zweihunderttausend Toman? Oh mein Gott, das ist meine Rettung. Bitte steh mir bei.

Diese Fahrt. Warum stehen wir? Wir müssen doch fahren! Schnell fahren, sonst verliere ich alles. Warum stecken wir im Verkehr? Wie lange sind wir schon unterwegs? Was? Eine Stunde? Wer hilft mir denn? Wer? Und warum kommen wir nicht schneller voran? Was noch? Was muss ich noch ertragen. Eine Klinik für Brandopfer, haben sie mir gesagt. Aber bin ich das? Gehöre ich da hin? Es war kein Feuer und auch kein kochendes Wasser – ich habe Säure in meinem Gesicht, die mir alles zu nehmen droht. Säure!

Wir sind endlich da. Ich bin in Sicherheit. So Gott will! Schirin ist auch hier. Meine Schwester. Sie soll mich duschen, heißt es. Aber sie ist doch fast so hilflos wie ich. Gibt es denn hier niemanden, der das an ihrer Stelle tun, der ihr wenigstens zur Hand gehen könnte? Sie kann das nicht. Die Schmerzen, diese höllischen Schmerzen, ich komme um vor Schmerzen! Das Wasser auf meinem Gesicht und über meinen Händen kommt mit zu viel Druck. Das ist doch eine Spezialklinik. Warum muss mich meine Schwester Schirin waschen? Warum hilft mir niemand, der dafür ausgebildet ist?

Das Unheil will nicht enden. Was höre ich da? Eine erneute Verlegung? Ins Schahid-Labafi-Krankenhaus? Das ist ganz in der Nähe vom Ressalat-Park. Um Gottes willen, die ganze Fahrt wieder zurück? Diese endlose Fahrt in den verstopften Straßen Teherans wieder zurück? Warum hat man mich denn nicht gleich dorthin gebracht? Ist mein Fall denn wirklich so kompliziert, dass niemand zu wissen scheint, was zu tun ist?

Und wieder mehr als eine Stunde Fahrt in die dritte Klinik. Das ist doch kostbare Zeit, die buchstäblich an mir frisst. Und das Brennen wird immer schlimmer. Die Tabletten, die Spritzen, die ganzen Medikamente – nichts hat bis jetzt geholfen …

Und nun schimpft man auch noch mit mir. Warum kommen Sie erst so spät, Frau Bahrami? Wer ist das? Ein Arzt? Warum ich so spät komme? Ich weiß es nicht. Weil mich die anderen Spitäler zweimal durch die halbe Stadt gefahren haben. Darum komme ich so spät. Aber warum diese Frage? Ist es vielleicht schon zu spät?

Es tut mir schrecklich leid, dass ich diese tragische Diagnose stellen muss, Frau Bahrami, aber die Säure hat sich das linke Auge schon fast vollständig genommen.

Nein! Herr im Himmel, nein! Mach, dass das nicht wahr ist! Das darf einfach nicht sein! Sag mir, Herr, dass es nicht wahr ist! Großer Gott, steh mir bei!

Der Arzt spricht weiter. Seine Worte sind für mich kaum mehr als leere Hülsen. Er spricht meine Sprache, ja, aber eigentlich will ich ihn gar nicht verstehen. Alles, was er mir sagt, wird mich zerstören.

Für das rechte Auge gäbe es vielleicht noch Hoffnung? Welche Hoffnung? Man müsse abwarten, wie die Säure sich verhalte. Abwarten? Ich habe doch keine Zeit! Die Säure frisst sich satt an mir. Wie lange soll ich das denn noch ertragen, ohne den Verstand zu verlieren? Wie lange?

Ich will hier nicht verenden! Ich will wieder auf die Beine kommen! Ich will hier wieder raus! Ich will mein Leben weiterleben, aber ich brauche dringend Hilfe. Es muss doch ein Medikament gegen diese Säure geben. Spritzen, Tabletten, Salben, was auch immer. Irgendeine Medizin muss es doch geben …

In einem Monat sind meine Klausuren, und die will ich mitschreiben. Die muss ich mitschreiben. Bis dahin muss ich wieder gesund sein. Gebt mir doch endlich das Gegenmittel …

Ich habe geschlafen. Die Schwester sagt jetzt, es sei bereits Morgen. Der Tag danach also – und ich lebe noch! Die Schmerzen haben mich nicht kleingekriegt! Man erzählt mir, dass meine Geschichte Schlagzeilen gemacht habe. »Ameneh schrie: Hilfe, ich verbrenne!« Hamschahri, Dscham-e Dscham, Vatan-e Emruz, alle haben das Säureattentat – das Assid-Paschi – auf der Titelseite.

Ich wäre eines Tages gerne einmal in die Zeitungen gekommen. Mit einer bahnbrechenden Entwicklung oder einem Forschungspreis. Ja, das wäre schön gewesen. Aber nun war ich ein Kriminalfall – eine Sensationsgeschichte. Woher hatten die Medien diese Informationen? Wahrscheinlich hatte der Polizist die Presse informiert, der mich noch am Tatort befragt hatte. Hatte es nicht vor Jahren ein ähnliches Attentat auf eine junge Frau gegeben, die ebenfalls einen Bewerber abgewiesen hatte? Auch er hatte sich mit Säure an ihr gerächt. Und wenn mich nicht alles täuschte, wurde er doch für diese Tat gehängt?

Ob sie Madschid inzwischen gefasst haben? Oder hat er sich gar gestellt? Ich muss es wissen. Oh Gott, ich muss das wissen. Was, wenn er noch einmal wiederkommt? Ich kann doch nichts sehen. Ich würde es doch gar nicht bemerken, wenn er plötzlich in meinem Krankenzimmer stünde.

Mit meinem rechten Auge kann ich inzwischen wieder Umrisse wahrnehmen, kann Schlagzeilen lesen, aber mich selbst kann ich auf dem Foto, das sie in aller Eile gemacht hatten, nicht erkennen. Ich sehe ein schwarzes Gesicht, von einem weißen Kopftuch umrahmt. Gütiger Herr, bin das ich? Ist das Ameneh Bahrami?

Aber vielleicht würde doch nicht alles so schlimm enden. Immerhin konnte ich mit meinem rechten Auge schon wieder ein wenig sehen. Das linke würde sich auch wieder erholen. Anders kann es gar nicht sein. Ich bin doch gerade erst sechsundzwanzig geworden. Ich habe noch so vieles vor im Leben. Mein Bruder Mohammad hat die ganze letzte Nacht an meinem Bett gesessen, obwohl es ihm selbst nicht gut geht. So gern ich ihn um mich habe, er muss auch an sich denken, sich schonen nach seinem schlimmen Unfall. Und wie viel Besuch ich schon bekomme! Manchmal wird es mir fast zu viel. Freunde, Verwandte, Bekannte – auch Kollegen waren schon hier, Hassan, Mahdi, Azam, Mariam, Mansureh … Alle haben sie mir gute Besserung gewünscht und mich auf andere Gedanken gebracht.

Sogar Herr Fatawi war hier. Ich bin so froh, dass es Menschen wie ihn gibt. Er hat angeboten, uns finanziell zu helfen. Aber warum seufzen alle so entsetzt auf, wenn sie mich sehen? Auch Herrn Fatawi schien mein Anblick nur schwer erträglich. Und Mardschan? Sie darf auf keinen Fall erfahren, was mit mir passiert ist! Sonst erleidet sie am Ende eine Fehlgeburt! Ja, Mardschan, siehst du, so schnell ändern sich die Zeiten. Nun bist du verheiratet, erwartest dein erstes Kind. Und ich?

Ein Kollege meinte heute sogar: »Du hättest heiraten sollen, Ameneh.«

»Was?!«, haben die anderen nur entrüstet geschnaubt. »Heiraten, damit sie unversehrt bleibt? Das ist doch nicht dein Ernst, oder?« Alle, wirklich alle, weinen sie, wenn sie mein Zimmer verlassen, das spüre ich. Steht es wirklich so schlimm, so schrecklich schlimm um mich? Hat er mich tatsächlich so fürchterlich zugerichtet? Mir fehlt der Mut, in den Spiegel zu schauen.

Irgendwann aber muss es sein. Irgendwann muss ich mir, muss ich der Wahrheit ins Gesicht sehen. Irgendwann oder jetzt gleich? Ich muss wissen, was die Leute so traurig macht. Also hoch jetzt, raff dich auf, Ameneh! Schau in den Spiegel im Bad ...

Nein, bleib im Bett, warte noch – für den Moment der Wahrheit ist noch Zeit genug, der läuft dir nicht davon ...

Sei nicht feige, Ameneh, steh auf! Schau in den Spiegel!

Also raus aus dem Bett, an den Wänden entlangtasten, langsam, Schritt für Schritt für Schritt, aufmerksam, bis ins Bad, vor den Spiegel treten, den Kopf heben –

Und nichts. Das ist nichts. Kein Gesicht. Ein dunkler konturloser Kreis an der Stelle, wo mein Gesicht hätte sein sollen. Nichts, einfach ausradiert – ein dunkler Fleck ...

13.
Betrachtungen –
Tot oder lebendig?

Beim Anblick des Bildes in dem Spiegel wäre ich fast in Ohnmacht gefallen. Aber nun lag ich wieder im Bett. Es war Tag drei, und ich lebte noch immer. Erstaunlich, was ein Mensch aushalten kann. Dieses Brennen, Stechen und Pochen – und dazu noch die seelischen Schmerzen, die von Stunde zu Stunde größer wurden als die körperlichen. Es musste die Hoffnung sein, die mir Kraft gab. Meine Mutter sagte mir, die Ärzte glaubten, ich könnte bald schon wieder richtig sehen. Sie log, wie ich später erfahren konnte. Sie log mich aus reiner Mutterliebe an, um mir Lebensmut zu schenken.

Immerhin musste ich nun keine Angst mehr haben, wenn die Tür zu meinem Krankenzimmer sich öffnete. Madschid war verhaftet worden. Er war, wie so viele Täter, an den Ort des Grauens zurückgekehrt. Die Polizei hatte dem Krankenhauspersonal der ersten Klinik, die ganz in der Nähe des Tatorts lag, eine Personenbeschreibung gemacht. Man gab dem Sicherheitspersonal und den Pflegekräften zu verstehen, dass sie, sobald Madschid in dem Spital erschiene, ihm erzählen sollten, ich sei schon wieder entlassen worden. Die Verletzungen seien nicht schlimm gewesen, und ein wenig Salbe hätte genügt, um mich wieder heimzuschicken.

Und tatsächlich: Er kam.

Die Falle funktionierte. Madschid schien sich tatsächlich nach mir zu erkundigen, und auf die Frage, wer er denn überhaupt sei, soll er gesagt haben: »Der, der es getan hat!« Er schien sich nach der Entwarnung durch das Pflegepersonal in Sicherheit zu wiegen und verriet sich dabei auf eine plumpe, geradezu dreiste Art.

Meine Laune besserte sich jedenfalls. Trotz der Aufregung in den Medien. Landesweit wurde von dem Fall berichtet, was mir eine Menge Zuspruch und Hilfe brachte. Alles würde wieder gut werden, versicherten mir alle – nur die Ärzte blieben zurückhaltend. Ich fragte mich natürlich, warum alle so traurig waren, wenn ich doch bald wieder ganz gesund werden würde …

Der stellvertretende Direktor der Freien Universität kam zu Besuch. Ich fühlte mich wirklich geehrt und zutiefst respektiert. Eine Geste, die kaum eine größere Wirkung hätte haben können.

»Wie konnten Sie so einen Verrückten nur immatrikulieren?«, hatte ich ihn irgendwann gefragt. Aber was wollte er mir schon antworten?

»Man hat ihm beim besten Willen nicht angesehen, dass er zu so etwas fähig sein könnte.«

Das war es. Unglücke und Katastrophen gab es immer nur in anderen Familien. So etwas Schlimmes kannte man nur aus den Zeitungen oder dem Fernsehen. Das Böse war stets weit weg, und nun war es hier. Unter uns. Ob es Gottes Wille war? Ich denke schon. Ich hatte gelernt, dass jedes Blatt, das von einem Baum fiel, es nur aus einem einzigen Grund tat: weil Gott es so wollte. Mein Leben wollte Gott offenbar auf den Kopf stellen. Und es schienen noch viele schwere Prüfungen auf mich zuzukommen.

Aber was war nun wirklich los mit meinem Gesicht? Einen zweiten Blick in den Spiegel hatte ich nicht mehr gewagt. Auch die Ärzte schienen ratlos zu sein. Auf meine Fragen hieß es immer nur, man müsse noch weiter abwarten. Aber auf was wollten sie denn noch warten? Auf meine Selbstheilungskräfte? Auf ein Wunder? Ich wollte so schnell wie möglich wieder auf die Beine kommen, das stand fest – aber dafür brauchte ich die beste medizinische Hilfe, die verfügbar war. Meine rechte Netzhaut habe ein Loch, wurde mir gesagt. Aber was hieß das denn genau?

»Eines Tages wird die Wissenschaft so weit sein, dass Sie wieder sehen können«, meinte der Arzt und verließ dann schnell das Zimmer. Ein Loch in meiner rechten Netzhaut … Wenn ich schon auf dem linken Auge nie mehr würde sehen können, dann sollten sie doch wenigstens mein rechtes Auge retten. Es hieß, in dieser Klinik seien die besten Augenärzte – aber diesen Eindruck konnten sie mir mit ihrer Ratlosigkeit leider nicht vermitteln.

Gott im Himmel, willst du wirklich, dass ich erblinde? Das kannst du doch nicht wollen? Was hab ich denn getan? Worin besteht mein Verbrechen? Wozu sind Tränen da? Hatte nicht Herr Fatawi mich einmal gefragt, warum ich nicht weinte? Weil Tränen mir nicht helfen, meine Probleme zu lösen, hatte ich ihm damals geantwortet. Und nun konnte ich sie nicht mehr zurückhalten. Bittere, blutige Tränen. Mein Gott, womit …

»Hab Geduld, Ameneh!« Da war diese Stimme wieder.

»Du darfst nicht verzweifeln, Ameneh. Eines Tages kehrt alles zu dir zurück. Der Weg ist steinig, du wirst ihn alleine gehen müssen, wirst alles hinter dir lassen, dich sogar von Gott abwenden. Doch wenn du Geduld hast, kehrt alles zu dir zurück.«

Geduld? Woher sollte ich die nehmen? Ich hatte doch noch so viel vor! Studieren, arbeiten, Geld verdienen, den Führerschein machen, ein Auto kaufen – leben. Es durfte doch nicht alles dahin sein. Es musste einfach alles wieder gut werden! Es musste! Unbedingt!

Hätte ich Amir mitsamt seiner Rauschgiftsucht heiraten sollen, damit sein Herz nicht zum zweiten Mal bricht? Oder meinen Dozenten, der mich eigens schlecht benotet hatte, um mich in seine Sprechstunde zu locken? Hätte ich Madschid heiraten sollen, dieses Tier, nur um mir meine Gesundheit zu bewahren? Hätte ich all diese Männer nicht ablehnen dürfen? Bestand vielleicht in all dem meine Schuld?

Ich wusste beim besten Willen nicht, warum Gott mich so hart auf die Probe stellte. Es wäre an der Zeit gewesen, nach all diesen Strafen einen besseren Weg für mich zu finden. Er hätte mir dabei helfen können, die Mittel für meine Heilung aufzubringen. Schließlich ging es nicht nur um mein Augenlicht. Die Säure hatte mir das ganze Gesicht zerfressen, mein Ohr, meine Nase, die Lippen, meine Zähne, mein Kinn. Auch meine Hand, meine Finger. Die Speiseröhre, den Magen, die Leber und die Nieren … Wie viele hässliche Narben dieses Teufelszeug noch hinterlassen würde, mochte ich mir gar nicht ausmalen. Wie viele Operationen wären wohl nötig, mich zumindest so weit wiederherzustellen, dass mein Anblick meine Mitmenschen nicht jedes Mal bis ins Mark erschütterte? Eine, zwei – zehn, fünfzig? Würde es Monate oder gar Jahre dauern?

Bevor an Operationen überhaupt zu denken war, mussten die Verätzungen heilen. Die Schwefelsäure, die Madschid mir in seiner blinden Wut ins Gesicht geschleudert hatte, konnte unter Umständen noch lange ihr Teufelswerk treiben. Bis zu fünf Jahre nach dem Angriff würde sie mich noch zerfressen, sagten mir die Ärzte. Fünf lange Jahre! Wie sollte ich die denn überhaupt durchstehen?

Alle bemühten sich nach Kräften, mir Mut zu machen. Ihr Optimismus half mir sehr über meine Verzweiflung hinweg – manchmal zumindest. Frau Dr. Yassa kümmerte sich besonders intensiv um mich. Sie hörte mir zu, munterte mich auf und brachte mir manchmal sogar Kuchen mit. Auch knapp zwei Wochen nach dem Ereignis kamen noch immer viele Besucher an mein Krankenbett. Meiner Seele taten diese Besuche gut – meinem Körper schadeten sie. Das Infektionsrisiko war eigentlich viel zu hoch. Ich war gezwungen, nur noch den engsten Kreis meiner Familie und meiner Verwandten an mich heranzulassen.

Madschids Eltern bedrängten meine Eltern. Sie wollten mich unbedingt sehen. Diese Vorstellung schockierte mich zutiefst. Was wollte diese Mutter, die doch so viel Mitschuld an meinem Unglück hatte, jetzt noch von mir? Konnte ich überhaupt sicher sein, dass sie sich nicht schon in den ersten Tagen nach meiner Einlieferung in das Krankenhaus geschmuggelt hatten? Um mich anzugaffen, wie damals auf der Straße, als mich diese merkwürdige Frau im Tschador so hinterhältig nach dem Weg gefragt hatte? Diese Menschen wollte ich hier nicht sehen, das stand fest. Ich musste mich jetzt ganz auf mich konzentrieren, um wieder gesund zu werden. Dabei durfte mich nichts – und schon gar nicht die Familie dieses widerwärtigen Typen – aus der Bahn werfen.

Die Ärzte hatten mir mitgeteilt, dass sie mein rechtes Auge schließen würden, um es einstweilen zu schützen. Es sei der Versuch, dem geschundenen Sehorgan Ruhe und Erholung zu verschaffen. Genaue Prognosen wollte jedoch keiner der Mediziner wagen. Mein Bruder Mohammad, der eigentlich selbst genug damit zu tun hatte, sich von seinem Unfall zu erholen, sagte, er wolle mir eines seiner Augen geben. So weit aber war die Wissenschaft noch nicht. Meine Mutter indes erzählte mir, dass Dr. Karimian manchmal Tränen in den Augen habe, wenn er bei mir Visite machte. Und das gewiss nicht nur, weil inzwischen auch meine Augenbrauen verschwunden waren. Auch die hatte die Säure mittlerweile weggefressen. Von meinem rechten Augenlid war nur noch ein Drittel übrig, der Rest war einfach weggeätzt. Die Klausuren Ende des Monats konnte ich getrost vergessen, und ganz langsam wurde mir klar, dass ich sie nie würde wiederholen können …

Wer immer in diesen Tagen zu Besuch kam, musste mir vorlesen, was über mich in den Zeitungen stand. Leider wurden viel zu oft Halb- oder gar Unwahrheiten verbreitet – etwa wenn sie mich »Frau Ingenieurin« nannten. Mit ihren Übertreibungen halfen sie mir kein bisschen. Im Gegenteil. Sie legten mir Steine in den Weg, die ich mit meinen eigenen kaputten Augen nicht einmal mehr sehen konnte.

Und auch der eine oder andere Mensch um mich herum machte mir bisweilen das Leben schwer – manchmal, so vermutete ich, ohne es selbst zu merken. Eine Krankenschwester meinte einmal: »Dieser Madschid müsste Sie zur Strafe heiraten, Frau Bahrami.«

Um Himmels willen, was sollte das denn heißen? Ich war kurz davor, die Beherrschung zu verlieren.

»Na ja«, meinte die Schwester, »wenn er sie liebt, nimmt er sie auch jetzt noch.« Solcher Logik vermochte ich nicht zu folgen. Er würde mich also jetzt noch nehmen. So, wie ich jetzt aussah. Und er müsste zur Strafe den Rest seines Lebens mit einem Monster wie mir verbringen.

Meine Mutter hatte sich ihr Leben sicher auch anders vorgestellt. Erst quälten sie jahrelang die Sorgen um meinen Vater, dann fiel ihr Bruder, Mohammad hatte einen Autounfall und nun ich. Ob sie wohl fürchtete, dass ich ihr bis an ihr Lebensende zur Last fallen würde? So weit durfte es einfach nicht kommen. Das musste ich verhindern – um jeden Preis! Und genau das wurde mein Plan für die Zukunft: Ich würde alles dafür tun, meiner Mutter nicht zur Last zu fallen. Wenigstens sie sollte für den Rest ihres Lebens ein wenig Ruhe geschenkt bekommen.

In der Gegenwart indes benötigte ich meine Kräfte allein für mich selbst. Erst am Tag zuvor kam beim Verbandswechsel der nächste Schock. Als ich mein Kopftuch abnahm, hielt ich plötzlich ein dickes Büschel Haare in der Hand. War ich nicht schon gestraft genug? Mussten mir jetzt auch noch die Haare ausgehen? Der letzte Rest Schönheit, der mir noch geblieben war? Man beschloss, mir fürs Erste die restlichen Haare auch abzuschneiden. Der Scherz, den der Arzt dabei gemacht hat, war mir nur ein schwacher Trost: »Siehst du, Ameneh, du bist etwas ganz Besonderes. Andere Leute gehen zu einem schnöden Friseur, um sich die Haare schneiden zu lassen. Du aber hast dafür einen Leibarzt.« Ja, und der hatte nicht bloß geschnitten, er hatte mich fast kahl-geschoren!

Wie lautete die Prophezeiung dieser inneren Stimme?

»Eines Tages kehrt alles zu dir zurück, Ameneh. Du musst nur Geduld haben. Der Weg wird steinig, du wirst alles hinter dir lassen, doch eines Tages …«

Daran zu glauben fiel mir immer schwerer. Auch wenn der negative Teil der Prophezeiung sich ja zu bewahrheiten schien, auf den positiven vermochte ich kaum noch zu hoffen.

Ich verlor und verlor, ließ täglich mehr hinter mir …

Zu jener Zeit träumte ich häufig von den fünf verehrten Mitgliedern der Familie des Propheten Mohammed. Ihn, seine Tochter Fatima, deren Mann Ali und ihre beiden Söhne Hassan und Hussain hatte Gott einst unter seinen besonderen Schutz gestellt, sie gesegnet und von aller Sünde freigesprochen. Was diese Träume nun wieder zu bedeuten hatten? Jedenfalls gaben sie mir Kraft, und es war mir auch ziemlich gleichgültig, dass die Leute, denen ich davon erzählte, sich meist lustig machten über meine Hirngespinste – wie sie sie nannten. Nichts davon hatte ich mir ausgedacht, nichts davon eingebildet.

Dabei wollte ich meine Augen am liebsten anflehen: »Bitte, seht wieder! Bitte zeigt mir die Welt wieder so, wie ich sie gewöhnt war!« Vergebens. Stattdessen hatte ich immer häufiger das Gefühl, dass ich umso hellsichtiger wurde, je schlechter ich sah. Ein seltsames Gefühl, ja, aber nicht im Geringsten beunruhigend.

Einmal träumte ich, ich goss – in ein Brautkleid gehüllt – in einem Hof Blumen, als plötzlich jemand rief: »Zieh das aus! Das ist nicht deins!«

Und dann standen die fünf Gesegneten an meinem Bett, alle in Weiß gekleidet. Meine Ärztin Dr. Khosrawi, mit der ich darüber gesprochen hatte, meinte, dass sich eines Tages zeigen würde, was Gott mit mir vorhatte und was er der Welt durch mich sagen wolle ... Eines Tages. Also wieder etwas für die Zukunft. Schon wieder sollte ich mich in Geduld üben. In der Gegenwart aber musste ich den nächsten Schock ertragen.

Meine Ärzte standen vor meinem Bett und hielten mir eine Patientenerklärung hin, die ich unterschreiben sollte. Aber ich weigerte mich. Das Blatt Papier war des Teufels. Sie wollten meine linke Augenhöhle ausräumen – zur Minderung der Infektionsgefahr. Um zu verhindern, dass eine Entzündung vielleicht auch mein Gehirn erfasste, erklärten sie mir mit sorgenvollen Stimmen.

Herr im Himmel, was sollte denn noch alles passieren, bevor mich endlich wieder gute Nachrichten erreichen würden? Eine ausgeräumte Augenhöhle hieß: Mein linkes Auge wäre endgültig verloren. Ich tobte vor Wut und Verzweiflung und wischte das Blatt Papier vom Tisch. Ja, irgendwann würde ich mich meinem Schicksal fügen müssen. Die Säure tat alles, um mich zu besiegen. Sie griff nach meinen Augen, mich aber würde sie so schnell nicht bekommen!

Die Tage vergingen, und meine Schmerzen blieben. Mein ganzer Körper tat mir weh, von Kopf bis Fuß. Nachts konnte ich kaum liegend schlafen, und so verbrachte ich unzählige Nächte aufrecht sitzend. Auch die Spritzen, die meine Schmerzen lindern sollten, waren eine Qual, weil das Pflegepersonal immer größere Schwierigkeiten hatte, meine Venen zu finden. Ich sollte auf Schmerztabletten umsteigen – fünfzehn verschiedene Pillen pro Tag. Mein ohnehin angeschlagener Magen kollabierte fast.

Auf Tabletten umgestellt, schlugen die Ärzte nun vor, mich nach Hause zu entlassen. Sie waren überzeugt, mit dieser Maßnahme die Infektionsgefahr für mich zu reduzieren. Nur noch zu den täglichen Verbandswechseln sollte ich in die Klinik kommen.

Madschids Eltern ließen unterdessen nicht locker. Sie wollten mich unbedingt sehen und mit mir sprechen, wurde mir zugetragen. Aber wozu denn? Wozu, fragte ich meine Mutter, die mir davon berichtet hatte. Was wollten diese Leute damit erreichen? Ständig musste ich mir anhören, dass sie mir die Schuld an allem geben würden. Ich sei ja so geschminkt gewesen, dass ihr Sohn ganz verrückt geworden sei. Ich konnte es nicht mehr hören. Eine bodenlose Frechheit! Wenn ich überhaupt geschminkt war, dann nie sehr auffällig und allein mir selbst zuliebe. Keinesfalls für andere. Und bestimmt nie für ihren Sohn. Und überhaupt, was steckte hinter diesem perfiden Vorwurf? Hätten alle Frauen, die ihm ahnungslos irgendwo begegnet waren, eine Säureattacke befürchten müssen, weil sie vielleicht einen Hauch Lippenstift trugen?

»Salam, Maman-Dschan, wie geht es dir heute? Schön, dass du da bist!«

Ich war jedes Mal sehr froh, wenn meine Mutter zu Besuch kam.

»Salam, Ameneh, mein Schatz.« Sie blickte ernst. Was machte ihr denn an diesem Tag solche Sorgen?

»Ameneh, ich glaube, unten am Eingang hab ich … Oh Gott, Ameneh, sie kommen!«

»Wer denn? Wen meinst du?«

Plötzlich standen sie vor mir: die Eltern des Satans. Gütiger Herr, was erlaubten sich diese Leute nur? Was wollten sie von mir? Bevor ich überhaupt ein Wort sagen konnte, fiel Madschids Mutter bei meinem Anblick in Ohnmacht. Die Frau lag gekrümmt am Boden, während der Vater sofort begann, mich zu beschimpfen.

»Sie haben meinem Sohn gesagt, Sie seien verlobt. Und das hat ihn wütend gemacht.«

Meine Mutter stand wortlos an meinem Bett, während ich versuchte, wieder ruhigen Atem zu erlangen: »Ja, dass ich verlobt bin, hatte ich gesagt, weil ich Ihren lästigen Sohn endlich loswerden wollte!«

Madschids Mutter kam langsam wieder zu sich. »Way khoda, Gott im Himmel, mein Herz! Ich sterbe, ich sterbe!«

»Kümmern Sie sich doch um Himmels willen um Ihre Frau. Und dann lassen Sie mich endlich in Frieden!«

Die Frau lag weiterhin jammernd auf dem Fußboden und klagte mit gellender Stimme, dass sie gleich dahinscheiden würde. »Ich sterbe ... ich schaffe es nicht ...«

»Wie? Sie sterben?«, schrie meine Mutter plötzlich. »Und was soll ich sagen? Sitzen Sie hier Stunden, Tage, Wochen und Monate bei Ameneh am Bett? Füttern Sie meine Tochter, weil sie allein nicht mehr essen kann? Haben Sie ihr an jenem schrecklichen Tag die ätzenden Kleider vom Leib geschnitten? Haben Sie Tag und Nacht mit ihr die Hölle durchlitten? Um ihr Leben gebangt? Wundgaze hab ich ihr anziehen müssen anstelle eines Brautkleides. So sieht die bittere Wahrheit aus! Also reden Sie keinen Unsinn, und hören Sie endlich auf zu jammern!«

14.
Blickrichtung –
Zwischen den Welten

Inzwischen waren weitere Wochen vergangen. Meine Ärzte hatten mir mitgeteilt, dass sie mir gegenwärtig leider nicht weiterhelfen könnten. Dass wir abwarten müssten, wie die Säure sich verhalten würde. Abwarten – das hieß so viel wie, sich diesem Teufelszeug vollkommen auszuliefern. Wenn es gnädig zu mir wäre – gut. Wenn nicht – Pech! Ich verließ also das Krankenhaus und ging nach Hause zu meiner Familie. Einer meiner Onkel hatte ein Schaf geopfert, um mich vor allem Bösen zu bewahren. Künftig. Mehr hätte es mir geholfen, das Böse aus meiner Haut und meinen Augen zu entfernen, aber es ließ sich nicht verdrängen. Auch nicht durch eine gut gemeinte Opfergabe.

Irgendjemand aus der Familie schlug den Koran auf einer beliebigen Seite auf und traf auf eine Sure, die uns hieß, all jenen zu danken, die uns einen Gefallen getan haben, und sei er noch so gering. Ich träumte zum ersten Mal, dass ich statt der üblichen vier nur drei Verse betete – noch dazu von Mekka abgewandt. Welches Rätsel sollte ich denn damit entschlüsseln? Mein Leben stand doch schon auf dem Kopf, und kein Mensch wusste, wie und ob ich je wieder auf die Füße kommen würde.

Ich hatte furchtbare Angst. Ich wusste, ich müsste irgendwann lernen, mein Gesicht auch berühren zu können. Wenn meine Augen es schon nicht sehen konnten, dann mussten wenigstens meine Hände diese schwere Aufgabe übernehmen. Ich musste der Wahrheit buchstäblich ins Gesicht sehen. Diese Redewendung bekam für mich unversehens eine ganz neue Dimension. Und dieser Schritt kostete mich eine ungeheuerliche Überwindung! Ich zitterte am ganzen Körper. Wie sollte ich es schaffen, die Zerstörung in meinem Gesicht zu ertasten? Wie sollte ich je erfassen können, was die Säure alles an und in mir zerfressen hatte – und noch immer zerfraß?

Mir stand fast das Herz still. Da, ja, da war sie, die leere Augenhöhle. Verschlossen, nur noch Haut und kein Auge mehr. Hör auf zu zittern, Ameneh, du hast den Mut endlich aufgebracht. Sei stolz auf dich, Ameneh! Dein rechtes Auge ist verschlossen – es soll ruhen, sich erholen und dir eines Tages wieder das Augenlicht zurückgeben. Irgendwann, bald. Hoffentlich bald!

Mein Ohr, meine Nase, meine Lippen, mein Kinn – nirgendwo auch nur das kleinste Stück glatte Haut mehr. Alles verzerrt, verätzt und zerfressen. Auch meine Zähne hatte die Säure angegriffen. Ob ich je wieder ohne Schmerzen würde essen können? Mein Gesicht entstellt, eine Fratze, vor der die Leute sich fürchteten. Mein Beten, mein Flehen hatte nichts genützt, absolut nichts … Gott im Himmel, was sollte nur mit mir werden? Wenn du mich schon nicht beschützt hast, steh wenigstens meiner Familie bei, die meinetwegen nun so große Sorgen hat.

Und seine Familie? Wie oft hatte ich mir gewünscht, ihr Leben würde so schwarz werden wie meines? Dann wieder, wenn ich hörte, welche Strafen manche Menschen auf der

Straße oder aus meinem Umfeld in Betracht gezogen hatten –
»Wir ertränken seine Eltern in Säure!« oder: »Wir verbrennen
ihn vor deinen Augen!« –, wurde mir doch Angst. »Unter-
steht euch!«, hatte ich zu meinen Kommilitonen gesagt, die
auf solche dummen Ideen gekommen waren. »Ihr tut mir keinen Gefallen damit. Wartet um Himmels willen ab, was das
Gericht sagen wird!«

Das Gerede mancher Leute indes machte mir durchaus zu
schaffen. Als ob wir nicht schon genug am Hals hätten. Die
einen wünschten meiner Mutter – in meinem Beisein – genug
Kraft, um mich bis an ihr Lebensende pflegen zu können. Sie
merkten gar nicht, wie weh sie auch mir damit taten, wenn sie
meine Mutter meinetwegen bedauerten. Andere forderten, ich
sollte in mich gehen und mich fragen, was ich wem angetan
hatte, um derart den Zorn Gottes auf mich zu ziehen.

Wieder andere meinten, ich hätte wohl mein Haar besser
unter meinem Kopftuch verstecken sollen, um die Männer
nicht zu reizen. Es war kaum auszuhalten. Hatte Gott schöne
Haare erschaffen, damit wir sie unter Tüchern verstecken?
Wenn Gott die menschliche Schönheit tatsächlich missfiele,
wären wir Frauen doch als plumpe Ziegelsteine in die Welt
geworfen worden.

Nicht mal meine eigene Schwester Schirin schreckte davor
zurück, mich zu verurteilen. »Weißt du noch«, hatte sie mich
eines Tages gefragt, »weißt du noch, was du nach meiner Scheidung zu mir gesagt hast?« Sicher erinnerte ich mich gut daran,
dass ich ihr geraten hatte, etwas aus ihrem Leben zu machen.

»Such dir einen, mit dem du glücklicher werden kannst,
hast du mir damals gesagt, und: Eine Scheidung ist doch kein
Weltuntergang! Weißt du das noch?«

»Ja«, hatte ich ihr geantwortet, »das weiß ich noch. Und?«

»Jetzt siehst du, was du davon hast«, sagte Schirin mir ins Gesicht.

Herr im Himmel, hattest du das gehört? Sahst du, was sie mit mir machten? Sollte ich das alles hinnehmen? Bei all dem Schmerz, all der Höllenqual auch noch Spott, Vorwürfe, Schadenfreude?

Ich sprach zu ihm: »Gott, hilf mir weg von Ihnen. Zeig mir einen Weg weg von hier! Ich will ihnen allen zeigen, dass ich noch die alte Ameneh bin. Ich will ihnen beweisen, dass mir nichts passiert ist und dass ich unversehrt bin. Wenn ich mit meinen sechsundzwanzig Jahren ein Unrecht begangen habe, das eine solche Strafe verdient, welches Verbrechen hat dann das zweijährige Kind begangen, das unheilbar krebskrank im Krankenhaus liegt? Welche Verbrechen haben Arash und Abolfazl begangen, dass sie in diesen schweren Unfall verwickelt wurden? Welche? Ich werde allen zeigen, dass ich zwar mein Gesicht verloren habe, aber erhobenen Hauptes, ohne Scham und Schande, weiter meinen Weg gehen werde. Das sollten sie alle sehen. Alle!«

Dr. Karimian hatte mir bei einem Verbandswechsel schweren Herzens erklärt, dass sie in Teheran nichts weiter für mich tun könnten. Und dass sie sich umgehört und in Erfahrung gebracht hätten, dass Ärzte in Europa bereit seien, sich meines Falles anzunehmen.

»In Europa?«

»Ja, in Spanien, Ameneh – in Barcelona. Dort ist ein Ärzteteam bereit zu schauen, was man für dich tun kann.«

»Das heißt ... das heißt, ich fliege nach Barcelona?«

»Baleh, ja, Ameneh, so ist es vorgesehen. Gott schütze dich – und gute Reise.«

15.
Blickwinkel –
Himmel und Hölle

Ich sollte also nach Barcelona fliegen. Nach Spanien – ein Land, von dem ich bis dahin kaum etwas gehört hatte. Nach Europa – ins Abendland, dass doch in jeder Hinsicht so weit vom Iran weg war. Eine fremde Kultur, fremde Menschen – ein fremder Glaube. Die Familie, die Freunde, die gewohnte Umgebung – all dies würde ich zurücklassen müssen. Wünschte ich mir noch vor nicht allzu langer Zeit, dass ich alles hinter mir lassen könnte, so überkam mich in diesen Tagen heftige Angst vor dieser großen Veränderung.

Aber ich hatte auch nicht mehr die Kraft, in Teheran auf Wunder zu hoffen, die zu jener Zeit einfach nicht geschehen wollten. Medizinisch war mir in meinem Heimatland schon lange nicht mehr zu helfen – wenn überhaupt je von richtiger Hilfe die Rede sein konnte. In all den Wochen gab es immer nur Rückschläge zu verkraften. Kein einziger Lichtblick vermochte meine dunkle Seele aufzuhellen. Gute Nachrichten gab es in dieser ganzen Zeit im Grunde keine. Immer nur Hiobsbotschaften, Schreckensnachrichten und schlimmste Rückschläge. Wenn es eine Hoffnung für mich geben konnte, dann musste ich die Reise nach Europa antreten – egal, wie weit sie sein würde. Ich musste endlich wieder handeln.

Vor meiner Abreise trat Richter Gheissarieh an mich heran und schlug ein Treffen mit Madschid und seiner Familie vor, damit auch wirklich alle in Erinnerung behielten, was er mir Schreckliches angetan hatte. Falls, Inschallah, meine Operationen in Spanien erfolgreich verliefen, käme ich schließlich verändert zurück nach Teheran, und er wolle dem Attentäter noch einmal das ganze Ausmaß seiner Tat vor Augen führen. Ich brauchte eine Weile, um dem Vorschlag zuzustimmen; im Grunde wünschte ich mir, die Gegenwart dieses Kerls bliebe mir für den Rest meines Lebens erspart. Ich wollte diesem Menschen nie wieder begegnen – und auch seinen Eltern nicht, die ich doch auch ohne ihn kaum ertragen konnte.

In einem Gerichtssaal versammelt saßen also bald meine Familie, die Familie von Madschid und unzählige Pressevertreter. Als ich meinen Nikab, den Gesichtsschleier, abnahm, um allen vor Augen zu führen, wie stark dieses Attentat mein Aussehen und mein Leben verändert hatte, traute ich meinen Ohren nicht. Ich hörte Madschid kichern. Dass er seltsam reagieren würde, darauf glaubte ich gefasst zu sein. Sein Kichern aber traf mich wie ein Schlag ins Gesicht. Als er kurz darauf noch sagte: »Du bist doch selbst schuld, du hättest mich ja heiraten können!«, war ich vollständig außer mir.

Fiel dieser Bestie wirklich nichts Besseres ein, als mir die Schuld für sein krankes Handeln zu geben? War das sein einziger Kommentar zu der Katastrophe, die er verursacht hatte? Im Saal entstand ein Tumult – die Presse schrieb später: »Im Gerichtssaal flogen die Fetzen. Zusammentreffen zwischen Ameneh und ihrem Attentäter endet im Streit.« Trotz der unermesslichen Wut, die ich verspürte, wurde mir in diesem Augenblick klar, welche Gnade es doch war, Teheran endlich verlassen zu können. Weit weg von diesem Ort des Schreckens würde ich vielleicht mein Augenlicht, meine Gesundheit und meine Kraft zurückgewinnen können.

Im April 2005, knapp ein halbes Jahr nach dem Attentat, flog ich von Teheran über Paris nach Barcelona. Die Vorstellung, von zu Hause wegzugehen, hatte mich nie besonders gereizt. Ich war mir immer ganz sicher gewesen, dass ich nach dem Studium weiter im Iran arbeiten und für mich selbst sorgen würde. Ich mochte meine Heimat, obwohl ich mich – wenn der Alltagsstress mal wieder besonders heftig war – durchaus mitunter fragte, ob das Leben anderswo vielleicht weniger mühsam wäre.

Einige meiner Freundinnen und Mitstudenten träumten davon, eines Tages im Ausland zu studieren und vielleicht sogar dort zu leben. Viele junge Iraner aber mochten ihr Land und wollten lieber in ihrer Heimat leben als anderswo. In der Firma sprachen wir hin und wieder darüber, etwa wenn es um unsere – guten oder schlechten – Bilanzen ging. Gute Auslandsbeziehungen waren für unser Unternehmen von großer Bedeutung, sowohl zu der Zeit, in der wir Geräte exportierten, als auch später, nachdem wir auf Import umgestiegen waren.

Laut einer Statistik des Internationalen Währungsfonds verließen jedes Jahr fast zweihunderttausend gut ausgebildete Leute den Iran. Angeblich aus keinem anderen Land der Erde wanderten so viele Akademiker ab, die sich überwiegend in Kalifornien niederließen, aber auch in Kanada, Europa, Japan. So zumindest sagte es dieser Bericht. Sahen tatsächlich so viele Iraner keine Zukunft mehr in ihrem

Land? Lag es an der angespannten Wirtschaftslage? Oder an den gesellschaftlichen Konventionen? Lag es daran, dass junge Menschen über moderne Informationsquellen wie das Internet Zugang zu Welten hatten, die ihnen viel freier erschienen als ihre eigene? Die – ihrem Lebensgefühl nach – nicht mehr in vergangenen Jahrhunderten leben wollten? Konnte es gutgehen, ein Volk, das zu mehr als der Hälfte aus jungen Menschen bestand, auf Dauer derart eingeschnürt zu halten? Die Antwort musste jeder für sich selbst finden. Egal aber, wie sie ausfiel – es tat unserem Land weiß Gott nicht gut, dass die junge Intelligenz im Begriff war, es in Scharen zu verlassen.

Die wirtschaftliche Lage wurde durch diesen Exodus nicht besser. Und wenn jemand keine Arbeit hatte, keine Familie ernähren und schon gar keine gründen konnte, dann musste er sein Glück im Ausland versuchen – auch wenn es am Ende gar nicht der Drang nach Freiheit war, der ihn bewogen hatte, den Iran zu verlassen. Wegen der schlechten Wirtschaftslage sah es sogar so aus, als steckte unser Land in einer Heiratskrise. Von den sechs Millionen jungen Leuten im heiratsfähigen Alter konnte es sich überhaupt nur jeder Zehnte leisten, eine Familie zu gründen.

Ich stand ja einst selbst kurz davor, im Brautkleid ins Ausland zu reisen. Ja, das wäre ein zauberhafter Anlass gewesen! Vielleicht wären damals die kulturellen Unterschiede überwindbar gewesen. Und vielleicht hätten sich die Bedenken der Eltern schnell zerstreut. Aber es war zu spät für Spekulationen. Ich saß statt in Tüll in Gaze gehüllt, um mein Gesicht vor Infektionen zu schützen, und war unterwegs in meine neue Zukunft. Blind und entstellt, lagen mir Hochzeitsgedanken ferner denn je. Es gab nicht mehr die geringste Aussicht auf ein

»normales« Leben – mit Beruf, Ehemann und Kindern. Wenn ich bedachte, dass ich Gott noch wenige Monate zuvor um einen Hauch mehr als den »normalen« Alltag gebeten hatte! In meinem Leben war nichts mehr normal. Gestern noch eifrige Angestellte eines erfolgreichen Herstellers medizinischer Geräte, war ich jetzt selbst auf komplizierte Medizintechnik angewiesen. Gestern noch trug ich stolz zum Einkommen meiner Familie bei, und heute war ich vollständig vom Geld anderer Menschen abhängig. Gestern war ich lebensfroh, selbständig, zielbewusst – heute bei fast jedem Handgriff auf fremde Hilfe angewiesen und nur noch darum bemüht, nicht gänzlich zu verbittern. Diese Situation war nur schwer erträglich. Und sie wurde auch nicht dadurch besser, dass meine Schwester Schirin mich nach Spanien begleitete.

Ein anderes Mitglied meiner Familie wäre mir lieber gewesen. Doch im Grunde kam aus dem Kreis der nächsten Verwandten nur sie infrage: Meine Mutter musste sich um Vater kümmern, meine kleine Schwester Schadi war zu jung, und Mohammad oder Farhad als männliche Begleiter fielen aus. In unserer Gesellschaft wäre es nicht möglich gewesen, dass mir meine Brüder bei alltäglichen Dingen wie Körperhygiene oder Verbandswechsel hätten zur Hand gehen können. Mir blieb also nur, alle Bedenken auszublenden und mich mit ganzer Kraft an den Strohhalm Barcelona zu klammern.

Die Ärzte des IMO – des Instituto de Microcirugía Ocular – waren meine einzige Hoffnung. Sie sollten mein Augenlicht retten, das war die wichtigste Mission. Trotz aller Fehler, die meinen Ärzten im Iran unterlaufen sein mochten – für ihre Entscheidung, mich nach Barcelona zu schicken, musste ich ihnen dankbar sein. Kurz vor meiner Abreise erklärten sie mir, dass ich nicht als Einzige für diese Reise in Betracht gekommen war. Außer mir waren – wenn auch nicht durch Säureattentate bedingt – zwei weitere Patientinnen in der engeren Wahl.

»Ameneh, wir haben dich unter anderem auch deshalb ausgewählt, weil wir von deiner psychischen Stärke beeindruckt waren«, hatten sie mir anvertraut. Sonderlich stark fühlte ich mich zu jener Zeit allerdings nicht. Um meine Gesundheit aber wollte ich aus Leibeskräften kämpfen.

»Warum nehmen Sie Ihren Gesichtsschleier nicht ab? Ist Ihnen nicht viel zu heiß hier?«, fragte mich meine Sitznachbarin im Flugzeug. Nach einer Weile wagte sie dann einen weiteren Vorstoß: »Müssen Sie denn auch hier oben in der Luft verhüllt bleiben?«

»Jemand, den ich nicht mochte, wollte unbedingt, dass ich seine Frau werde«, sagte ich nur. »Und dann hat er mein Gesicht zerstört.«

»Gott stehe Ihnen bei! Unfassbar, zu was manche Menschen fähig sind! Nehmen Sie doch um Gottes willen Ihren Schleier ab, Kind. Wer Sie nicht ansehen mag, kann woanders hinschauen. Sie müssen doch umkommen vor Hitze.«

Ging es hier um die selbstverständlichste Sache der Welt? Den Nikab abnehmen? Als ob das so einfach wäre! In Teheran trug ich ihn, zumindest wenn ich aus dem Haus ging, um Passanten meinen Anblick zu ersparen. Diskret wollte ich bleiben, unauffällig – möglichst niemandem Mühe machen und kein Unbehagen bereiten.

War das ein Zeichen der Selbstverleugnung oder eine Frage von Höflichkeit und Respekt? Den Schleier abnehmen hieß, dass ich öffentlich zeigen müsste, wie verwundbar ich war. Ich müsste offenbaren, dass es jemandem gelungen war, mich zu überwältigen und zu verletzen. So leicht dieses Stück

Stoff auch schien, so schwer fiel es mir, mich davon zu trennen.

Ohne dieses Tuch frei zu atmen hätte mir allerdings gutgetan, und so nahm ich all meinen Mut zusammen und zog den Nikab von meinem Kopf. Welche Ironie des Schicksals mir plötzlich vor Augen geführt wurde. Im Iran verhüllten wir Frauen uns, um die Blicke der Männer nicht auf uns zu lenken. Hier war ich nun, unverhüllt, auf dem Weg nach Europa, und kein Mann sollte mich mehr eines Blickes würdigen.

»Gott hat Ihnen wahrlich viel Kraft gegeben, Ihr Schicksal zu ertragen«, sprach mich ein mitreisender Journalist an und wünschte mir alles erdenklich Gute. Und das hätte ich schon in Paris gut brauchen können. Wir hatten bereits mehrere Stunden auf unseren Anschlussflug im Transitbereich gewartet, als es plötzlich hieß, ich könne nicht weiterfliegen. Nicht weiterfliegen? Großer Gott, was hatte das nun zu bedeuten? Welchen Grund sollte es denn geben, uns aufzuhalten? Ich musste doch nach Spanien, um mein Augenlicht zurückzugewinnen! Ich hatte noch kein einziges Etappenziel erreicht, trug noch jede Spur des Säureattentats mit mir herum und würde auf gar keinen Fall in den Iran zurückkehren! Nur damit dieser Madschid Genugtuung hätte? Damit er sagen könnte: Weil ich sie nicht haben konnte, sollte auch kein anderer sie kriegen?

Nein, ich war diesen beschwerlichen Weg nicht bis hierher gegangen, damit man mir jetzt so einfach die Tür vor der Nase zuschlug! Ich brauchte die Ärzte in Barcelona. Nicht nur, um mich wiederherzustellen. Nein, sie mussten mir helfen, dieser Bestie zu beweisen, dass sie mich nicht gebrochen hatte und dass ich nicht mehr hilflos war. Weder ich noch andere Frauen auf der Welt würden sich einfach so einem solchen Schicksal ergeben!

Ich saß – das Bodenpersonal hatte darauf bestanden – in einem Rollstuhl, nahm die Hektik der Kontrollbeamten und alles andere um mich herum nur schemenhaft wahr – und wartete. Seit Wochen und Monaten war ich von nichts als Schatten und Schemen anstelle von menschlichen Wesen umgeben! Und in jenem Augenblick begriff ich überhaupt nicht, wonach diese Beamten überhaupt suchten, weil ich kein Wort Französisch verstand. Ich war mir sicher, dass wir alle Dokumente beisammenhatten. Wie sonst hätten wir aus Teheran ausfliegen können? Quälende Minuten vergingen, und ich zitterte am ganzen Leib.

Wollten diese Leute Geld? Sollten wir uns die Erlaubnis zum Weiterflug erkaufen? Hatten sie Angst, ich könnte meine Behandlung nicht bezahlen und würde dem Staat Spanien möglicherweise auf der Tasche liegen? Eine offizielle Bestätigung lag doch vor. Präsident Khatami hatte doch veranlasst, mich finanziell zu versorgen – fürs Erste zumindest! Was also stimmte nicht? Warum hielt man uns auf?

Nicht sehen können, die fremde Sprache nicht verstehen, das Gefühl, ausgeliefert zu sein – auch das hatte ich diesem Kerl zu verdanken. Ich war kurz davor zu verzweifeln, als der Spuk plötzlich beendet war und ich für flugtauglich erklärt wurde. Das also war es, was die Behörden wissen wollten. Ob ich flugtauglich war, nachdem ich die Reise von Teheran nach Frankreich offenkundig auf einem Kamel gemacht hatte … Mir fiel ein Stein vom Herzen. Und das musste auch die hilfsbereite Stewardess gespürt haben, die mich endlich an den Flugsteig schob. Mein Rollstuhl schwebte beinahe bis in die Maschine.

Und dann hatte ich es endlich geschafft. Barcelona. Ich war so glücklich wie schon seit Monaten nicht mehr. Hier also war der Ort, an dem ich wieder ins Leben zurückfinden würde. Das war die Stadt, in der man mir helfen konnte, und hier waren die Ärzte, die das Licht in meinen Körper zurückbringen würden.

Mein erster Eindruck auf dem Flughafen war überwältigend: Es herrschte Entspannung. Zumindest verglichen mit der Hektik in Paris: kein Gedränge, freundliches Stimmengewirr, Musik aus Lautsprechern im Terminal – selbst der leichte Nieselregen, der uns empfing, als wir das Gebäude verließen, war mir angenehm. Und was mich auf Anhieb am meisten beeindruckte – ich wollte es zunächst kaum glauben –, war dieses freie, lebensbejahende Lachen, das ich um mich herum hörte. Die Leute lachten entspannt, in aller Öffentlichkeit – völlig anders, als ich es aus dem Iran kannte.

In diesem Moment erst fiel mir auf, dass die Unbefangenheit, die man hier spürte, aus Teherans Straßen schon lange Zeit verschwunden war. Öffentlich zu lachen, sich zu freuen und ausgelassen zu sein gehörte sich nicht. Wenn überhaupt, dann lachte man leise hinter vorgehaltener Hand. Aber was war so verwerflich daran, seine Freude offen zu zeigen? Wir waren doch von Natur aus kein humorloses Volk. Im Gegenteil. »Iraner zum Lachen zu bringen ist gar nicht so einfach«, hatte ein Fernsehmoderator einmal gesagt, »weil neunundneunzig Prozent der Leute ohnehin ständig Witze erzählen.«

Über unsere Mullahs zum Beispiel. Mit ihrer Sittenstrenge hatten sie sich seit der islamischen Revolution immer unbeliebter gemacht. Nicht nur, weil sie – unter anderem – als unersättlich galten: Was muss ein Ertrinkender einem Mullah zurufen, damit der ihn rettet? »Geben Sie mir Ihre Hand, ich flehe Sie an!«, würde ihm nicht weiterhelfen. Nein, er muss dem Mullah ein Angebot machen: »Nehmen Sie meine Hand, ich bitte Sie!«, und schon zieht ihn der Geistliche aus dem Fluss.

Oder warum hieß das offizielle iranische Fernsehen inzwischen Glaswolle? Weil hinter der Mattscheibe wollbärtige Männer das Sagen hatten. Ganz gleichgültig, ob es sich um Unterhaltung, Ratgeber, Krimis, Bildungs- oder Sportprogramme drehte – die Sendezeit blieb den Mullahs für all ihre Predigten, Gebete und Belehrungen vorenthalten. Und das hing vielen Iranern zum Halse raus. Klar gab sich unser Fernsehen seit Jahren offen, kaufte ausländische Serien ein, aus Korea, aus Frankreich, Deutschland, und da sah man dann sogar ganz selten einmal unverschleierte Frauen …

Aber im Grunde herrschte die vollkommene Kontrolle, und in einheimischen Produktionen trugen Frauen immer züchtig Tschador, Maghnae, Kopftuch oder Mantel. Ich fragte mich, ob in Spanien wohl auch Männer Werbung für Waschmittel machten. So wie im Iran, wo man auf keinen Fall unter Mantel oder Tschador die Konturen eines Frauenkörpers erahnen durfte, der sich über die Waschmaschinentrommel beugte, um Wäsche einzufüllen. Solche Szenen wurden in Einklang mit den Mullahs von Männern gedoubelt, was an Absurdität kaum noch zu übertreffen war. Wenn Paare in der Werbung vorkamen, musste immer auch ein Kind mit dabei sein, damit bloß kein falscher Eindruck entstehen konnte.

Wozu denn dieser ganze Umstand? Wir lebten doch nicht hinter dem Mond! Vor allem wir jungen Leute wussten längst, dass es außerhalb des Iran noch andere Welten gab, in denen es anders zuging als bei uns. Satellitenfernsehen und Internet – sofern der Zugang denn gestattet war – lieferten uns diese Gegenentwürfe ins Haus. Gegen die Flut der Antennenschüsseln, die nachts auf Dächer montiert wurden, kam kein offizielles Verbot an. Wer sich die Parabolantenne leisten konnte, empfing iranische Sendungen aus dem Ausland, aus Kalifornien oder aus Kanada. Dem Staatsfernsehen traute kaum noch jemand. Nicht nur die vielen jungen Leute, die nach der islamischen Revolution geboren waren, wünschten sich mehr Bewegungsfreiheit im Alltag.

Was war so ungehörig an dem Wunsch, sich nicht nur in den eigenen vier Wänden, sondern auch in der Öffentlichkeit nach eigenem Geschmack zu kleiden? Wo stand im Koran geschrieben, dass alle Frauen sich von Kopf bis Fuß verhüllen sollten? Wo stand geschrieben, dass öffentlich Musik zu hören oder zu machen verwerflich sei? Dass Gott Fröhlichkeit und Ausgelassenheit missfallen? Dass Feste – auch Hochzeiten – möglichst still zu feiern und notfalls zu unterbinden waren? Wer feiern wollte, wusste irgendwann, wie er diese Einschränkungen umgehen konnte. Aber auf Dauer war das Versteckspiel mit den Sittenwächtern keine Lösung. Und so durfte es nicht verwundern, dass iranische Sendungen aus den USA oder aus Kanada – allen voran jene mit Zuschauerbeteiligung – beliebt waren, weil sie Abwechslung boten.

In diesen Sendungen riefen viele Zuschauer aus dem Iran an und holten sich Rat von Psychologen, Medizinern oder Schönheitsexperten. Frauen kümmerten sich offen um ihr Aussehen, äußerten unbefangen ihre Meinung oder machten Werbung für Wein.

Ayatollah Haschemi Rafsandschani hatte, als er noch Präsident war, in einem seiner Freitagsgebete über das Telefonieren und die vielen Ferngespräche gepredigt, die wir Iraner mit unseren Verwandten im Ausland führten. »Besonders die Frauen plaudern gern und ausgiebig«, meinte er damals und machte einen Vorschlag zur Kostendämpfung: »Statt vom Iran aus Ferngespräche zu führen, lassen Sie sich von Ihren im Ausland ansässigen Verwandten anrufen. Das kommt sie ganz gewiss billiger.« Wusste er nicht, dass eine Vielzahl dieser Anrufe in die Exil-TV-Anstalten ging, wo sich junge Iraner gleichsam frei über private zwischenmenschliche Fragen austauschen konnten, die in unserem Land geflissentlich verschwiegen wurden?

Die meisten im Ausland ansässigen Verwandten lebten in Kalifornien. Nicht nur deshalb war das Ansehen der USA in weiten Kreisen der Bevölkerung längst viel besser, als es die Regierung darstellte. Dass bei offiziellen Demonstrationen nach wie vor »Marg bar Amrika!« gebrüllt wird, änderte daran gar nichts. Den Tod Amerikas konnte in Wahrheit niemand wollen. Und meinen eigenen? Wer hatte meinen Tod gewollt?

Die Ameneh von einst gab es nicht mehr. Meine Kraft war nicht gebrochen, aber mein Lachen wurde mir mit dem Attentat fast vollständig genommen. Ob ich in Barcelona wohl meine Lebensfreude zurückbekäme, fragte ich mich. Der erste Schritt dazu war getan und mein erster Eindruck vielversprechend.

Wir wurden am Flughafen bereits erwartet. Trotz unserer Verspätung empfing uns ein Rechtsanwalt, der für die diplomatische Vertretung des Iran in Madrid tätig war. Er bot an, uns in den nächsten Tagen als Stadtführer und Dolmetscher zur Verfügung zu stehen. Wir wollten uns zunächst einmal ausruhen und die Stadt später erkunden. Inzwischen hatte es aufgehört zu regnen. Da wir die Augenklinik erst am Montag aufsuchen konnten, blieb uns genug Zeit für erste Besichtigungen – auch wenn dieses Wort für mich eine neue Bedeutung bekommen hatte. Ohne mein Augenlicht musste ich vorläufig mit allen Sinnen sehen und die Atmosphäre der Stadt erspüren.

Meine Freundin Mariam Rassulipanah hatte vor meiner Abreise eine Menge Informationen über Barcelona aus dem Internet gefischt und mir viele Sehenswürdigkeiten genannt, die ich unbedingt aufsuchen müsste: den Park Güell, Gaudís Häuser, Skulpturen, die Ramblas, den Tibidabo – wie schade, dass ich meinen ersten Rundgang recht schnell abbrechen musste, weil meinem empfindlichen Gesicht und meinem Auge die Sonne am Strand von Barceloneta trotz meines Nikab nicht guttat.

Und so setzten Schirin und der Vertreter der Botschaft mich in der kleinen Bar unseres Hotels ab, gingen gemeinsam noch mal los und kamen erst Stunden später wieder. Mir war klar, dass meine Schwester sich lieber mit dem schicken Anwalt abgab, als sich um mich zu kümmern. Manche Menschen änderten sich nie, und noch wollte ich mir nicht ausmalen, wie das in Barcelona wohl weitergehen würde mit uns beiden …

Welche Alltagshürden ich außer den vielen Operationen, auf die ich schon gefasst war, noch würde nehmen müssen, wurde mir klar, als ich ein Glas Wasser bestellen wollte: »Water … please. One glass. Tank you.« Liebe Güte, jetzt rächte sich, dass ich in der Schule in Englisch so faul gewesen war. Aber da man in Spanien mit Englisch ohnehin nicht sehr weit kam, würde ich wohl auf Dauer die Sprache meiner neuen Heimat lernen müssen. Aber zunächst einmal war mir die Rettung meines Augenlichts das Wichtigste.

Als die Ärzte am Instituto de Microcirugía Ocular mich an einem Montag zum ersten Mal sahen, waren sie sprachlos. Vor Erschütterung. Minuten verstrichen, so schien es mir, bevor Dr. Ramón Medel Jiménez mich – oder sich selbst? – fragte: »Wer tut so etwas? Wer ist zu so etwas fähig, gütiger Himmel?«

Dann wandte er sich an mich: »Da liegt ein langer Weg vor uns, doch wir werden tun, was in unserer Macht steht. Ihr linkes Auge ist sehr, sehr klein geworden, Ameneh ... Lassen Sie uns zunächst schauen, was wir für das rechte Auge tun können.«

Mir sank in Sekundenschnelle mein ganzer Mut. Sollte etwa jetzt schon feststehen, dass sich der Einsatz für mein linkes Auge gar nicht mehr lohnen würde? Ich beteuerte: »Bevor die Ärzte im Iran das Auge verschlossen haben, konnte ich noch Licht sehen und Farben unterscheiden, Doktor Medel!«

Er aber blieb entschlossen: »Ihr rechtes Auge hat jetzt Priorität! Unter allen Umständen muss verhindert werden, dass es sich entzündet! Das ist ab sofort das oberste Gebot!«

Er verschrieb mir Salbe und Tropfen und schickte mich kurz darauf zu seinem Kollegen. Dr. Óscar Gris Castellón sah sich mein rechtes Augenlid an. Es war kaum noch etwas davon übrig. Als er allerdings bemerkte, dass ich es noch bewegen konnte, schien er sich darüber fast so sehr zu freuen wie ich. Auf den noch vorhandenen Muskeln könnte man aufbauen, um das Lid zu rekonstruieren, erklärte er mir mit ruhiger Stimme.

Ich fühlte mich sofort besser und spürte an jenem Tag, dass diese Ärzte von einem unfassbaren Enthusiasmus getrieben waren. Ihr Beruf schien sie nicht nur zu erfüllen – er machte ihnen Spaß. Und diese Begeisterung übertrug sich von Anfang an auf mich. Ich wurde tatsächlich ernst genommen und verstanden! Ich war in Spanien als Frau nicht ein Mensch zweiter Klasse, sondern eine Patientin, der man um jeden Preis helfen wollte.

In den ersten Wochen in Barcelona sollte mir klar werden, dass mir bis dahin kein Mensch je so viel Kraft und Zuversicht gegeben hatte wie Ramón Medel und seine Kollegen. Die fast zwanzig Operationen, die ich in Barcelona im Laufe der kommenden Monate und Jahre hinter mich bringen musste, kommentierte meine später in Spanien gewonnene Freundin Maria einmal so: »Ameneh, du gehst in den Operationssaal wie andere Leute ins Kino. Deine Ruhe und Gelassenheit macht dir so schnell keiner nach.« Wie oft aber kamen mir genau diese Ruhe und Gelassenheit abhanden. Dass die Stadt, die mir anfangs wie ein Paradies vorkam, auch die Hölle sein konnte, ahnte ich kurz nach meiner Ankunft im schönen Barcelona noch nicht.

Als ich nach dem ersten Arztbesuch wieder im Hotel war, weinte ich hemmungslos. Ganz gleichgültig, ob ich Herrn Fatawi einst gesagt hatte, dass Tränen bei der Lösung von Problemen nicht halfen. Im allerersten Moment war ich doch nur verzweifelt. War mein linkes Auge wirklich schon verloren, kaum dass ich Barcelona erreicht hatte? Ich wollte doch mein Augenlicht zurück, wollte mich selbst wiederhaben und sehnte mich so sehr nach der Ameneh, die ich wenige Monate zuvor noch gewesen war! Würde ich je wieder die Ameneh von einst werden können? Oder war dieser ganze Traum so verloren wie mein linkes Auge?

Dr. Medel wollte keine Zeit verlieren und operierte mein rechtes Auge nur wenige Tage nach der ersten Untersuchung. Ich hatte schon so großes Vertrauen zu ihm gefasst, dass ich den Eingriff kaum fürchtete. Im Gegenteil, ich freute mich beinahe darauf, weil mich jede Operation meinem Ziel näher bringen konnte. Und quälender als die Schmerzen, die ich am Tag der Katastrophe ertragen musste, würden keine jemals mehr sein können, da war ich mir sicher. Als die Vollnarkose nachgelassen hatte und ich langsam wieder wach wurde, hörte ich Dr. Medel sagen: »Die OP ist gut verlaufen, Ameneh … Ich habe nun meinen Teil getan. Jetzt ist es an Ihnen und Ihrer Schwester, Ihren Teil dazu beizutragen, dass die Sache einen guten Verlauf nehmen kann.«

Und nur wenige Tage nach dem Eingriff – an einem frühen Abend im April – löste Dr. Medel den Verband von meinem Auge und fragte: »Kannst du sehen, Ameneh?«

Ich traute im wahrsten Sinne des Wortes meinem Auge kaum. Es war ein Wunder! Ich konnte tatsächlich wieder sehen. Die Dunkelheit in meinem Kopf war vorbei, und nun würde sich auch die Dunkelheit in meiner Seele wieder aufhellen. Alles war verschwommen, aber ich konnte Dr. Medel erkennen, wie er vor mir saß, ich sah den Behandlungsraum, die Untersuchungsgeräte ringsum … Ich konnte sehen! Mein sehnlichster Wunsch war in Erfüllung gegangen!

Ramón Medel Jiménez. Mein Arzt! Ein Zauberer! Der Mann, der die Wunder vollbrachte, um die ich Gott so lange gebetet hatte. Es gab also Wunder. Irdische, die vielleicht auf göttliche Fügung gründeten. Ein Rätsel, das ich nie würde aufklären können, das mir aber in diesen Minuten die glücklichsten Momente seit langer, langer Zeit bescherte.

Auf dem Rückweg zum Hotel nahm ich im Taxi meinen Nikab ab und konnte mich gar nicht sattsehen. Barcelona. Menschen. Fröhliche, glückliche und freie Menschen. Wann hatte ich so etwas zuletzt gesehen? Ich musste mich vielmehr fragen, ob ich so etwas überhaupt schon einmal gesehen hatte. Jeden Lidschlag wollte ich vermeiden, um auch die allerkleinste Kleinigkeit nicht zu verpassen: die vielen Farben, die elegant gekleideten Leute, die bunten Geschäfte … Alles war neu, und alles war wie ein riesiges Geschenk. Bevor wir aufs Zimmer zurückgingen, hätten Schirin und ich uns gerne noch ins Hotelcafé gesetzt. Weil dort aber zu viele Leute rauchten, versagten wir uns diesen Genuss. Zigarettenrauch war Gift für mein Auge, und ohne eine Silbe Spanisch hätten wir wohl nur mit Mühe etwas bestellen können. Also feierten wir den ersten Etappensieg in aller Stille auf unserem Zimmer. Dort war es so eng, dass ich nachts kaum Luft bekam und am liebsten die Tür offen gelassen hätte – was ich aus Angst aber nicht tat. Diese Angst herrschte noch immer in mir. Mein Verstand sagte mir, dass Madschid viele tausend Kilometer entfernt in einem Teheraner Gefängnis saß. Ich wusste, dass er mir vorerst nicht mehr gefährlich werden konnte, aber mein Unterbewusstsein ließ sich so schnell nicht mit Vernunft beeinflussen. Ich war noch immer in dieser Angst gefangen, dass er zurückkommen und mein Leben endgültig auslöschen würde.

Mein erster Termin bei einem plastischen Chirurgen währte nur kurz und begann mit einer erstaunlichen Frage: »Warum verhüllen Sie eigentlich Ihr Gesicht?«

»Weil ich hässlich aussehe!«

Diese Antwort ließ der Arzt nicht gelten.

»Hässlich, Sie? Hat Ihnen das jemand in Barcelona ins Gesicht gesagt?«

»Nein, bislang gottlob noch nicht.«

»Ich sage Ihnen: Kein Mensch ist hässlich! Und wer Sie nicht anschauen mag, der schaut eben an Ihnen vorbei.«

So etwas Freundliches hatte ich schon lange nicht mehr gehört. Ich musste unweigerlich an Teheran denken, wo man mir immer wieder zu verstehen gegeben hatte, dass ich Madschid nun doch zur Strafe heiraten sollte ...

»Sie müssen Luft kriegen, junge Frau, und frei atmen. Sie müssen Ihr Leben leben – das ist Ihr gutes Recht!«

Gott, wie recht er damit hatte. Aber wie schwer das sein würde. »Außerdem macht mich dieser Stofffetzen ganz nervös. Weg damit!«

Er begutachtete mich intensiv. Meine Gesichtshaut sei noch viel zu empfindlich, erklärte er. An plastische Operationen sei erst in etwa einem Jahr zu denken. So lange müsse ich mich noch gedulden. »Jetzt aber achten Sie bereits unbedingt auf Sonnenschutz!«, sagte er am Ende. Und dann gab er mir die Untersuchungsgebühr zurück, die ich am Empfang gezahlt hatte.

Ich war in einer besseren Welt gelandet.

Gleichwohl trafen mich seine letzten Aussagen hart. Ich müsste mich noch ein ganzes Jahr gedulden. Hatte ich denn nicht schon genug Geduld aufgebracht? Vermutlich nicht. Es half nichts, ich musste mich damit abfinden und die plastischen Eingriffe zu meinen langfristigen Zielen zählen, schließlich wollte ich außer meinem Augenlicht auch wieder ein menschliches Antlitz zurückhaben.

Beim folgenden Besuch im IMO jedoch schien alles wieder den alten, ungeordneten und steinigen Weg zu gehen. Dr. Medel kochte vor Wut, als ihm klar wurde, dass Schirin mir zwar die verschriebenen Tropfen regelmäßig verabreicht, es aber versäumt hatte, das Medikament zur Regulierung des Augendrucks zu besorgen.

»Warum seid ihr überhaupt nach Barcelona gekommen, wenn ihr die ganze Sache auf die leichte Schulter nehmt? Die Kontrolluntersuchung heute können wir uns schenken!«

Meine Schwester konnte nicht viel zu ihrer Verteidigung sagen.

»Wenn es dir nicht passt, dass ich mich um dich kümmere, dann mach deinen Kram doch in Zukunft alleine«, meinte sie und erklärte beiläufig, dass sie auf der Suche nach dem Medikament vergeblich unzählige Apotheken abgeklappert hatte.

In Teheran hätte ich ihr diese Ausrede abgenommen – in Barcelona indes nicht. An der IMO-Rezeption hatte es noch geheißen, dass jede Apotheke das Medikament über Nacht bestellen könne, falls es nicht vorrätig sei.

Ich fragte mich schon, ob Schirin wohl genauso leichtfertig gewesen wäre, wenn es um ihr eigenes Augenlicht ginge. Um meines würde ich kämpfen müssen, unermüdlich und unbeirrbar, das wusste ich. Wie schnell aber öffnete Barcelona mir die Augen dafür, wer mich in den kommenden Wochen, Monaten, Jahren in meinem Kampf unterstützen und wer mir Steine in den Weg legen würde. Barcelona lehrte mich, noch genauer als früher zwischen Freund und Feind zu unterscheiden. Sehr bald wurde mir bewusst, dass ich, statt mich mit aller Kraft auf meine Behandlungen konzentrieren zu können, Tag und Nacht auf der Hut sein und mit Bedacht auswählen musste, wen ich ins Vertrauen zog, wen ich um Hilfe bat, wenn es um meine Unterkunft ging, um Geld für meine Behandlungen, um Behördengänge oder auch den Umgang mit Vertretern meines Landes in Madrid.

16.
Durchblick –
Erfahrungen und Erkenntnisse

E s mochte sein, dass ich hier und da allzu misstrauisch
war und dem einen oder anderen Menschen damit Unrecht tat. Aber meine vielen schlechten Erfahrungen während
meiner schwersten Zeiten in Barcelona führten mich zu dem
Schluss, dass Gleichgültigkeit, Geldgier, Neid oder Missgunst
unter den Menschen weiter verbreitet waren als Hilfsbereitschaft und Ehrlichkeit. Dort, wo ich Hilfsbereitschaft erfuhr,
war sie so groß, dass sie mir mitunter die Sprache verschlug.

Dort aber, wo ich auf Mauern stieß, nahm man keine Rücksicht auf meinen Gesundheitszustand. Wenn ich in solchen
Momenten tief verzweifelt war oder gar Todesängste aus-
stand, konnte ich immer auf Dr. Medel und seine Kollegen
am IMO zählen, die mir mit ihrer schier unerschöpflichen
Geduld und mit ihren klugen Ratschlägen zur Seite standen –
nicht zuletzt, weil sie mich und meine Sorgen immer ernst
nahmen.

Zugleich wurde mir in jener Zeit noch klarer, wie viel Kraft
in mir selbst steckte. Was sich mir im Iran schon angedeutet
hatte, bestätigte sich in Barcelona: Das Säureattentat hatte
mein Leben auf den Kopf gestellt, mich aber nicht auf ewig

hilflos gemacht. Ich kam alleine zurecht, ich konnte selbst für mich sorgen, ich ließ mich von niemandem – wirklich von niemandem! – für dumm verkaufen, und ich brauchte mich niemandem unterzuordnen. Auch deshalb hatte sich meine Reise nach Europa gelohnt. Sie machte mir selbst meine Stärken bewusst. Meinem Peiniger und allen potenziellen Säureattentätern sollte sie den Beweis liefern: Männern wie euch werden wir Frauen uns nie beugen!

Dass ich mich eines Tages auch in einem anderen als meinem eigenen Kulturkreis wohl fühlen würde, hätte ich mir nie träumen lassen. Manche Leute hatten mich vor meiner Abreise gewarnt: »Ameneh, mach dich darauf gefasst: Die Europäer mögen Ausländer nicht und am wenigsten die mit den ganz dunklen Haaren.«

Barcelona hatte mich in meinem sechsundzwanzigsten Lebensjahr neu geboren. Diese Stadt hatte mir ein neues Leben geschenkt, weil sie mir gezeigt hat, was ich erreichen kann, und auch, was möglich ist, wenn Menschen bereit sind, sich auch für Schwächere einzusetzen. Menschen mit Behinderung sind in der spanischen Öffentlichkeit ein selbstverständlicher Anblick, und man nimmt große Rücksicht auf sie. Allein die vielen Spanier, die mir täglich ohne jegliche Berührungsangst begegneten, mir ganz selbstverständlich halfen, wenn sie sahen, wie langsam ich vorankam – gerade anfangs, als ich meine Wege noch suchte, indem ich mich an Häuserwänden entlangtastete, zum Einkaufen, auf dem Weg in die Klinik, in die Sprachschule oder ins Café um die Ecke. Alle gaben sie mir das Gefühl: Hier bist du zu Hause!

Ein einziges Mal nur, als ich zum Kleiderkaufen unterwegs war und aus einer Umkleidekabine trat, schrie eine Kundin bei meinem Anblick vor Schreck auf – und entschuldigte sich gleich darauf. Ich nahm ihr ihre Reaktion gar nicht übel. Ich fand ja selbst, dass ich zum Fürchten aussah. Und um das zu ändern, war ich nach Europa gekommen. Das spanische Sozialamt vermittelte uns schon bald eine ganz passable Wohnung, allerdings mit der Auflage, nach zwei Monaten wieder auszuziehen. Aber meine Operationen würden doch viel mehr Zeit in Anspruch nehmen, sorgte ich mich damals. Und sie würden noch komplikationsreicher verlaufen, wenn Schirin weiter so selten Staub wischte, dessen war ich mir sicher. Rauch und Staub waren wie Gift für mein krankes Auge, und mir wurde klar, dass ich schon bald kleinere Hausarbeiten selbst in die Hand nehmen müsste, um das Entzündungsrisiko so gering wie möglich zu halten.

Auch meine Medikamente verabreichte ich mir inzwischen selbst, obwohl es mir jedes Mal sehr schwerfiel, mein entstelltes Gesicht zu berühren, mein Auge zu ertasten, die Tropfen hineinzuträufeln und das verkümmerte Lid zu salben. Meine Schwester indes verbrachte viel Zeit am Telefon, um mit neuen Bekannten zu plaudern. Ganz selten sprach sie immerhin auch mit Hilfsorganisationen oder Vertretern der Botschaft in Madrid. Sie vergaß dabei nie zu betonen, dass sie die Begleitperson war, ohne die Ameneh unter gar keinen Umständen zurechtkäme.

Es war erstaunlich, wie viele Exiliraner aus den Medien von unserer Ankunft in Barcelona erfahren hatten. Schirin hatte mittlerweile Kontakte zu einer ganzen Schar wissbegieriger Landsleute. Manchmal, so kam es mir vor, schien ihnen weniger unser Schicksal als vielmehr das Geld von Interesse, das uns die Regierung Khatami – laut Medienberichten angeblich in beträchtlicher Höhe – zur Verfügung gestellt hatte. Im Laufe der Zeit boten jedenfalls Dolmetscher ihre Dienste an, Optiker, Anwälte und Ärzte. Entsprechend schwer wurde es in der Folgezeit dann auch, Spenden zu sammeln, weil alle der Meinung waren, wir würden bestens von der iranischen Regierung unterstützt.

Leider war die Hilfe gar nicht so groß, und das bewilligte Geld ging schnell zur Neige. Dass nach dem Amtsantritt von Präsident Ahmadinedschad im August 2005 gar keine Unterstützung mehr an mich ging, interessierte niemanden mehr. Und zu meiner großen Enttäuschung musste ich auch bald erkennen, dass meine Schwester Schirin spürbar dazu beigetragen hatte, dass unser Geldvorrat schneller schrumpfte als geplant.

»Ihr Konto ist zurzeit leider ohne Guthaben, Frau Bahrami«, offenbarte mir die Bankangestellte, als ich erwartungsfroh die neuesten IMO-Rechnungen und die Miete zahlen wollte.

»Ohne Guthaben? Wirklich?«, wunderte ich mich ahnungsvoll. »Der Konsul in Madrid hat mir doch persönlich vor Tagen eine Überweisung angekündigt.« Tatsächlich war auch Geld eingegangen, konnte mir die Frau am Schalter bestätigen: »… aber das wurde vor zwei Tagen bereits abgehoben.«

Obwohl ich die Antwort im Grunde schon kannte, fragte ich, wer denn die Abhebung vollzogen habe.

»Schirin Bahraminava.« Meine große Schwester also, die mir doch eigentlich hätte helfen sollen, statt mir Steine in den Weg zu legen.

Was dachte sie sich nur dabei, so über mein Geld zu verfügen? Meine Schwester, wieso tust du mir das an?, fragte ich mich. Und als ich sie später dann zur Rede stellte, erklärte sie mit ernster Stimme: »Ich bin schließlich dein Vormund, also steht mir die Hälfte deines Geldes zu.«

Wie war sie überhaupt zu einer Vollmacht über mein Konto gekommen? Hatte sie Dr. Medel aus diesem Grund um eine Bescheinigung gebeten, aus der hervorging, dass ich ohne meine Schwester nicht zurechtkäme?

»Und warum hast du das Konto dann gleich ganz leergeräumt?«, hakte ich nach.

»Ich dachte, ich könnte einen Computer kaufen und vielleicht ins Internetgeschäft einsteigen.«

»Und aus welchem Grund besprichst du deine Businesspläne nicht mit mir?« Und da hallten mir ihre Worte in der Erinnerung wider, die ich einmal gehört hatte, als sie telefonierte: »Ein Unternehmen mit zwei Millionen Umsatz habe ich im Iran aufgegeben, um meine hilflose Schwester nach Spanien zu begleiten.« Dabei hatte sie in Teheran ohne meine Hilfe nicht einmal ihre Wohnungsmiete aus eigener Kraft zusammenbekommen! Was, in Gottes Namen, wollte sie in Barcelona auf die Beine stellen?

Ich hatte ihre Geschwisterliebe satt und setzte sie vor die Tür. Sollte sie doch sehen, bei welcher ihrer zahlreichen neuen Freundinnen sie unterkäme. Und nur wenige Wochen später – ich sah in der Zwischenzeit leider nicht mehr ganz so gut wie direkt nach Dr. Medels erster Augenoperation – hätte ich meine Entscheidung fast bereut, als das Wasser aus der kleinen Spülmaschine nicht durchs Spülbecken ablief, weil ich nicht bemerkt hatte, dass der Siphon verstopft war. Es überschwemmte stattdessen den eingeschalteten Herd, und ich bekam einen heftigen Stromschlag, als ich den Herd ausschalten wollte.

Beim Sozialamt hielt man meine Geschichte für ein Hirngespinst. Unzählige Male musste ich nachhaken, bis man mir endlich einen Handwerker schickte. Aber wovon hätte ich die teure Rechnung bezahlen sollen? Der Handwerker, der schließlich kam, hatte ein derart ätzendes Reinigungsmittel im Gepäck, dass ich um ein Haar einen Nervenzusammenbruch erlitten hätte. Die beißenden Dämpfe versetzten mich sofort zurück in den Ressalat-Park, und ich bekam panische Angst um mein empfindliches Auge.

Als Tage später die Glasplatte eines Beistelltischs in tausend Scherben zersprang, hätte ich Schirins Anwesenheit wohl auch als das kleinere Übel empfunden. Mir fehlte der Mut, die Splitter alleine aufzusammeln. Ich bat eine Nachbarin um Hilfe und musste es schließlich doch einsehen: Alleine leben war zu gefährlich. Doch wenn ich auf lange Sicht zu meiner Selbstständigkeit zurückfinden wollte, musste ich mich durchbeißen. Und jeden Tag einem ganzen Geschwader an Schutzengeln dankbar sein. Ich weigerte mich, aus der Sozialwohnung auszuziehen. Wo hätte ich denn sonst wohnen sollen? Auf der Straße? Sicher war ich manches Mal mit der Miete im Rückstand. Sicher nahmen meine ärztlichen Behandlungen mehr Zeit in Anspruch, als allen Beteiligten lieb sein konnte. Aber hatte ich das zu verantworten? Ich verbrachte unzählige Stunden am Telefon in endlosen Gesprächen mit dem Konsul in Madrid: Wann würden die angekündigten Zahlungen eintreffen? Warum wurden sie nicht auf mein Konto überwiesen, auf das ich nun alleine Zugriff hatte? Wieso wollte man mich nur bei der Finanzierung der Augenoperationen unterstützen, nicht aber, wenn es um die Gesichtschirurgie ging, die mir doch nur ein menschliches Antlitz, ein winziges Stückchen Lebensqualität zurückgeben sollte? Ich wollte mich um keinen Preis beirren lassen! Wenn ein Iraner einer Iranerin Säure ins Gesicht schüttete, dann war es die Pflicht des Staates, sich um das Opfer zu kümmern. Auch wenn manche Menschen das anders sahen: Meine feste Überzeugung war das Einzige, woran ich mich klammern konnte, um überhaupt weiterzukommen und nicht schon bald unverrichteter Dinge wieder zu Hause in Teheran zu stehen – ohne Ansehen, ohne Aussehen und ohne Aussichten!

Mein rechtes Auge tat mir plötzlich wieder so weh, dass ich mir nicht anders zu helfen wusste, als – ohne Geld in der Tasche – ein Taxi zu rufen und ins IMO zu fahren. Dort angekommen, wurde ich sofort in die Notaufnahme gebracht. Ich wurde fast verrückt vor Schmerzen, lief hektisch umher und schrie das halbe Krankenhaus zusammen. In meiner Qual fesselten zwei Pfleger mich ans Bett, weil ich fast durchzudrehen drohte. Hatte ich denn noch immer nicht genug durchgemacht? Waren das vielleicht die Nachwirkungen dieses Rohrreinigers? Oder die Strafe dafür, dass ich mich mit Schirin nicht vertrug? Sie war zwischenzeitlich wieder im Iran, und jedes Mal, wenn meine Mutter mich anrief, flehte sie mich an: »Rauft euch doch zusammen, ihr beiden!«

Ich bekam starke Schmerzmittel und musste ein paar Tage in der Klinik bleiben. In meine verseuchte Wohnung wollte man mich vorerst nicht zurückschicken. Nach dieser Tortur fühlte ich mich um Jahre gealtert und schwebte – geistesabwesend – irgendwo zwischen Himmel und Hölle.

Nachdem ich in meine Wohnung zurückkehren durfte, löschte ich sämtliche Nachrichten auf meinem Anrufbeantworter und wollte für eine geraume Zeit nicht mehr erreichbar sein. Die meisten Leute wollten ohnehin nur wissen, warum ich meiner Schwester egoistisch die Tür gewiesen hatte.

An manchen Tagen war ich dermaßen schwach, dass ich mir nicht mal ein Glas Wasser aus dem Kühlschrank holen konnte. »Gütiger Gott, warum schickst du mir nicht jemanden, der mir beisteht, wenn es mir so dreckig geht?«

Der Allmächtige sandte mir stattdessen einen Traum, in dem ich Grabsteine aussuchen sollte, die ich sämtlich für zu klein befand. Wieder erwacht, fand ich dafür nur eine Erklärung. Der Traum sollte mir wohl bedeuten, dass ich nicht so unbescheiden sein sollte und zufrieden sein müsste, hier in Spanien behandelt zu werden. Barcelona, diese bunte, farbenfrohe, herzenswarme Stadt, stand doch deutlich über meinem geliebten, dunstgrauen, hektischen, im Winter eiskalten, im Sommer kochenden Moloch Teheran. Hatte Dr. Palao nicht gesagt: »Sie haben ein Recht auf ein freies Leben! Also machen Sie auch etwas daraus, Ameneh! Nehmen Sie sich all das zum Vorbild, was Sie in der Vergangenheit schon geschafft haben. Denken Sie an den großen Omar Khayyam und seinen Rat, sich nicht allzu sehr auf die Zukunft zu konzentrieren, die man nicht kennt. Lernen Sie aus der Vergangenheit, und führen Sie Ihr nicht ganz normales Leben! Ergreifen Sie Ihre Chancen, solange Sie jung sind, Ameneh. Wie lange wollen Sie noch auf Augenlicht hoffen, dass vielleicht nie ganz zurückkehren wird? Wenn Sie tatsächlich blind werden, sollten Sie wenigstens sagen können: Ich hab alles versucht, es zu verhindern!«

Eines Tages rief Dr. Saburi an. Er war der Begründer einer Hilfsorganisation in New York und durch die Medien auf meinen Fall aufmerksam geworden. Dr. Saburi wollte einen Film über mich drehen, um mir zu helfen, Spendengelder zu sammeln. Sein Anliegen erinnerte mich sofort an eine iranische Organisation, die ständig aktuelle Fotos von mir forderte, um Spendenaktionen zu organisieren. Der einzige Betrag, den sie je überwiesen hatte, lag – wie man mir zutrug – weit unter dem, was die regelmäßigen Fotoreportagen allem Anschein nach tatsächlich erbrachten.

Auch eine hiesige Frauengruppe fiel mir ein, die bedauert hatte, mir als Iranerin nicht helfen zu können … Als Iranerin! Entsprechend skeptisch stand ich Dr. Saburis Projekt gegenüber. Er ist eh nur hinter der Story her und an meiner Gesundheit gar nicht wirklich interessiert, dachte ich mir. Doch er zerstreute meine Bedenken, weil er tatsächlich regelmäßig Kontakt mit mir hielt und mir bald der Vertraute wurde, den ich von Gott erbeten hatte. Ja, Gott hat dir vieles genommen. Doch er beschenkt dich auch dann und wann, sagte ich zu mir selbst und musste schmunzeln, weil er das meist so rechtzeitig tat, dass ich ihm nie lange zürnen mochte.

Mit Dr. Saburi, der Amir mit Vornamen hieß – was bestimmt kein Zufall war –, konnte ich stundenlang über Gott und die Welt reden, über seine spannenden Dokumentationen über berühmte iranische Dichter, Schriftsteller, Künstler und über alles, was ich auf dem Herzen hatte. Unermüdlich, optimistisch, besonnen und voller Humor half er mir, das Beste aus meiner Situation zu machen und nicht zu vergessen: Auch wenn manches nicht so lief, wie ich es gerne gehabt hätte – ich durfte nicht gering schätzen, welche Chancen mir Barcelona bot. Und wenn gar keine Aufheiterung mehr wirkte, führte er das Beispiel Kleidung an: »In Barcelona darfst du wenigstens anziehen, was du willst. In Teheran riskierst du eine Gefängnis- oder Geldstrafe für zu enge Mäntel, zu kurze lange Hosen, für Kopfbedeckungen, die nicht eng genug anliegen, oder für gewagte Frisuren.«

Der Tag, an dem ich aus der Sozialwohnung ausziehen musste, kam schließlich doch. Ich hatte darauf bestanden, dass das Sozialamt mir eine neue Bleibe suchte, und wir – Schirin zurück in ihrer Rolle als meine Begleiterin – zogen in ein katholisches Studentenwohnheim um. Allerdings auch hier mit der Auflage, nach zwei Monaten weiterzuziehen. Das Wohnheim gefiel mir sehr, zumindest am Anfang. Mit Jesus am Kreuz fühlte ich mich überraschend verbunden, sozusagen als Leidensgenossin. Und hatte er nicht sogar Blinde sehend gemacht?

In diesem Wohnheim war ich endlich wieder unter Leuten und hatte Gesellschaft aus aller Welt. Studierende aus Kuba, aus Lateinamerika, gut gelaunte, lebensfrohe Leute, die sich Zeit nahmen, sich meine Geschichte anzuhören, und auch mehr über die Lebensbedingungen im Iran erfahren wollten. Da leben ganz normale Menschen, erklärte ich und bekam nun täglich Gelegenheit, mein Spanisch zu verbessern. Ein paar Brocken hatte ich inzwischen gelernt, weil ich, sooft es ging, mit einem Kassettenrecorder unterwegs war und Leute bat, mir einzelne Vokabeln oder auch kurze Sätze aufs Band zu sprechen. »Claro, en la República Islámica hay el chador para mujeres«, ließ ich meine Mitbewohner wissen. Aber Tschador und Kopftuch waren gar nicht das drängendste Problem. Es ging vielmehr um die Pflicht, diese Tücher zu tragen. Es gab islamische Länder, in denen Frauen auch unverschleiert aus dem Haus gehen durften. Und sicher wünschten sich vor allem die vielen jungen Leute etwas mehr Ausdrucksfreiheit, Abwechslung im Alltag oder einen freien Zugang zum Internet. Aber angesichts der schlechten wirtschaftlichen Lage in unserem Land waren ihnen doch die Zukunftsaussichten am wichtigsten. Einen Job finden und dann eine Familie gründen können. Wer für sich keine Zukunft sah und nicht ins Ausland konnte, der hatte nichts mehr zu verlieren.

In dem Wohnheim fiel mir auf, wie unbeschwert die Kommilitonen hier leben konnten. Sie würden nach ihrem Studium in ihre jeweiligen Heimatländer zurückkehren, mutmaßlich eine gute Arbeit finden – und sie konnten ihre Zeit auch jetzt schon genießen. Ein Geburtstag, eine bestandene Prüfung oder einfach der Spaß am Leben – hier wurde oft gefeiert, getanzt, gelacht. Tanzen, lachen, sich frei bewegen, sich mit anderen Menschen gemeinsam freuen – wie gut das tat.

Doch solche Phasen hielten für gewöhnlich nie lange an, weil ich stets kurz vor der nächsten Operation stand. Dr. Palao züchtete in regelmäßigen Abständen Haut an meinem Hals, um sie dann zu transplantieren. Die vielen Medikamente, die ich nehmen musste, machten mich fülliger und noch unansehnlicher, als ich mich ohnehin schon fühlte. Mein nach jeder Operation dick einbandagiertes Gesicht rief mir jedes Mal die Zeit des Attentats in Erinnerung. Machte ich tatsächlich Fortschritte? Oder machte ich mir am Ende nur etwas vor, fragte ich mich dann deprimiert.

Im April 2007 machte Dr. Medel den Vorschlag nachzuschauen, ob sich hinter meinem linken Auge nicht vielleicht doch noch etwas Sehkraft verbarg.

»Auf keinen Fall aber will ich falsche Hoffnungen wecken. Wir schauen, wie es aussieht, und wenn die Entdeckung nicht ganz nach Wunsch ausfällt, kümmern wir uns – wie bisher – weiter mit aller Kraft um Ihr rechtes Auge. Einverstanden?«

Natürlich war ich einverstanden. Aber ich hatte Angst. Wie wunderbar würde es sein, wenn ich mit dem vor sehr langer Zeit zugenähten linken Auge doch noch sehen könnte?

Doch wer würde mir beistehen, wenn es hieße, dass das Auge endgültig verloren sei?

Und so kam es dann auch. Wie gerne wäre ich stark gewesen! Wie gerne hätte ich mir gesagt: Ameneh, du hattest dich doch schon fast damit abgefunden, dass dein linkes Auge verloren ist. Nimm's dir nicht zu sehr zu Herzen. Schöpfe aus dem Kraft, was du hast, was du kannst und was du nie mehr verlieren wirst! Und doch fiel es mir wahnsinnig schwer, diesen Strohhalm davonschwimmen zu sehen. Ich musste erkennen, dass ich mich immer weiter von meinem Wunsch entfernte, wieder die Ameneh zu werden, die ich einst war: eine Frau voller Unternehmungslust und Zuversicht. Ich verkroch mich und träumte. Träumte von Onkel Asghar, dessen Weg ich hatte fortsetzen wollen. Und jetzt schien ich so kläglich zu scheitern. Er wollte mich zu sich rufen.

»Ameneh, siehst du, wie wunderschön ich es hier habe? Komm zu mir, komm!«

»Onkel Asghar, ich will aber doch leben!«

»Das kannst du hier auch, Ameneh. Schau, wie schön es hier ist. Bring deine Freundinnen mit. Bleib eine Weile bei mir. Wenn es dir nicht gefällt, dann kehrst du einfach wieder um.«

Dr. Saburi beruhigte mich am Telefon: »Ameneh, die Welt ist noch lange nicht untergegangen. Sie zeigt dir nur andere Wege als die, die du einschlagen wolltest. Du hast noch so viele Möglichkeiten, dich auf andere Gedanken zu bringen. Du musst lernen. Lerne singen, ein Instrument spielen, oder geh in einen Sprachkurs. Und vor allem, wenn du schneller vorankommen willst als bisher: Pack endlich das Thema Blindenstock an. Das Ding wird dein Leben verändern, hörst du!«

Am Tag darauf geschah mal wieder eines dieser unerklärlichen Wunder: Ein anonymer Spender hatte mir Geld überwiesen. Einfach so. Meinem namenlosen Wohltäter hatte ich bald auch meine nächste Offenbarung zu verdanken, weil ich sein Geld nutzte, um bei Once, der spanischen Organisation für Blinde und Sehbehinderte, tatsächlich einen Blindenstock zu kaufen. Und eine sprechende Uhr. Die war mir eine große Hilfe. Es hatte Zeiten gegeben, da hatte ich mir nicht anders zu helfen gewusst, als bei der örtlichen Polizei anzurufen, um nach der Uhrzeit zu fragen. Nun würde ich ihnen nicht länger auf die Nerven gehen müssen.

Der Blindenstock aber blieb lange Zeit unbeachtet im Schrank. Ich lehnte ihn ab und sah ihn als ein weiteres Zeichen meiner Schwäche, weil er weithin offenbar machen würde, dass ich verletzlich war.

Doch als ich mir eines Morgens endlich ein Herz fasste und die ersten Schritte mit dem Stock wagte, musste ich sofort einsehen, dass genau das Gegenteil geschah. Dr. Saburi hatte recht! Mit Stock ging ich sicherer, als ich gedacht hatte. Der Stock wies mir meinen Weg. Wenn ich das geahnt hätte! Mein Stolz und meine Eitelkeit hatten mir dieses überaus hilfreiche Werkzeug so lange vorenthalten.

In den folgenden Tagen übte ich heimlich, sobald alle Studenten aus dem Haus waren. Und nur wenig später traute ich mich schon auf die Straße – obwohl man mir bei Once eingeschärft hatte, am Anfang auf keinen Fall mit dem Stock allein aus dem Haus zu gehen. Aber was blieb mir denn anderes übrig? Einen Lehrer konnte ich mir nicht leisten, und der Blindenstock tat mir gut. Mit ihm fasste ich sofort neuen Mut.

Das spanische Sozialamt bewilligte uns inzwischen monatlich vierhundert Euro, drängte uns aber immer heftiger, das Studentenwohnheim zu verlassen. Wenn ich mich doch nur endlich auf meinen Heilungsprozess hätte konzentrieren können! Stattdessen musste ich meine Kräfte unablässig mit Behördengängen strapazieren. Natürlich war ich dem spanischen Staat unendlich dankbar, dass er mich – eine Iranerin, die nie einen Cent Steuern in dem fremden Land bezahlt hatte – finanziell unterstützte. Diese barmherzige Geste konnte ich gar nicht genug wertschätzen. Gleichwohl verletzten mich so manche unterschwelligen Vorwürfe aus den Behörden. Wenn angedeutet wurde, dass ich mir doch Arbeit suchen solle, oder wenn jemand mir indirekt vorwarf, ich sei eine Simulantin. Vielleicht war ich manchmal übersensibel und sah Unrecht, wo keines war, aber Simulationsverdacht?

Mein gesamter Lebensplan war darauf ausgerichtet, ohne fremde Hilfe durchs Leben zu kommen. Ich wollte zu keiner Zeit anderen Menschen zur Last fallen – weder finanziell noch auf eine andere Weise. Doch wie hätte ich das nach diesem Verbrechen anstellen sollen? War es mein Vergehen, dass ich in dieser Lage steckte? Warum musste ich immer aufs Neue beweisen, dass ich unschuldig war an meiner ganzen vertrackten Lebenssituation?

Auch die diplomatische Vertretung meines Landes war mir keine große Hilfe mehr. Im Gegenteil. Im IMO hatte man mir berichtet, dass Ärzte aus dem Iran angerufen hatten, um sich nach dem Verlauf meiner Krankheit zu erkundigen. Und um anzudeuten, dass meine Behandlung abzubrechen sei … Irgendwann hieß es dann, man könne mir einen größeren Betrag überweisen – allerdings nur in Form einer Kostenerstattung. Aber wie hätte ich Tausende von Euro für meine medizinische Behandlung vorstrecken können? Wenn ich das Geld gehabt hätte, wäre ich doch auf fremde Hilfe gar nie angewiesen gewesen. Ein Teufelskreis von vielen!

An der Bushaltestelle bot mir ein Mann eines Abends an, mich über die Straße zu führen: »Kommen Sie, halten Sie sich an meinem Mantel fest.« Er bog in die falsche Richtung ab. Als ich ihn darauf aufmerksam machte, umklammerte er mich plötzlich und nuschelte etwas von »Vien, amor, hacer amor«, von Liebe machen, was mich sofort in helle Panik versetzte. Ich schrie nur: »Lass mich! ¡Déjame!« und war erleichtert, als eine Passantin mir zu Hilfe kam. »Sie schickt der Himmel!«, bedankte ich mich bei ihr.

»Was machen Sie denn noch so spät alleine draußen?«, fragte sie mich fast vorwurfsvoll. Dass ich mein Schicksal herausforderte, wusste ich selbst. Aber was blieb mir denn anderes übrig? Mir fiel eine iranische Redewendung ein, die an Menschen gerichtet ist, die sich vom Pech verfolgt fühlen: Falls du ans Meer willst, nimm vorsichtshalber einen Eimer Wasser mit.

Es wurde Winter – Weihnachten –, und wir wohnten zum Glück noch immer in dem Studentenwohnheim. Meine Schwester Schirin war melancholisch und traurig. Ich konnte sie gut verstehen. Ich war hier, um wieder gesund zu werden. Das war meine Mission, und die half mir sehr darüber hinweg, von meiner Familie getrennt zu sein. Schirin aber war nur hier, um mir zu helfen. Einen anderen, stärkeren Grund gab es nicht. Sie fühlte sich alleine, weit weg von unserem Zuhause, und hatte eigentlich weiß Gott keine Lebensaufgabe.

Die vergleichsweise sorgenfreie Zeit im Studentenwohnheim war auch endgültig vorbei. Man habe uns nun lange genug geduldet, hieß es. Also raus aus dem Wohnheim und hinein in die nächste Übergangsbleibe: ein Hotel, in dem das Sozialamt ein Kontingent Zimmer hatte – zugig, mit Stolperfallen im zerschlissenen Bodenbelag und phasenweise von Männern bewohnt, die mir Angst machten. Der einzige Pluspunkt – ein echter Glücksfall sogar – war Maria, die in dem Hotel angestellt war und mir bald eine sehr gute Freundin wurde. Sie sah ein, dass das Hotel auf Dauer keine Lösung für mich sein konnte, und wollte mir bei der Suche nach einer passenden Unterkunft helfen.

Doch wer würde einer fast blinden Iranerin ein Zimmer oder eine Wohnung vermieten? Mir glaubte doch niemand, dass ich inzwischen ganz gut alleine zurechtkam. Außerdem war ja mit vierhundert Euro im Monat nicht sehr viel Auswahl. Ein weiterer Teufelskreis. Und so traf dann auch das Sozialamt die nächste Entscheidung. Ich musste raus aus dem Hotel und bekam eine neue Unterkunft zugewiesen.

»Wie schön grün die Umgebung ist, das sieht doch einladend aus hier!«, meinte Maria noch und wunderte sich gar nicht darüber, dass man ihr und ihrer Tochter Natalia nicht erlaubte, mich in meine neue Bleibe zu begleiten. Mir wurde unbehaglich. Wo war ich hier bloß gelandet?

Überall Menschen um mich herum, Stimmengewirr, ein Kommen und Gehen … und jede Menge Regeln, die zu beachten waren: Tagsüber nicht in den Zimmern aufhalten! Duschen nur zu bestimmten Zeiten! Essen selbst zubereiten verboten! Wo war ich hier nur? Statt einer Antwort bekam ich einen Schock. Ein einziges Mal nur in meinem ganzen Leben – an dem Tag, als ich im Ressalat-Park überfallen worden war – hatte ich mich so erniedrigt, so macht- und so wertlos gefühlt wie in dem Moment, als mich eine Frau am Empfang anwies: »Gib deine Kleider her, und zieh stattdessen die Sachen hier an.«

»Mich umziehen? Wieso das denn? Was stimmt mit meinen Kleidern nicht?«

»Wer hier neu herkommt, gibt seine Sachen ab. Die werden gewaschen und erst dann wieder verteilt.«

Mir blieb fast das Herz stehen vor Entsetzen! Ich sollte tatsächlich meine Kleider hergeben? Und dann fremder Leute Sachen tragen? Meine Identität ablegen wie Wäsche? Hätte man mir fetzenweise die Haut vom Leib gerissen, man hätte mich nicht tiefer verletzen können. Wegen der Aufenthaltssperre konnte ich mich noch nicht mal in ein Bett verkriechen, um mein Schicksal ungestört zu beweinen. Ich würde meine Tränen bis zum späten Nachmittag zurückhalten müssen. Dies hier war kein Hotel und auch kein Wohnheim – ich war in einem Obdachlosenasyl gelandet! Ich setzte mich vor dem Gebäude auf eine Bank und versuchte mich zu beruhigen. Eine Frau schien ständig vor mir auf und ab zu gehen. Irgendwann sprach ich sie an: »Sag, wohnst du auch hier?«

»Ja, ich wohne auch hier.«

»Und, gefällt es dir?«

»Ja, klar. Viel besser als auf der Straße …«

»Como te llamas?«

»Susanna. Y tu?«

»Yo soy Ameneh.«

Susanna zog weiter. Ein Herr setzte sich zu mir auf die Bank und fing an, über die Segnungen des Glaubens zu sprechen und zu beteuern, wie dankbar er Gott sei, dass er jetzt hier wohnen konnte. Seltsam. War ich die Einzige, die sich hier unwohl fühlte, unfrei, gefangen? Meine Beklemmung wich auch nicht, als ich endlich ins Haus durfte. Denn da wartete schon der nächste Schock. Ich hatte nicht etwa ein Zimmer für mich allein, sondern musste mir die engen vier Wände mit drei anderen Frauen teilen. Zwischen zwei Stockbetten war kaum Platz, sich einmal um die eigene Achse zu drehen, und an das Verstauen meiner paar Habseligkeiten war überhaupt nicht zu denken! Mein Gott, wie sollte ich das hier lebendig überstehen?

Dolor, eine Zimmergenossin, hieß mich willkommen, mit rauer Stimme, ununterbrochen hustend und wie Susanna oder der Herr von der Parkbank anscheinend sehr glücklich in diesem Haus: »Viel lieber als auf der Straße«, antwortete sie, als ich sie fragte, ob sie tatsächlich gerne hier sei. Dass sie Anteil an meinem Schicksal nahm, rührte mich sehr: »Wie schrecklich, was dir passiert ist, Ameneh! Mit Gottes Hilfe wird alles gut! Wer weiß, vielleicht ja schon morgen!«

Doch durch meine erste Nacht in dieser Hölle auf Erden half mir ihre Anteilnahme auch nicht. Als ich abends endlich einzuschlafen hoffte, um diesen widerlichen Tag zu vergessen, hatte ich das Gefühl, Dolors Atem in meinem Gesicht zu spüren, so dicht standen unsere Betten nebeneinander. Ameneh, du erstickst, wenn du hier liegen bleibst. Das hier ist pures Gift für dein Auge! Du musst raus hier! An die frische Luft! Auch wenn es dir schwerfallen wird, dich hier in dieser fremden Umgebung zu orientieren. Los, raff dich auf jetzt! Was war das? Ein Koffer auf dem Boden. Egal, weiter. Wo ist die Türklinke? Raus, Richtung Treppe, runter in die Lobby, zum Empfang. Da steht ein Sofa. Da wirst du ein paar Stunden schlafen können. Langsam, Ameneh, einen Fuß vor den anderen. Wie viele Stufen noch? Hättest du sie heute Nachmittag doch nur gezählt! Stufe für Stufe – das war wohl die letzte. Das Sofa kann nicht mehr weit …

Mein Fuß! Mein Handgelenk! Jetzt liege ich hier! Endgültig am Boden! Wie ein lebloses Stück Fleisch. Mein Gott, wie tief soll ich noch fallen? Was willst du mir beweisen? Habt ihr mich jetzt so weit? Dass ich endlich aufhöre, zu bitten, zu fordern, zu kämpfen … um meine Gesundheit, meine Unschuld, mein letztes bisschen Selbstachtung, mein letztes bisschen Stolz?

Schließlich fand ich das Sofa und weinte mich in den Schlaf. Am folgenden Morgen war mir klar: Wenn mir mein Leben lieb war, durfte ich hier keine Sekunde länger bleiben! Ich packte meine paar Habseligkeiten in meinen Rucksack und ging raus auf die Straße. Am Tag zuvor hatte mir jemand erklärt, dass es bis zum Zentrum nicht weit sei. Und von dort aus konnte ich mich ohne Schwierigkeiten orientieren. Jetzt musste ich nur jemanden finden, der mir sagen konnte, mit welchem Bus ich ins Zentrum kam …

Wenn in all den Wochen Dr. Saburi nicht gewesen wäre, der mir fast täglich Mut zusprach – ich will mir nicht ausmalen, wo ich heute ohne seinen Beistand wäre. Ich fand schließlich ein Zimmer bei Maria-Rosa, jener mürrischen und verbitterten alten Frau, die allein, mit ihrer Katze und in Erinnerung an ihren Mann und ihren Sohn, die sie beide durch einen Unfall verloren hatte, lebte. Dreihundertsechzig Euro Miete würden mir zwar schwerfallen, doch nach allem Pech, das ich bisher gehabt hatte, wollte ich endlich zur Ruhe kommen – und vor allem keine weitere »Empfehlung« des Sozialamtes mehr abwarten. So hörte ich manchmal Maria-Rosa Selbstgespräche führen und ertrug den Rauch ihrer vielen Zigaretten, der oft unter meiner Tür hindurch in mein Zimmer waberte.

Trotz der für mich nicht optimalen hygienischen Bedingungen hatte meine Wohnungsodyssee hier ihr vorläufiges Ende gefunden. Nicht zuletzt, weil es an der Zeit war, meinen Plan umzusetzen: Ich wollte meine Geschichte dokumentieren und sie auf Band sprechen, da ich die Blindenschrift noch nicht beherrschte. Ich musste diese Geschichte erzählen, weil nur ich wusste, was ich durchgemacht, wer mir geholfen und wer weggeschaut hatte. Diese für mich ganz neue Beschäftigung kostete mich sehr viel Kraft, aber das Ziel, das ich mir gesetzt hatte, gab meinem Leben einen neuen Sinn. Umso mehr, als meine Geschichte nicht allein um meiner selbst willen erzählt sein wollte. Zahllose Frauen teilten mein Schicksal. Ihnen wollte ich Mut machen: Lasst euch niemals unterkriegen! Kein Mann hat das Recht, über euch zu verfügen! Allen Männern, die sich je mit dem Gedanken trugen, sich Frauen mit Säure oder anderen widerlichen Mitteln gefügig zu machen, sollte gesagt sein: Ihr verliert eure Macht, wenn ihr denkt, ihr könnt eure Probleme mit Gewalt lösen.

17.
Blindwütig –
Die ewige Dunkelheit

So saß ich eines Abends in meinem Zimmer, besprach eine Kassette – und spürte plötzlich eine klebrige Flüssigkeit langsam aus meinem rechten Auge rinnen. Ich fragte mich, was das wohl sein könnte, denn eine Lidsalbe benutzte ich damals keine. Schmerzen hatte ich auch nicht – es gab auch keine Wunde, aus der Eiter hätte fließen können.

Ich nahm ein Taschentuch zur Hand und fuhr mir damit über die Wange und …

Gütiger Gott, nicht das! Nicht mein Auge, bitte! Sage mir auf der Stelle, dass ich mir eben nicht mein Auge …

Ich weinte mich in den Schlaf und bat Gott den Allmächtigen am folgenden Morgen, mir die Kraft zu geben, mein rechtes Auge zu berühren. Und dann spürte ich es …

Meine Augenhöhle war leer. Das Auge war weg, und nun hatte ich gar nichts mehr. Alles um mich herum war dunkel, und in mir herrschte die schlimmste Dunkelheit meines Lebens.

Gott im Himmel, bist du nun zufrieden? Hast du mich auch diesen Weg noch gehen lassen? Du, der Schöpfer? Warum gefällt es dir, mich so zu zerstören? Ich wollte wieder sehen, stattdessen hast du mich endgültig blind gemacht. Was hab ich dir angetan, um diese Strafe zu verdienen? Wo sind meine Augen, meine strahlend schönen, großen, schwarzen Augen? Wo sind sie ... Wo?

Es brachte nichts, die nun verlorenen Augen vor der Wahrheit zu verschließen. Und die Tränen, die auch nichts halfen, mussten diesmal fließen.

Als Dr. Medel Stunden später meine Hiobsbotschaft hörte, legte er seinen Arm um mich, sah mich lange an und sagte dann: »Ameneh, die Wissenschaft macht ständig Fortschritte. Wir müssen einfach felsenfest daran glauben, dass es eines Tages eine Lösung für Sie gibt.«

Die zunächst machbare Lösung war eine künstliche. Ich bekam ein Glasauge und gab mir die größte Mühe, mir meine Abneigung nicht anmerken zu lassen. Ähnlich wie der weiße Stock würde auch das gläserne Auge meine Blindheit weithin sichtbar machen, sie endgültig besiegeln.

»Nach Möglichkeit vielleicht ein dunkelbraunes«, erlaubte ich mir die Bitte.

»Tut mir leid, Ameneh, die Farbe haben wir gerade nicht.«

So wählte ich die Augenfarbe von Dr. Medel – blaugrau.

»Steht Ihnen gut«, strahlte ein Arzt, »und sieht ganz natürlich aus!«

Ganz natürlich ... Was war denn überhaupt noch natürlich?

Am Abend jenes Tages träumte ich wieder ...

»Wann bekomme ich mein Augenlicht zurück? Ich will nicht darauf warten, bis ich alt und grau bin! Im Grunde kann ich gar nicht mehr daran glauben! Ich habe mir doch viel zu lange schon etwas vorgemacht. Und völlig vergeblich gehofft. Alles war umsonst!«

Die Stimme Gottes gab mir eine Antwort: »Es wird beizeiten wiederkommen, Ameneh. Sei nicht zu undankbar. Vergiss nicht, dass du bisher in deiner schweren Zeit meinen Schutz genossen hast. Wie oft wurdest du vor Unfällen bewahrt, sind dir liebevolle Menschen begegnet oder hat dich manch schönes Ereignis sogar vergessen lassen, dass du blind bist!«

»Wie lange soll ich mich damit noch trösten? Ich habe mir mein Auge von der Wange gewischt und es in den Abfall geworfen – und du hast das nicht verhindert!«

»Sieh her, Ameneh«, sagte der Herr in sehr ruhigem Ton und streckte mir seine geschlossene Hand hin. Er öffnete sie, und ich sah zwei Augen in seiner Handfläche liegen.

»Erkennst du die? Das sind deine Augen, Ameneh.«

»Ja, das sind meine Augen.«

»Du siehst, sie sind bei mir in guten Händen. Gedulde dich, du wirst beizeiten wieder sehen. Zuvor aber sollst du deine Bestimmung erkennen. Du hast eine Aufgabe, Ameneh, vergiss das nicht.« Dann verschwand er und ließ mich mit meinen zwei leeren Augenhöhlen allein.

Die Gerichtsverhandlung in Teheran stand mir bevor.

18.
Sichtweise –
Das Auge des Gesetzes

Ich würde als Verliererin nach Teheran reisen müssen, denn mein größter Wunsch hatte sich in Barcelona nicht erfüllt. Ich wollte mein Augenlicht wiedererlangen und ein menschliches Antlitz zurückhaben. Und nun würde ich blind und entstellt mein Recht erstreiten müssen. Alle Leute, die mir finanziell geholfen hatten, würden sehen, dass sich ihre Unterstützung nicht gelohnt hatte. Das allein offenbaren zu müssen fiel schon schwer genug.

Ob alles anders verlaufen wäre, wenn Schwestern und Ärzte mich gleich zu Beginn sorgfältiger gewaschen hätten? Wenn alle besser gewusst hätten, was zu tun gewesen wäre? Und wenn ich nicht mehrere Stunden von Krankenhaus zu Krankenhaus gefahren worden wäre? Was, wenn Madschid statt der Säure etwas anderes genommen hätte? Wenn, wenn, wenn … Es half nicht, sich über solche Fragen den Kopf zu zerbrechen.

In Barcelona hatte man mir inzwischen einen Ausweis für Senioren und Menschen mit Behinderung gewährt. Auf diese Berechtigungskarte hatte man ab einem Alter von 65 Jahren oder ab 33 Prozent Behinderung Anspruch. Ich war Ende zwanzig und zu 91 Prozent körperbehindert. Ein Sachverhalt, der schlicht zum Weinen war.

Nun hieß es, von Barcelona Abschied zu nehmen. Vorübergehend zumindest. Ich wollte auf jeden Fall wiederkommen. Dass ich im Taxi zum Flughafen meinen Blindenstock vergaß, war dabei hoffentlich kein schlechtes Omen. In Teheran würde ich voraussichtlich von Anfang Juli bis Ende September sein, in der heißesten Zeit des Jahres. Und im übertragenen Sinne wohl auch in der heißesten Phase meines Lebens. In der Maschine nach Teheran kam ich mit einem Herrn ins Gespräch, der Dr. Saburi kannte. Er gab mir fünfhundert Euro, einfach so ... Eine Menge Geld, zumal im Iran – einfach geschenkt.

In Teheran war seit 2004 der neue Flughafen, Imam Khomeini International Airport, in Betrieb. Ein großer und beeindruckender Bau im Vergleich zum früheren Flughafen Mehrabad. Für mich aber zählte: Ich war zurück im Iran, Spanien lag hinter mir. Hier hieß es Abstand halten von fremden Männern. Konnte ich mich – wie in Barcelona – einfach am Ärmel eines Mitreisenden festhalten, um meinen Weg zu finden? Unter keinen Umständen! So tastete ich mich vorsichtig aus der Maschine und wurde in einem Rollstuhl sitzend zur Passkontrolle, Gepäckausgabe und Gepäckkontrolle gefahren. Ich kam also nicht erhobenen Hauptes nach Hause ...

Zwei Tage nach meiner Ankunft und einem tränenreichen, herzerwärmenden Wiedersehen mit meiner Familie suchte ich Richter Gheissarieh auf. Meine Mutter begleitete mich, und wir nahmen die Metro. Die Fahrt mit der U-Bahn war billiger und schneller als ein Taxi in meiner ewig verkehrsverstopften Heimatstadt. Wie oft war ich früher an diesem imposanten Gerichtsgebäude in der Khayyam-Straße vorbeigefahren, an diesem Riesenkomplex mit seinem hohen Säulenportal, den langgestreckten Gerichtsgebäuden links und rechts davon. Niemals hätte ich mir träumen lassen, dass ich eines Tages die Stufen der breiten Treppe zu einem der Gerichtssäle würde hinaufsteigen müssen. Und dass ich mir eines Tages nichts sehnlicher wünschen würde, als dass sich die Waagschale zu meinen Gunsten neigte.

Als wir zum ersten Mal hierherkamen, war die Hoffnung noch groß, dass ich eines Tages wieder sehen würde. Nun kam ich zum zweiten Mal her, und diese Hoffnung war dahin.

»Frau Bahrami, welche Ehre!«, begrüßte uns Richter Gheissarieh. »Wie geht es Ihnen? Wissen Sie, wir haben Ihren Fall in den Medien verfolgt und freuen uns sehr, dass Sie Ihr Augenlicht wiederhaben.« Ich nahm meine Brille ab.

»Ja, die Medien berichten, dass es Ameneh gutgeht, dass sie verheiratet ist, dass sie Kinder hat und dass sie sehen kann …« Meine Mutter erzählte mir später, dass Richter Gheissarieh Tränen in den Augen hatte, als er meine Augen sah.

»Bitte, setzen Sie Ihre Brille wieder auf«, bat er mich und kam ohne Umschweife zum Thema. Ich wollte die nächste Verhandlung so schnell wie möglich anberaumt wissen und vor allem meinem Peiniger nicht wieder begegnen müssen.

»Was wäre so unangenehm an einer Begegnung mit ihm?«

»Haben Sie vergessen, was er getan hat? Du bist jetzt das, was ich aus dir machen wollte!, hat er gesagt. Und was hat er dem Journalisten zugerufen, der um ein Foto von mir gebeten hatte aus der Zeit vor dem Attentat? Gewöhnt euch besser an die neue Ameneh. Die alte gibt's nämlich nicht mehr!«

»Wer weiß, vielleicht haben ihn die drei Jahre Haft ja geläutert?«

»Bis heute hat weder er noch seine Familie sich bei mir oder bei meinen Eltern entschuldigt. Und damit hätte er doch ein Zeichen der Reue setzen können, oder nicht? Stattdessen hatte mir seine Schwester sogar gedroht, ich würde schon sehen, was ich davon hätte, wenn ich ihren Bruder nicht endlich in Ruhe ließe.

Mein Vater hat mich mehrfach gebeten: ›Ameneh, Kind, vergib dem jungen Mann. Er hat einen großen Fehler gemacht. Seine Familie ist mit einem Sohn wie diesem hart genug bestraft.‹

Was hat sein Vater zu mir gesagt, als er mich – gegen meinen ausdrücklichen Wunsch – im Krankenhaus besucht hat? ›Du bist selbst schuld!‹, hat er mir ins Gesicht gesagt, ›was musstest du meinen Sohn auch belügen und ihm sagen, dass du verheiratet bist!‹ Und in Barcelona hat er mir ausrichten lassen, sein Sohn komme bald auf freien Fuß … Verstehen Sie jetzt, Euer Ehren, warum ich diesen Leuten nicht begegnen möchte?«

Der Richter schwieg, während ich mich immer weiter in Rage redete: »Seine Mutter ist überall unverblümt als Mutter eines Märtyrers vorstellig geworden, um auch gewiss in den Genuss aller Vergünstigungen zu kommen, die Märtyrerfamilien zustehen. Ich darf Ihnen heute in aller Bescheidenheit sagen: Auch wir haben einen Märtyrer zu beklagen. Doch wir gehen nicht hausieren mit ihm. Neunzehn Jahre jung war er, als er fiel. Im Einsatz für die Freiheit. Und heute muss ich erkennen, dass er umsonst gestorben ist, völlig umsonst. Weil ich als Frau nicht unbehelligt durch die Straßen meiner Heimatstadt gehen kann! Weil ich mich bedroht fühle, sobald ich nur einen Fuß vor die Tür setze. Und ich bin nicht die Einzige. Wie viele Frauen, Mütter, Töchter, Schwestern müssen um ihr Leben fürchten, weil dieser junge Mann bereits Nachahmer gefunden hat? Meinem Onkel haben sie den Bauch aufgeschlitzt, das Gesicht zerschmettert. Ob er dem Tod zuvor wohl ins Auge sehen konnte? Ich weiß es nicht. Eines aber weiß ich: Wenn er gewusst hätte, dass mir eines Tages das hier widerfahren würde, wäre er nicht freiwillig an die Front gegangen. Er wäre zu Hause geblieben, wie sein Vater es ihm geraten hatte, und er hätte mich beschützt, nach besten Kräften!«

»Wir halten uns an die Gesetze«, entgegnete Richter Gheissarieh nur kurz, aber ich bestand auf meiner Forderung: »Beim kleinsten Anzeichen dafür, dass es wieder Ärger gibt, verweisen Sie diese Leute bitte des Saales!«

»Wir laden nur ihn vor. Seine Familie nicht. Ist Ihnen das recht?«

»Ja, damit bin ich einverstanden.«

Die Verhandlung wurde für den 25. Juli 2008, 9 Uhr am Morgen, anberaumt. Ich stellte mir erneut die Frage, die mich seit dem Tag des Attentats nicht mehr losließ: Welches Urteil würde diesem Menschen gerecht? Und welcher Richterspruch würde mir gerecht? Wäre Vergeltung wirklich die gerechte Strafe? Oder sollte ich mich mit Schmerzensgeld und Gefängnis einverstanden erklären? Eineinhalb Millionen Toman – umgerechnet knapp tausend Euro – und bis zu zwölf Jahre Haft, von denen er drei schon hinter sich hatte?

Für meine Operationen hätten diese tausend Euro bei Weitem nicht gereicht. Außerdem schien seine Familie ohnehin bettelarm zu sein – so ärmlich gekleidet, wie er immer herumgelaufen war. Schließlich war er der Kerl aus der Universität, für den ich seinerzeit aus Mitleid ein paar Kleidungsstücke gesammelt hatte. Ein Akt der Nächstenliebe, den ich inzwischen bitter bereute …

Manchmal, wenn ich in Gedanken war, kam mir Madschid wie mein kleiner Bruder vor. Auch bei Mohammad ist vieles schiefgelaufen. Er wurde – wie Millionen junger Männer im Iran – zu lange verwöhnt und verhätschelt. Kleine Jungs werden in meinem Land wie kleine Götter behandelt. Da ist niemand, der diesen Paschas Grenzen aufzeigt. Niemand, der ihnen zu verstehen gibt, dass sie nicht alles haben können, was sie sich wünschen.

Madschid ist – ohne ihn in Schutz nehmen zu wollen – letztlich das Produkt einer Gesellschaft, die männliche Nachkommen über alles andere stellt. Die Ähnlichkeiten zwischen Madschid und meinem Bruder erschreckten mich, und ich fragte mich mehr als ein Mal, wie ich mich wohl verhalten hätte, wenn mein Bruder zum Täter geworden wäre.

Aber kein Mitglied von Madschids Familie hat je auch nur ein kleines Zeichen des Bedauerns erkennen lassen. Seine Mutter klagte bereits zu jener Zeit, wie sie es schaffen solle, eines Tages einen blinden Sohn zu versorgen. Das war und ist auch heute noch ihre größte Sorge. Dass ich und meine Familie ein viel grausameres Schicksal zu erleiden hatten, spielte in ihren Augen keine Rolle. Schließlich war ich ja – ihrer Meinung nach – an allem selbst schuld. Weil ich bisweilen Lippenstift verwendet hatte …

Ein Onkel des Kerls – ich war außer mir, als ich es erfuhr – hatte sogar mit Schirin verhandelt und wollte fünf Millionen

Toman bieten, damit sein Neffe wieder freikäme. Also etwas mehr als dreitausend Euro für ein zerstörtes Leben. Und dann? Was, wenn der seine Strafe abgesessen hätte? Was, wenn er wieder frei wäre? Würde er seine grausame Tat zu Ende bringen und mir erneut etwas antun? Oder meiner Familie? Am Ende gar anderen Mädchen und Frauen?

Bliebe die Hinrichtung, die er sich offenkundig herbeisehnte. »Er wünscht sich die Todesstrafe!«, stand in der Zeitung. Und zu mir hatte er einmal gesagt: »Ich mache dir dein Leben kaputt, dann werde ich gehängt und bin erlöst. Aber wenn du mich heiratest, mach ich dich glücklich.« Die Todesstrafe sollte er – nach meinem Willen – nicht bekommen. Das erschien mir zu einfach und zu schnell. Für mich gab es nur eines: Vergeltung! Sein Augenlicht gegen meines. Das erschien mir das einzig angemessene Urteil.

Vergeltung. Viele Menschen fanden diese Art der Strafe unmenschlich. Dr. Saburi meinte, mir als Frau würde man dieses Recht ohnehin nicht zugestehen – Frauen zählten nicht viel im Iran … Am Ende käme Madschid vielleicht fast ungeschoren davon. Ein paar Jahre Haft, und er würde als noch immer junger, gesunder Mann freigelassen werden, der weiterhin zu allem fähig wäre. Ungeschoren? Madschid? Mein Bruder Mohammad hatte über Wochen und Monate Presseartikel gesammelt. An den Abenden in der Wohnung meiner Eltern las er mir daraus vor: »Ameneh schrie: Hilfe, ich verbrenne!« oder: »Wird sie je wieder sehen können?« Oder aber: »Ameneh hat alle Zähne verloren, muss ein Gebiss tragen.« Mein Gesundheitszustand wurde – am Anfang zumindest – genau beobachtet. »Amenehs Gesicht ist stark angeschwollen.« »Amenehs Auge wird ausgeräumt.« »Amenehs Auge wird geschlossen.« Ungeschoren? Nach all dem?

Erstaunliche Gerüchte kursierten bald über mein Leben in Spanien: »Hochzeit, Nachwuchs, Augenlicht«, lautete eine der Schlagzeilen. Auch über den Grund, den Auslöser für diese Tat, wurde kontrovers debattiert. Die einen gaben mir die Schuld und meinten, ich müsse den jungen Mann irgendwie gereizt und zu seiner Tat provoziert haben. Andere meinten, er hätte kein Recht, so zu reagieren, ganz gleich, was ich getan hätte.

In der Presse war zu lesen: »Madschid Mowahedi sagt: Ameneh hat mir einen Antrag gemacht. Ich habe abgelehnt und meine Tat aus Wut begangen.« Das offenbarte doch eine erstaunliche Logik.

In einem anderen Interview hatte er offenbar gesagt: »Ich hatte keine Ahnung, wie verheerend die Säure wirkt.«

Und ob er das wissen konnte. Wie oft hatten wir im Rahmen unseres Studiums mit Säure hantieren müssen. Und außerdem hatte er – so musste ich erfahren – seine Schwester, die Chemie studierte, nach der Wirkungsweise von Schwefelsäure gefragt. Und danach auch einen Zwei-Liter-Behälter gekauft und in der Drogerie sogar ausdrücklich nach »der ätzendsten Lösung« verlangt.

Als Mohammad mir dann auch noch vorlas, dass Madschid Nachahmer gefunden hatte, die mit Schmerzensgeld und Haftstrafen davongekommen waren, geriet ich endgültig in Rage. Mein Bruder versuchte mich zu beruhigen: »Weißt du noch: Als wir die Sache damals selbst regeln wollten, hast du nein gesagt, Ameneh.«

Ja, natürlich konnte ich mich daran erinnern. Und das war noch immer meine Überzeugung. Die Zeiten der Selbstjustiz waren schließlich lange vorbei. »Ist dir der Sturmvogel ins Netz gegangen, sollst du sein Herz mit Liebe umfangen« –

diese Zeilen kamen mir in Erinnerung. Wenn er versucht hätte, mich einfühlsam für sich zu gewinnen – ich war ja frei und hatte zu jener Zeit keinen Freund … Wer weiß, vielleicht hätte ich irgendwann Gefallen an ihm finden können. Vielleicht!

Er aber hatte immer nur gedrängt, seine Mutter vorgeschickt, mir aufgelauert, mich beobachtet – bis er am Ende mein ganzes Leben zerstört hatte. Und seines mit dazu. Wieso hatte er gedacht, er käme mit Gewalt weiter? Was hatten seine Eltern ihm beigebracht? Hatten sie ihm geraten: Schaff dir Haus und Auto an, dann kommt sie von alleine? War ich etwa käuflich? Ich verdiente damals doch mein eigenes Geld und konnte selbst für mich sorgen – was er auch wusste. Oder hatten sie ihm eingetrichtert: Zeig ihr von Anfang an, dass du der Herr im Haus sein wirst? Ein starker Mann kann alles haben, und eine schwache Frau wird immer folgen?

Unzählige Male raste mir der Kopf, weil ich Tag und Nacht alle Aspekte dieser Geschichte drehte und wendete, um eine Antwort zu finden, welches Urteil angemessen gewesen wäre. Eines war mir schon längst klar: Nicht Rache war mein wichtigstes Ziel – sondern Abschreckung. Mein Peiniger und alle Nachahmer sollten allein bei dem Gedanken an ein Säureattentat vor Angst erstarren. Würden solche Taten noch begangen werden, wenn alle potenziellen Täter wüssten, dass sie diese Säure in derselben Konzentration zu spüren bekämen wie ihre Opfer? Mein Großvater hatte immer gesagt: »Stich dich erst selbst, bevor du mit der Ledernadel auf andere losgehst.« Und genau das sollten all die Verrückten wissen: Denkt nicht einmal im Traum an ein Säureattentat, sonst wird auch euer Leben zur Hölle!

Meine Kritiker argumentierten, Vergeltung sei eine altmodische, unmenschliche Form der Bestrafung. Damit mögen sie sogar recht haben. Aber passt diese Strafe etwa nicht zu all den altmodischen Geistern, die der Meinung sind, dass eine Frau einem Mann um jeden Preis gefügig sein muss – auch gegen ihren eigenen Willen? Ist es vielleicht nicht altmodisch und unmenschlich zu denken, dass, wer hübsch ist, sein Gesicht verhüllen muss, damit nur ja kein Mann verrückt wird?

Wird das alte Gesetz – Auge um Auge – nicht Menschen, die so denken, am besten gerecht? Es gibt ja konservative Leute, die finden, man müsse Frauen, die sich nicht züchtig genug verschleiern, aus den Großstädten verbannen. Oder noch schlimmer: die Repressalien wegen des zu locker gebundenen Kopftuchs, des Bad-Hijabs, wegen zu enger, kurzer Mäntel, ungenügend langer Hosen, die nur wenige Zentimeter Bein sehen lassen – immer mehr Frauen werden heute einfach verhaftet, weil sie gegen die strenge Kleidervorschrift in der Islamischen Republik verstoßen. Es gab keine Aussicht auf Lockerung dieses irrsinnigen gesellschaftlichen Geflechts.

Dann kam der 25. Juli 2008. Mein Vater, sein Bruder, meine Cousine Parwin, meine Mutter und meine ehemalige Arbeitskollegin Mariam Rassulipanah, die als Zeugin geladen war, warteten mit mir vor dem Gerichtssaal. Es war heiß und stickig in dem Justizgebäude, und auf den Gängen herrschte viel Betrieb. Ständig wurden Angeklagte an uns vorübergeführt – andere Schicksale, über die ich mir keine Gedanken machen konnte, weil Reporter und Journalisten nicht nur Mariam interviewen wollten, sondern auch mich mit so vielen Fragen bestürmten, dass ich sie bitten musste, sich bis nach der Verhandlung zu gedulden.

Ich wollte mich auf mein Plädoyer konzentrieren. Ich war zwar nicht nervös, musste aber mit meinen Kräften haushalten. Die vielen Medikamente schwächten meinen Körper beträchtlich. Und die Kraft, die ich einmal hatte, war nach den vielen Jahren des Kampfes um meine Gesundheit fast aufgebraucht.

Plötzlich kam meine Cousine Parwin angelaufen: »Ameneh, als ich eben die Treppe hinaufkam, habe ich einen Angeklagten überholt, der wirkte so locker und entspannt, man hätte glauben können, er sei nur zum Vergnügen hier.«

»Das könnte er sein«, sagte ich. Und da kam er auch schon den Gang entlang durchs Gedränge. In Hand- und Fußfesseln wurde er von Justizbeamten zu dem Saal geführt. Sofort stürzte sich die Presse auf ihn. Er wehrte ab: »Lassen Sie mich ... Keine Fotos, keine Interviews. Es ist allein ihre Schuld, dass ich hier gelandet bin ... Hören Sie auf!«

In kürzester Zeit entstand Unruhe vor dem Saal. Parwin beobachtete ihn und beschrieb mir, was ihr auffiel: »Als sein Blick in dem Gedränge kurz auf dich fiel, muss er wohl erschrocken sein. Er war sekundenlang wie erstarrt, Ameneh – seine Bewacher mussten ihn geradezu in den Saal zerren.«

Ob man auch ihm erzählt hatte, dass ich in Spanien mein Augenlicht zurückbekommen und überdies mit einem anderen Mann Kinder hatte?

Man ließ zunächst die Medienvertreter in den Saal, und dann durften auch wir Platz nehmen. In der ersten Reihe. Auf der einen Seite meine Familie und ich, auf der anderen Seite er, neben dem ihn begleitenden Wachbeamten. Mein Vater indes setzte sich direkt neben Madschid. Als meine Mutter ihn fragte, warum er sich ausgerechnet neben dieses Ungeheuer setze, erschrak mein Vater und wurde kreidebleich: »Oh Gott, ist er das? Ich sehe diesen Menschen heute doch zum ersten Mal ...«

Dann wurde es still im Saal. Der Richter und die Beisitzer traten ein. Richter Gheissarieh schilderte in wenigen Worten, dass ich, nach drei Jahren Aufenthalt in Spanien, nun nach Teheran zurückgekehrt sei, um an dieser Verhandlung teilzunehmen. Er beließ es bei der knappen Einführung und erteilte mir das Wort. Ich bat Gott um Beistand – nicht zuletzt, weil ich Husten hatte und inständig hoffte, meine Stimme möge mir nicht versagen. Und dann begann ich mein Plädoyer.

»Im Namen Gottes – Behnam-e khoda –, Euer Ehren. Dieser Mensch hat mich verbrannt, weil ich ihn abgelehnt, weil ich nein gesagt habe. Versetzen Sie sich in meine Lage, in die Lage meiner Eltern, die tatenlos zusehen mussten, wie die Säure ihr Kind zerfraß. Erst das linke, dann das rechte Auge, die Brauen, mein Haar, mein Gesicht, meine Zähne, die Hände … Gestern noch war ich Studentin der Elektronik, war eigenständig, hatte Arbeit in einer angesehenen Firma und Aussichten auf eine gute Zukunft. Statt mich, wie andere Frauen in meinem Alter, hübsch zu machen, ein Brautkleid zu tragen und einen Mann zu heiraten, den ich liebe, habe ich mich in Brandwundgaze gepackt, Salben aufgetragen, zahllose Schmerztabletten geschluckt und mich schmerzhaften Operationen unterzogen.

Heute bin ich blind und auf die Hilfe und das Geld anderer Menschen angewiesen. Meine Zukunft ist so ausgelöscht wie mein Augenlicht. Und nun betrachten Sie diesen Mann. Haben seine Eltern oder seine Geschwister sich entschuldigt? Hat er sich entschuldigt? Hat irgendjemand sich auch nur einmal erkundigt, wie es mir geht? Hat jemand Trost gespendet oder wenigstens einen kleinen Funken Anteilnahme gezeigt? Nein! Die Schwefelsäure, die dieser Kerl mir ins Gesicht geschüttet hat, verrichtet ihr heimtückisches Werk unter Umständen über fünf Jahre hinweg. Drei kräftezehrende Jahre sind nun vergangen, in denen auch das letzte bisschen Hoffnung auf die Rettung meines Augenlichts geschwunden ist. Viele schmerzhafte Operationen habe ich hinter und noch unzählige vor mir. Dabei konnte meine Familie mir nicht helfen. Geld für diese Operationen hatten wir weder damals, noch haben wir es heute.

Wir mussten und müssen nach wie vor überall um finanzielle Hilfe bitten und stellen fest: Nur sehr, sehr wenige Menschen sind am Ende bereit, mir und meiner Familie zu helfen. Ich habe oft geweint – auch ohne Augen. Sogar das Glasauge, das ich jetzt trage, kann noch Tränen vergießen. Ich stehe heute hier, um mein Recht auf Vergeltung einzufordern. Diesem Menschen soll – wie mir – das Augenlicht genommen werden. Die Todesstrafe, die er sich wünscht, fordere ich nicht. Euer Ehren, verbinden Sie diesem Kerl für kurze Zeit die Augen, schicken Sie ihn aus dem Saal, und sagen Sie ihm, er solle wieder reinkommen. Oder versuchen Sie das selbst, nur ein einziges Mal.

Ich will Vergeltung. Und zwar nicht für mich alleine. Hier geht es ganz gewiss nicht um Rache, auch wenn viele Menschen glauben, Rache sei mein Hauptmotiv. Nein, nicht rächen will ich mich an ihm, sondern abschrecken. Ihm und seinesgleichen soll ein für alle Mal klar sein: Ihr kommt nicht ungeschoren davon! Denkt gar nicht erst daran, ein Attentat mit Säure zu begehen, denn euch wird das Gleiche geschehen! Vor allem geht es hier nicht um mich allein. Was, wenn er seine Haftstrafe verbüßt hat und die nächste Tat begeht? Wie viele junge Männer haben sein Verbrechen bereits nachgeahmt? Wie viele Eltern fürchten seither um ihre Töchter und

Brüder um ihre Schwestern? Wie viele Frauen haben Angst, einen Heiratsantrag abzulehnen, und stürzen sich lieber ins Unglück – nur um unversehrt zu bleiben?

Wissen Sie, wie viele Menschen mir täglich sagen: ›Ameneh, lass ihn nicht davonkommen. Du kämpfst nicht nur für dich allein, sondern für alle Frauen!‹ Euer Ehren, ich will verhindern, dass je wieder ein Mensch so leiden muss, wie ich gelitten habe. Erinnern Sie sich bitte daran, wie Sie sechsundzwanzig oder siebenundzwanzig Jahre alt waren. Erinnern Sie sich daran, wie Sie in jenem Alter Ihr Studium beendet und eine Familie gegründet haben. Und nun versuchen Sie sich vorzustellen, was ich in diesem Alter machen musste. Ich habe fremde Menschen um Geld gebeten, gebettelt für Medikamente, für die besten Ärzte, für Operationen. Nicht eine, nicht zwei, fast zwanzig Operationen liegen bislang hinter mir, und viele weitere werden folgen müssen, weil ich hoffe, dem widerlichen Werk dieser Säure Einhalt zu gebieten.

Junge Frauen in meinem Alter sollten Geburtsschmerzen ertragen und sie in der Freude über ihre Kinder vergessen. Aber sie sollten nicht das ertragen müssen, was dieser Mensch hier mir zugemutet hat. Meine Schmerzen sind mir unvergesslich, und geboren habe ich nichts als ein blindes Wesen – für immer von Dunkelheit umgeben –, dessen Anblick anderen Menschen Furcht einflößt. Euer Ehren, dieser Mann hier hat vor seinen Zellengenossen geprahlt: ›Ich habe eine Tat vollbracht, die mich sechs Monate lang in den Schlagzeilen gehalten hat.‹ Und nun möchte ich eine Tat vollbringen, die der ganzen Welt ewig als Warnung dienen möge. Ich danke Ihnen für Ihre Aufmerksamkeit.«

Ich weiß nicht, wie lange ich geredet habe. Ich hörte – so schien es zumindest –, dass viele Menschen in dem Saal weinten, und fühlte eine Beklemmung wie selten zuvor in meinem Leben. Ich war ob meiner eigenen Geschichte bestürzt. Ich hatte mir selbst in einer öffentlichen Rede mein Schicksal dargelegt und empfand es in diesem Moment als unerträglich.

Dann bat meine Mutter darum, das Wort ergreifen zu dürfen: »Euer Ehren, auch seine Eltern tragen einen Teil der Schuld.«

Der Kerl fauchte sofort: »Nein, nicht meine Eltern. Die trifft keine Schuld. Schuldig bin ich ganz allein.«

Der Richter forderte ihn auf, sich zu verteidigen.

»Ich habe nichts zu sagen«, meinte er, »nur – bitte – keine Vergeltung. Wenn, dann will ich die Todesstrafe.«

»Jetzt bettelst du um deinen Tod«, sagte ich zu ihm. »Vielleicht wäre heute vieles anders, wenn du damals nicht gesagt hättest: Ich verbrenne dich, dann krieg ich die Todesstrafe, und fertig!«

»Ich dachte, ich kriege dich eh nie – es ist ohnehin alles aus.«

»Umso schlimmer! War das dann der einzige Weg? War das die richtige Lösung?«

»Nein, ich habe den falschen Weg eingeschlagen und bin nicht rechtzeitig umgekehrt …«

»So wie du mir damals keine Wahl gelassen und gesagt hast: ›Ich mache dein Leben kaputt. Wenn ich dich nicht kriege, soll auch kein anderer dich haben‹ – so lässt du mir auch heute keine andere Wahl. Mir bleibt nur die Vergeltung. Damit die vielen jungen Frauen da draußen die Chance haben, künftig mit heiler Haut davonzukommen!«

Wieder herrschte Stille im Saal. Der Richter fragte, ob jemand im Publikum noch das Wort ergreifen wolle, und bekam eine einstimmige Antwort: »Ameneh hat doch alles gesagt.«

Gott hatte mir tatsächlich beigestanden. Meine Stimme, meine Kraft und meine Entschlossenheit waren mir nicht entglitten. Gott hatte an meiner Statt gesprochen. Er wollte, dass man mir dieses Recht zusprach, um den Schmerz meines gebrochenen Herzens wenigstens ein kleines bisschen zu lindern.

Schließlich hieß es: »Unterschreiben Sie dieses Dokument hier!« Ich tat es, ohne zu wissen, was es bedeutete, aber im guten Glauben, dass alles seine Richtigkeit hatte – und Madschid unterschrieb ebenfalls. Nun hieß es, die kommende Verhandlung abzuwarten, um zu erfahren, wie das Urteil lauten würde.

Ein paar Tage später teilte mir Richter Gheissarieh mit, dass der Vater des jungen Mannes nach jenem denkwürdigen Tag mehrfach bei ihm vorstellig geworden war und angeboten hatte, meine Operationskosten zu zahlen sowie mir ein Auto und ein Haus zu kaufen – wenn ich das Urteil nicht vollstreckte. In einem Zeitungsinterview sagte Madschids Vater: »Ameneh, heirate meinen Sohn, und wir machen dich glücklich.«

Es geriet also auf einmal doch Bewegung in die Sache. Aber was ging nur in den Köpfen dieser Leute vor? Wenn ich schon vor der Greueltat kein Interesse an dem Kerl hatte, warum sollte ich ihn danach heiraten wollen?

Nach seiner Tat hatte ich mich alleine durchgeschlagen, hatte Geld aufgetrieben und zeitweise alleine in Spanien gelebt. Den Wunsch, seine Frau zu werden, würde seine Familie mit in ihr Grab nehmen müssen.

Laut Richter Gheissarieh hatte auch seine Mutter vorgesprochen und um die Todesstrafe gebeten, weil ihr Sohn die Vergeltung fürchtete. Das indes war interessant. Wenn es um mich und meine Verletzungen ging, war alles nicht so schlimm. Nichts, was man nicht mit ein paar Bündeln Geld hätte aus der Welt schaffen können. Nun aber ging es um ihren Sohn, und plötzlich hatte man große Angst vor der zerstörerischen Wirkung dieser Säure.

Richter Gheissarieh bestellte mich Tage später erneut ein und gab mir Gelegenheit, dem Obersten Staatsanwalt, Said Mortazawi, meine Beweggründe darzulegen. Meine Mutter begleitete mich wieder, und erneut stiegen wir die breite Treppe hinauf, passierten Lichtschranken und wurden freundlich empfangen. Man reichte uns Tee und bat uns zu warten, da der Staatsanwalt noch in einer Vorlesung sei. »Wer ist dieser Mortazawi eigentlich?«, hatte meine Mutter mich gefragt, und ich musste ihr die Antwort nicht schuldig bleiben, weil Mariam mir glücklicherweise die entscheidende Information geliefert hatte: Ihr Bruder studierte an der Hochschule für Journalistik, wo Staatsanwalt Mortazawi Jura-Vorlesungen hielt.

Said Mortazawi hatte jede Menge Zeitungen verboten, Journalisten verhört und vielleicht auch foltern lassen. Dem Vernehmen nach ist mein Land das größte Gefängnis für Journalisten weltweit. Und steht auf Platz zwei hinter China, was die Zahl der Hinrichtungen angeht. Zu viele Regimekritiker werden verhaftet, zu viele werden hingerichtet. Die, die man am Leben lässt, sieht man dann im Fernsehen, wo sie sich für Verbrechen entschuldigen, die sie gar nicht begangen haben. Andere kommen in der Haft unter seltsamen Bedingungen ums Leben oder begehen angeblich Selbstmord. Heute geht die Regierung gegen die Kinder derer vor, die vor dreißig Jahren die Revolution durchgeführt haben ... Wovor hat dieser Staat, zumindest in den Städten, eigentlich solche Angst? Unter der frommen Landbevölkerung findet er eine breitere Unterstützung. Die Intellektuellen, die Mittelschicht, die jungen Leute wollten doch weder das System auf den Kopf stellen, noch trachteten sie den Mullahs nach dem Leben. Sie wollten lediglich ihr eigenes Leben in Würde verbringen können.

Mein Interesse für Politik hatte sich immer in Grenzen gehalten, was mir als Studentin eigentlich schlecht zu Gesicht stand. Aber die Rennerei zur Bewältigung meines Alltags verschlang derart viel Zeit, dass für Politik kaum Raum geblieben war. Zwischendurch wurde mir dann immer wieder klar, dass ich ja eigentlich mittendrin steckte. An die Anrufe meiner Großmutter aus Hamadan erinnere ich mich noch gut. Sie machte sich ständig Sorgen, jedes Mal, wenn Studenten massenweise für Veränderungen auf die Straße gingen – angespornt durch die Reformbewegung von Präsident Khatami, die im Jahr 2005, nach Ablauf seiner zweiten Amtszeit, ja ein Ende haben sollte: »Kinder, lasst doch das Demonstrieren sein«, drängte Großmutter uns oft. »Das endet nur wieder in Blutvergießen. Und Blut wurde doch wahrlich schon zu viel vergossen in unserem Land.«

Pressefreiheit und freie Meinungsäußerung, berufliche Perspektiven, weniger strenge Kleidervorschriften, gute Auslandsbeziehungen – unter Präsident Khatami schien das alles machbar. In seiner Amtszeit wurde das Informationsministerium sogar so weit gebracht zuzugeben, dass es für systematische Morde an Schriftstellern und Intellektuellen verantwortlich war. Das war eine Sensation.

Ich hatte keine Angst vor dem Treffen mit der Staatsanwaltschaft. Er dürfte mich nur nicht allzu lange warten lassen, weil ich in jener Zeit schnell schläfrig wurde, was nicht zuletzt an den vielen Medikamenten lag, die ich einnehmen musste.

Oberstaatsanwalt Mortazawi empfing uns schließlich und fragte ohne große Vorrede nach meinen Lebensumständen: »Erzählen Sie mir von Spanien, Frau Bahrami. Wie lebt jemand wie Sie in Barcelona?« Ich geriet ins Schwärmen, als ich ihm beschrieb, wie viel Rücksicht man in Europa auf Menschen mit Behinderungen nahm und wie viele öffentliche Einrichtungen auf deren Bedürfnisse zugeschnitten waren. Abgesehen davon, dass Männer und Frauen nicht – wie bei uns üblich – nach Geschlechtern getrennt reisen mussten, fuhren in Spanien die bequemsten Niederflurbusse, während man in Teheran immer mehrere Stufen zu überwinden hatte.

Der Oberstaatsanwalt wollte auch wissen, ob ich in Spanien finanziell unterstützt wurde. »Ich bekomme vierhundert Euro vom spanischen Sozialamt, also von einem Staat, dem ich eigentlich gleichgültig sein könnte. Dafür bin ich sehr dankbar, aber das Geld reicht leider nicht im Geringsten, um meine Ausgaben zu bestreiten.«

Er wolle sehen, was er für mich tun könne, sagte er, um schließlich doch noch zum eigentlichen Thema zu kommen: »Warum bestehen Sie auf Vergeltung?«

»Weil er sich den Tod wünscht«, antwortete ich.

»Aber das Vergeltungsurteil wird doch bei uns in der Regel gar nicht mehr vollstreckt«, gab er zu bedenken.

»Mir aber würde es nicht schwerfallen«, sagte ich.

»Üblicherweise verbüßt ein Säureattentäter etwa zehn Jahre Haftstrafe, zahlt Schmerzensgeld, und damit sollte die Sache dann doch aus der Welt sein«, wandte der Oberstaatsanwalt ein.

»Stellen Sie sich vor, er kommt frei und begeht die nächste Tat. Was dann? Meine Mutter fürchtet sogar, er – oder gar seine Angehörigen – könnten ihr oder unserer Familie etwas antun. Außerdem geht es mir ja nicht nur um mich. Der Täter hat doch schon Nachahmer gefunden. Hier ist eindeutig die Sicherheit vieler Menschen bedroht!«

Oberstaatsanwalt Mortazawi war von der abschreckenden Wirkung der Vergeltung nicht überzeugt.

»Versetzen Sie sich bitte in die Lage meiner Mutter. Sie bangt um das Leben ihrer jüngsten Tochter, falls diese je einen Heiratsantrag ablehnen sollte. Meine kleine Schwester arbeitet jetzt in der Firma, in der ich vor dem Attentat angestellt war. Wenn sie auch nur fünfzehn Minuten später heimkommt als geplant – vielleicht auch noch ihr Handy ausgeschaltet hat –, stirbt meine Mutter tausend Tode. Wie ginge es Ihnen selbst, wenn ein junger Mann, der weder Ihnen noch Ihrer Tochter zusagt, um die Hand Ihrer Tochter anhielte, Sie seinen Antrag ablehnen und er sich mit Säure rächen würde? Das fänden auch Sie schrecklich, oder nicht?«

Er stimmte mir zwar zu, wies mich aber darauf hin, dass man das Urteil, das in nicht absehbarer Zeit gesprochen werden würde, nicht mehr anfechten könnte. Das Gespräch ging seinem Ende entgegen. Wir bedankten uns, dass er sich Zeit für uns genommen hatte, und ich stieß Mama nun, wie zuvor vereinbart, sanft mit dem Ellenbogen in die Seite. Nun war es an ihr, eine Sache anzusprechen, von der auch ich erst vor wenigen Tagen erfahren hatte: Eine entfernte Cousine war einem Betrüger und Heiratsschwindler aufgesessen und hatte nun die größte Mühe, ihre Verlobung zu lösen. Sie wartete schon seit über einem Jahr auf den Abschluss der Sache. Auch die Cousine hatte große Angst, ihr künftiger Exmann könnte sich mit Säure an ihr rächen, wenn er wieder freikäme – weil er das bereits angedroht hatte. Meine Mutter sagte: »Ich finde, schon die Androhung einer solchen Tat müsste unter Strafe stehen.«

Dass der Ankläger unseren Vorschlag aufgriff – »dieser Aspekt ist bedenkenswert« –, macht mich heute noch stolz. Denn seit unserer Initiative steht die Androhung eines Säureattentats tatsächlich unter Strafe: fünf Jahre Haft, sofern die Klägerin diese Androhung nachweisen kann.

Hatte ich vielleicht schon einen Teilsieg errungen? Die Begeisterung darüber hielt mich freilich nicht lange aufrecht. Auf meine Hochstimmung folgte – fast wie ein physikalisches Gesetz – bald das unumgängliche Tief.

Ich fühlte mich in zunehmendem Maße niedergeschlagen und wurde immer ängstlicher. Mein Bruder Mohammad verkraftete diesen Anblick auf Dauer nicht mehr. Manchmal stand er mit einem Knüppel in der Hand an der Wohnungstür, weil er Angst hatte, jemand könnte einbrechen und mir etwas antun. Ich wiederum hatte Angst, Schadi könnte etwas zustoßen. Und wenn das Telefon klingelte, dachte ich sofort: »Da ruft jemand an, der mir schaden will.« Ich musste ein weiteres Mal alle meine Selbstheilungskräfte mobilisieren.

Am 29. September gab es gleich zwei Gründe zu feiern: meinen Geburtstag und meine Rückreise nach Barcelona am folgenden Tag. Freundinnen, Verwandte und Nachbarn kamen, um zu gratulieren. Wir lachten und tanzten, wobei wir uns bemühten, nicht zu laut zu sein, um nicht in Konflikt mit den Sittenwärtern zu kommen, und genossen die letzten gemeinsamen Stunden. Meine Gäste brachten Geschenke für mich und auch für meine Ärzte – als Zeichen der tiefen Dankbarkeit dafür, wie gut sie sich um mich kümmerten. Viele Gäste gaben mir auch ihre Wünsche mit auf den Weg: »Vergib ihm, Ameneh!«, war die meistgehörte Abschiedsformel.

Wussten diese Menschen, was sie von mir verlangten? Und hatten sie auch nur ein einziges Mal versucht, sich in mich hineinzuversetzen? Und wenn – würden sie ihm an meiner Stelle auch vergeben können? Eine Nachbarin schlug sogar vor: »Heirate ihn. Dann muss er zur Strafe bis ans Ende seiner Tage für dich sorgen.« Meine Güte, es gab tatsächlich noch Leute, die nicht verstanden hatten, worum es hier ging. Ich war keine Schachfigur, die man nach Belieben dorthin schob, wo es aus mehr oder weniger nachvollziehbaren taktischen Gründen gerade zu passen schien. Ich war eine Frau mit eigenen Gefühlen und eigenen Rechten. Ich musste mich keinesfalls so tief erniedrigen, mit diesem Verbrecher zusammenzuleben, denn eines hatte ich mir in all den Jahren bewahrt: Ich war selbständig.

»Gut, dass du fährst, Ameneh, dann fällst du deiner Mama nicht mehr so zur Last«, hatte eine Nachbarin am Tag meiner Rückreise nach Barcelona gesagt. Sehr direkte Worte, für die ich ihr nicht einmal böse sein konnte. Mich zu betreuen war für meine Mutter ganz gewiss nicht einfach. Nun freute ich mich auf meine Freundin Maria und ihre Tochter Natalia. Sie ließen mich beinahe vergessen, dass ich in Barcelona keine Familie hatte. Ein schönes Gefühl.

Kaum in Barcelona angekommen, ging ich zum Friseur, machte einen ausgiebigen Spaziergang mit einer Freundin, Sima, und spürte: Ich bin gerne wieder hier. Wenn auch Dr. Medel auf meine Frage: ›Was gibt's Neues zum Thema medizinischer Fortschritt?‹ antwortete: »Wir müssen Geduld haben, Ameneh.«

Geduld ... Manchmal fragte ich mich, warum man nicht einfach eine Kamera in die Augenhöhlen einbauen konnte. Als ehemalige Studentin der Elektronik musste mir zwar klar sein, dass das nicht so einfach war, wie ich es mir in meinen Tagträumen erhoffte. Aber manchmal dachte man eben verrückte Dinge, um sich das Unmögliche schönzureden. Damit ich nicht wieder in ein Stimmungstief geriet, nahm Maria mich mit zu der spanischen Blindenhilfsorganisation Once. Mein Spanisch machte zwar Fortschritte, aber ich müsste wohl endlich auch die Blindenschrift lernen. Und dieses Mal hatte ich Glück: Man war bereit, mich zu unterrichten. Bei der Gelegenheit informierte ich mich über all die Geräte, die mir den Alltag erleichtert hätten, wenn ich sie mir hätte leisten können: eine sprechende Küchenwaage, Sprachprogramme für den Computer, ein Gerät, das Farben erkannte ... Für so viel Lebensqualität hätte ich aber mehrere Tausend Euro investieren müssen. Geld, das ich nicht hatte und das ich – wenn es überhaupt zur Verfügung stünde – für meine Operationen gebraucht hätte. Ich versuchte mich zu trösten.

Eines Tages. Vielleicht.

Kaum hatte ich mit dem Unterricht begonnen, erfuhr ich, dass der nächste Verhandlungstermin nun endlich feststand: der 30. November 2008. Also unterbrach ich meinen Braille-Kurs und flog wieder zurück nach Teheran. Wieder begleiteten mich meine engsten Verwandten in das Gerichtsgebäude. Mehr als einmal hatte meine Tante mir in jenen Tagen nahegelegt: »Heirate ihn doch, Ameneh, er liebt dich. Er hat in seinem jugendlichen Leichtsinn eine Dummheit gemacht ...« Der Druck auf mich und meine Entscheidung wuchs von Tag zu Tag. Ich empfahl meiner Tante, dass sie erst einmal mit ins Gericht kommen sollte: »Dann wirst du hoffentlich begreifen, warum ich ihn nie heiraten wollte. Damals nicht und in Zukunft erst recht nicht.«

Wieder fanden wir uns vor dem Gerichtssaal in der Khayyam-Straße, zweiter Stock, Raum 75 ein. Um zehn Uhr sollte die Verhandlung beginnen. Wieder herrschte Gedränge, und wieder ging ein leises Raunen durch die Gänge. Mein Anwalt, Dr. Sarrafi, und seine Frau waren da und auch Frau Karimi, die Gattin eines meiner Ärzte in Teheran. Dann trat ein Journalist auf mich zu und fragte mit lauter Stimme: »Waren die Kleidungsstücke, die er damals von Ihnen bekam, ein Geschenk an ihn?«

Nun wollte man mir wohl diese Sache falsch auslegen. Eine Falle vielleicht …

»Aber nein! Ich hab ihn ja nie wissen lassen, woher sie kamen. Ich weiß nicht mal, ob er heute eine Ahnung hat, dass ich die Sachen damals organisiert habe. Ich gab sie einem Wächter und schärfte dem Mann ein, auf keinen Fall zu sagen, dass sie von mir waren. Ich wusste ja damals nicht einmal, wie er hieß, und wollte das auch gar nicht wissen, weil er mir so seltsam vorkam.«

Der Journalist wandte sich kurz ab. Madschids Familie traf ein. Parwin beschrieb mir den zerschlissenen Tschador, in den seine Mutter sich gehüllt hatte. Ob sie ihre Armut besonders betonen wollte? Wahrscheinlich aber waren sie wirklich arm. Als Taxifahrer hatte es der Vater sicher nicht leicht, sieben Kinder großzuziehen. Und aus diesem Grund hatte ich dem Kerl damals ja auch geholfen – nur aus einem Impuls heraus. Und aus dieser Hilfsaktion wollten meine Gegner mir nun vielleicht einen Strick drehen?

Ich versuchte, mich, so gut es ging, gegen das Geraune und Gedränge abzuschotten, um mich auf die Verhandlung zu konzentrieren, in der ich erneut all das vorbringen wollte, was mir wichtig war. Mein Wunsch nach Vergeltung rief noch immer Kritiker aus dem In- und Ausland auf den Plan. Wobei mein Eindruck zu jener Zeit war, dass die iranischen Medien zumeist für, ausländische aber eher gegen mich argumentierten.

Menschenrechtsorganisationen, Frauengruppen, auch viele Kommentatoren meiner Internetseiten waren entrüstet. Vergeltung sei unmenschlich, so der Tenor. »Da profitiert sie nun im fernen Spanien vom 21. Jahrhundert und holt in ihrer Heimat zu einem primitiven, unmenschlichen Gegenschlag aus«, meinten manche. Andere Menschen, die ich auf der Straße traf, ob in Teheran oder in Barcelona, stärkten mir häufig den Rücken: »Weiter so, Ameneh! Du kämpfst nicht nur für dich alleine, sondern für alle Frauen. Für die vielen Eltern, die sich um ihre Töchter sorgen.«

Die Meinung meiner Kritiker konnte mich nie von meinem Weg abbringen. Wer nicht durchlitten hat, was mir widerfahren war, sollte den Stab nicht voreilig über mir brechen. Wollten sich all jene, die mir vehement widersprachen, nur einmal ganz kurz in meine Lage versetzen? Sich dann daran erinnern, wie sie sich das letzte Mal beim Kochen oder beim Bügeln verbrannt haben? Und sich dann vorstellen, diesen Schmerz in tausendfacher Stärke in den Augen zu spüren?

Wollen diese Leute sich weiterhin vorstellen, wie es sich anfühlen würde, blind zu sein? Im Dunkeln den Tag zu verbringen, die Nacht und den nächsten Tag, den übernächsten, die nächsten Wochen, Monate – Jahre? Manche meiner Kritiker waren wohl auch um das internationale Ansehen des Iran besorgt. Eine Sprecherin von Schirin Ebadi, der iranischen Friedensnobelpreisträgerin, rief mich an und bat mich, aus Gründen der Menschlichkeit von der Vollstreckung des Vergeltungsurteils abzusehen. Nur wenig später wollte sie wissen, ob sie meine Geschichte aufschreiben dürfe. »Nein«, sagte ich, »das mache ich schon selbst.« Humanität im Denken, aber geschäftstüchtig im Handeln, dachte ich damals nur.

Was war denn nun unmenschlich? Dieser Kerl, der Attentäter, dem bisher nicht ein einziges Haar gekrümmt worden war und der sich im Gefängnis mit seiner Heldentat brüsten konnte? Wie stand es um die Tatsache, dass ich seit Jahren schon um Geld für Operationen betteln musste, die mir zumindest die Spur eines – wenn auch blinden – menschlichen Angesichts zurückgeben sollten? Abgesehen von einer überschaubaren Summe, die mir die Regierung Khatami gewährt hatte, halfen mir nur wenige private Spender. Die meisten Einrichtungen, die ich um Hilfe bat, wollten sich aus unterschiedlichsten Gründen nicht für mich engagieren. Am Ende blieb mir das spanische Sozialamt, das ja nun am allerwenigsten Verantwortung für mich hätte tragen müssen.

Können Frauen in Ländern, in denen – zumindest auf dem Papier – Gleichberechtigung herrscht, überhaupt ermessen, was wir durchmachen, in Ländern, in denen allein die Männer das Sagen haben? War nicht gar unsere Gesellschaft unmenschlich, in der Männer sich das Recht nahmen, Frauen zu verstümmeln? Welches Männerbild propagierte eine Gesellschaft wie die unsere? Welchen Druck lud sie Männern auf, die durch die Ablehnung einer Frau ihren Stolz verletzt sahen und diese sogenannte Schmach tilgen mussten? Welche Rolle gedenkt diese Welt den Frauen heute und künftig zu? Darf eine Frau selbst bestimmen, wen sie heiraten, welchen

Beruf sie ergreifen oder wie sie sich kleiden mag? Oder soll sie dem Mann auf ewig unterworfen sein, um jeden Preis? Ich stand jedenfalls an jenem 30. November wieder vor Gericht, weil ich für ein Menschenrecht eintreten wollte: das Recht auf Unversehrtheit, auf körperliche und seelische Unversehrtheit, und das Recht auf Selbstbestimmung.

Und dann kam er, der Angeklagte, von Justizbeamten in den Saal geführt, vorbei an seiner Familie. Zu meiner Überraschung herrschte er plötzlich seine Schwester an, die rote Schuhe trug, wie mir später erzählt wurde: »Was willst du denn hier? Noch dazu in dem Aufzug!«

Inzwischen war es unruhig im Saal. Man bat alle nach draußen, die nicht direkt mit dem Prozess zu tun hatten, um jeglichen Aufruhr zu vermeiden. Alle Prozessbesucher, auch mein Vater, wurden kontrolliert, durchsucht, um auch wirklich jedes Risiko auszuschließen.

Wir nahmen unsere Plätze ein. Ich saß in der ersten Reihe links außen, mein Vater und mein Onkel direkt hinter mir, und mein Peiniger saß ebenfalls in der ersten Reihe, ganz rechts außen. Es wurde still. Richter und Beisitzer betraten den Saal, man rief mich in den Zeugenstand und stellte mir unzählige Fragen: »Wie haben Sie Herrn Mowahedi kennengelernt? Welche Art Gespräche führten Sie mit ihm? Welcher Umgangston herrschte zwischen Ihnen? Was empfanden Sie für Herrn Mowahedi? Hatten Sie nicht doch eine Beziehung mit ihm? Liebten Sie ihn? Wie kam es zu der Tat?«

Auch wenn die Richter es gerne so gesehen hätten – es gab keine Beziehung. Zwischen Madschid und mir lagen Welten. Da war keine Beziehung möglich. Ich beantwortete alle Fragen nach bestem Wissen und Gewissen und bat den Vorsitzenden Richter Azizmohammadi irgendwann: »Stellen Sie sich vor, Ihrer Tochter passiert, was mir passiert ist. Was machen Sie dann?«

»Behnam-e khoda«, antwortete er, »im Namen Gottes, diese Frage habe ich mir in der Tat oft gestellt: Was tätest du, wenn sie deine Tochter wäre? Da ich hier aber als Vertreter des Gesetzes stehe, muss ich sagen, dass ich mich an dieses Gesetz halten werde, auch wenn es uns manches Mal die Hände zu binden scheint und wir oft nicht so können, wie wir vielleicht gerne wollen.«

Ich war erschöpft und nicht besonders glücklich mit seiner Antwort: »Ich weiß nicht, welches Unrecht ich begangen habe, das Gott dazu bewogen haben mag, die Wege unserer beider Familien zusammenzuführen. Dass es ihm gefallen hat, mein Herz zu brechen, mit all der Ungerechtigkeit, die mir widerfahren ist.«

Ich nahm meine Brille ab, damit alle erneut sehen konnten, dass ich blind war. Ich ließ ihn und alle Anwesenden im Saal meine Augenhöhlen sehen: »Schauen Sie, wie es mir geht«, sagte ich, »und versuchen Sie sich vorzustellen, was ich durchgestanden habe und was mir noch alles bevorsteht. Ist es nicht ein kleines Wunder, dass ich nicht verrückt geworden bin? Dass ich heute hier sein, für mich selbst sprechen und mich verteidigen kann?«

Die Richter – so berichtete mir mein Vater später – hatten Tränen in den Augen. Und so stand es später auch in den Zeitungen. Meine Eltern, meine Familie, alle im Saal waren zu Tränen gerührt. Was hatte Gott mit so viel Unrecht gegen einen einzigen Menschen nur beweisen wollen?

Endlich wurde Madschid in den Zeugenstand gerufen, ermahnt, Haltung anzunehmen und seine Sicht der Dinge darzulegen: »Ameneh war ständig hinter mir her, wo ich ging und stand, war sie mir auf den Fersen. Meinen Stundenplan kannte sie auswendig – fast besser als ich selbst. Sie war wirklich ständig hinter mir her.«

Drei Jahre Gefängnis hatten ihn also nicht einsichtiger und klüger werden lassen.

Er redete weiter, bis er schließlich einen erstaunlichen Fehler machte. Er widersprach sich in allen Belangen. In einer geradezu detailversessenen Art und Weise schilderte er fast alles, was mit meinem Leben zu tun hatte. Er kannte meine Noten, er wusste, wann ich das Haus verließ und wann ich wieder zurückkehrte. Er kannte meine Stundenpläne, Arbeitszeiten, den Weg zur Arbeit, die Buslinie … einfach alles. Im Westen nennt man dieses Verhalten wohl »Stalking« – ich empfand es einfach nur als eine krankhafte Besessenheit.

»Tausend Toman hab ich damals täglich ausgegeben, um sie bis zu ihrer Firma zu verfolgen, sie zu sehen und wieder heimzufahren.« So viel Mühe hatte er sich jeden Tag gemacht, statt das Geld sinnvoller zu investieren – vielleicht in einen ansehnlichen Tschador oder gute Schuhe für seine Mutter.

»Wann und weshalb hatten Sie den Eindruck oder das Gefühl, dass Frau Bahrami auf Sie eingeht?«, wollte der Richter wissen.

»Nein, nein, so war's ja gar nicht!«, antwortete Madschid und brachte den Saal zum Lachen. Ob seine Schwester oder die Anwältin ihm wohl geraten hatten, Tatsachen abzustreiten oder ins Gegenteil zu verkehren? Wenn dem so war, so setzte er diese Ratschläge nur ungeschickt um.

»Sie hat zuerst um meine Hand angehalten. Nicht umgekehrt«, stammelte Madschid wirr vor sich hin. Der Richter setzte zum Gegenschlag an: »Sind wir hier denn in Indien, dass die Frau um die Hand des Mannes anhält?«

»Sie hielt um meine Hand an. Ich lehnte ab. Später aber fand ich sie dann doch nett …«

»Und wieso kam es dann zu dieser Tat, wenn ihr so ineinander verliebt wart?«, wollte ein Beisitzer wissen. »Man hätte doch eher erwartet, dass ihr vielleicht eine Familie gründet. Stattdessen hat diese junge Frau ihr Gesicht verloren. Hast du ihr Bild gesehen?«

Der Richter zeigte ihm ein Foto von mir, auf dem ich unversehrt war. Ich erinnere mich noch so gut daran: mein lebensfrohes Lächeln, meine strahlenden Augen, die schönen Zähne, mein volles Haar unter einem Kopftuch mit Leopardenmuster verborgen, ein paar Strähnen schauten hervor …

»Erkennst du Frau Bahrami auf diesem Foto wieder?«, fragte der Richter. Madschid reagierte aufgebracht: »Das ist ein Foto von früher, aus ihrer Jugend. Das ist kein aktuelles Foto.«

»Frau Bahrami ist noch immer jung, mit neunundzwanzig Jahren ist man nicht alt. Du hast ihr das angetan. Deinetwegen sieht sie heute so verändert aus.«

»Nein«, fuhr Madschid hoch, »das war nicht ich, das war sie selbst!« Ein Raunen der Entrüstung ging durch den Saal!

»Dann erzähl uns doch, wie es dazu kam«, forderte der Richter Madschid auf.

»Wie gesagt, sie hielt um meine Hand an, ich sagte erst nein, fand sie dann doch nett, und dann wollte sie mich nicht mehr.«

»Erzähl uns vom Tag der Tat.«

»Ich hab von neun bis halb fünf vor ihrer Firma gewartet. Und als sie dann rauskam und sich auf den Heimweg machte …«

Die Zuhörer wurden unruhig. Mariam flüsterte mir zu: »Er versucht ständig, seine Hand zu verbergen. Damit man die Verätzungen nicht sieht, die er bei dem Attentat selbst davongetragen hat.«

In Gedanken ging ich wieder durch den Ressalat-Park, sah die Brücke vor mir, hörte Männerstimmen hinter mir, wollte ausweichen …

»… und da habe ich ihr die Säure ins Gesicht gekippt!«

Im Saal war es in diesem Moment ganz still. Als ob allen der Atem stockte. Keine Stimme, kein Räuspern, kein Knarren von Stühlen – nichts war in jenem Augenblick zu hören. »Und dann habe ich ihr die Säure ins Gesicht gekippt.« Zehn Worte, die ein unmenschliches Schicksal besiegeln.

Zehn Worte, deren zerstörerische Wucht kaum zu ermessen war.

Mehr als sieben Stunden hatte er auf mich gewartet. Stunde für Stunde mit dieser zerstörerischen Karaffe an seiner Seite. Stunden, in denen er vermutlich an nichts anderes dachte als an den Moment, in dem er mich angreifen würde. In vielen Staaten dieser Welt untersuchen die Gerichte bei schweren Körperverletzungsdelikten oder Kapitalverbrechen die alles entscheidende Frage nach dem Vorsatz. Hatte ein Täter sein Verbrechen geplant, oder handelte er vielleicht im Affekt? Aber wie vorsätzlich musste dieses Attentat begangen worden sein, wenn man einen halben Tag auf sein Opfer lauert?

Wie ich erst später erfuhr, hatte Madschid sogar an mehreren Tagen auf mich gewartet. Mal seien zu viele Menschen im Ressalat-Park unterwegs gewesen, und ein anderes Mal wäre ich wohl schon zu nah an der Polizeistation gewesen, die in unmittelbarer Nachbarschaft zu dem Park lag. Und das war ihm offenbar zu gefährlich – denn erwischt werden wollte Madschid natürlich nicht.

Stattdessen hatte er sich, so heißt es, nach dem Angriff zunächst feige davongeschlichen, um sich dann – nachdem sich eine Menschentraube um mich gebildet hatte – mit glühenden Augen und geifernder Befriedigung an meinem Leiden zu ergötzen. Wie dunkel nur konnten manche Seelen doch sein.

Der Richter setzte nach einem kurzen Moment des Innehaltens seine Befragung fort. Ihn interessierten die Einzelheiten aus der Zeit vor der Tat: »Wieso warst du sicher, dass Frau Bahrami dir eine positive Antwort geben würde?«

»Ich hab's an ihren Augen gesehen. Außerdem hat sie mich mal gefragt, ob ich in Afsarieh wohne. Sie hätte mich da mal gesehen. Das hieß doch, sie würde vorbeikommen und um meine Hand anhalten.«

»Das hörst du aus dieser Frage heraus? Was bedeutet denn Verliebtsein deiner Meinung nach? Woran erkennt man, dass man in jemanden verliebt ist? Oder umgekehrt, dass sich jemand in dich verliebt hat?«

»Ich hab ihren Herzschlag gespürt. Jedes Mal, wenn sie an mir vorüberging.«

Ich weiß noch, wie oft ich zu meiner Kommilitonin Nargess gesagt hatte: »Wenn ich irgendwo allein mit ihm sein müsste, ich würde die Beine in die Hand nehmen und laufen, so schnell ich nur kann.« Er hatte mir immer Angst gemacht. Und diese Angst, mein Herzklopfen, muss er wohl gespürt haben.

Nun wandte der Richter sich wieder an mich: »Frau Bahrami, Sie haben bisher neunzehn Eingaben gemacht, um das Recht auf Vergeltung zu erwirken.«

»Ja, und heute bitte ich zum zwanzigsten Mal darum.«

So oft hatte ich tatsächlich schon in dieser Sache Briefe an das Gericht geschrieben. Jedes Mal, wenn ich aus der Presse oder aus anderen Quellen von Gerüchten erfuhr, dass dieser Verbrecher auf freiem Fuß sei oder aus der Haft entlassen werden sollte, bat ich darum, endlich Vergeltung üben zu dürfen. Für Verbrechensopfer geht es gar nicht immer nur um Rache – die meisten haben schlichtweg davor Angst, dass ihr Peiniger eines Tages zurückkehren und seine schreckliche Tat vollenden könnte. Ich fühlte mich in all den Jahren – und das ist auch heute noch so – im Grunde nur in Barcelona sicher. Zu wissen, dass dieser Mensch mehrere tausend Kilometer entfernt in einem iranischen Gefängnis sitzt, brachte mir nie Genugtuung, aber ein Gefühl von Sicherheit. Dass diese Haftzeit nach zwölf Jahren zu Ende sein würde und Madschid im Vollbesitz seiner Kräfte mir, einer blinden Frau, auflauern könnte – und ich gehe davon aus, dass er das auch tatsächlich tun würde –, machte mich fast verrückt.

»Sie wissen aber doch, dass sich dieses Urteil nicht vollstrecken lässt, Frau Bahrami. Und wenn, wie würden Sie es denn tun wollen? Etwa auf die gleiche Weise wie er?«

»Nein, ich würde ihm nur mit einer Pipette Säure in die Augen träufeln. Sein Gesicht und seine Hände blieben heil.«

»Und was, wenn sein Gehirn in Mitleidenschaft gezogen wird?«

»Hat er sich denn zuvor gefragt, was mit meinem Gehirn passieren könnte? Oder mit meinen Zähnen, meinem Hals oder meiner Speiseröhre ... Ohne Tabletten kann ich kaum fünf Minuten beschwerdefrei sprechen. Meine Haare, meine Brauen, meine Augen, mein Gesicht, meine Hände, meine Nieren, mein Magen – alles ist damals durch seine feige Attacke in Mitleidenschaft gezogen worden. Er soll Säuretropfen ins Auge bekommen. Und wenn er sein Augenlicht dadurch nicht ganz verliert – Glück für ihn.«

»Und Sie sind sicher, dass Sie selbst das machen wollen? Eines muss Ihnen klar sein, wir haben kein Personal und auch keinen Henker, der so etwas vollstrecken könnte.«

»Mir haben so viele Menschen aus meinem persönlichen Umfeld, aber auch Fremde auf der Straße angeboten, das Urteil zu vollstrecken. Aber diese Last kann ich keinem anderen zumuten – das muss ich schon selbst vollenden. Und ich würde es auch zu Ende bringen.«

»Gut, ich habe keine weiteren Fragen mehr, Frau Bahrami«, sagte der Richter. »Das klingt überzeugend!«

Kurze Zeit später wurde Madschid wieder in den Zeugenstand gerufen.

»Du hast gehört, was Frau Bahrami will.«

»Ja, das hab ich. Meinetwegen, ich habe nichts dagegen. Aber eine Bedingung.«

»Eine Bedingung! Und die wäre?«

»Wenn es so weit ist, soll man Ameneh im Nebenzimmer vorher beide Augen ausräumen, damit ich sicher sein kann, dass sie auch wirklich nichts mehr sieht.«

In diesem Augenblick verloren etliche Zuhörer die Beherrschung. Meinem Onkel platzte der Kragen: »Was soll das heißen, ihre Augen ausräumen! Reicht dir nicht, was du ihr angetan hast, du …!«

Es wurde so laut im Saal, dass der Richter die Leute zur Ordnung rief. »Ruhe im Gerichtssaal! Wir sind hier weder auf dem Viehmarkt, noch sitzen wir beim Hammelkopf-Schmaus!« An Madschid gewandt, fragte er: »Hast du denn immer noch nicht genug? Was willst du denn noch von ihr?«

Mein Onkel hatte sich noch nicht wieder beruhigt: »Hast du den Hals noch nicht voll? Du hast ihr doch schon alles genommen: ihr Gesicht, ihre Schönheit, ihre Gesundheit!«

Ich kochte innerlich vor Wut. Was – in Gottes Namen – musste ich mir noch alles von diesem primitiven Kerl antun lassen? Was? Auch der Richter war gereizt. Er forderte Madschid auf, sich zu setzen. Der allerdings bat noch mal um das Wort und fragte: »Warum hacken eigentlich alle auf mir herum? Ich bin doch nicht der Einzige, der so eine Tat begangen hat. Es gab doch noch jede Menge andere!«

Der Richter entgegnete ruhig und gefasst: »Vergiss nicht, du hast wieder damit angefangen. Du hast schließlich Nachahmer auf den Plan gerufen. Das letzte Säureattentat wurde vor acht Jahren verübt, und der Täter wurde erhängt. Aber das hat dich nicht davon abgehalten, deine Tat zu begehen.«

Madschid ließ noch immer nicht locker: »Warum übertreiben alle so?«

Der Richter wurde laut: »Übertreiben? Wir übertreiben? Du, du hast übertrieben«, gab er zurück, »du bist zu weit gegangen! Schau, was du angerichtet hast. Da sitzt Ameneh Bahrami! Da! Schau genau hin.«

Es war fast totenstill im Saal, nur vereinzelt war ein leises Schluchzen zu hören. Dann wurde mein Vater gefragt, ob er das Wort ergreifen wolle. Aber er unterdrückte nur mit Mühe seine Tränen und mochte nicht sprechen.

Der Richter sagte, er habe in all den Jahren seiner Amtszeit keinen solchen Fall zu verhandeln gehabt. Am ärgerlichsten sei für ihn dabei aber, dass der Täter keine Reue zeige und dass er sich offenbar keiner Schuld bewusst sei.

Mir war in diesem Moment klar, dass ich die Vergeltung vollstrecken musste, sofern das Gericht mir dieses Urteil zusprach. Mein ganzes Leid, das ich durch diese heimtückische Attacke hatte erfahren müssen, und die ganzen Demütigungen, die ich danach zu ertragen hatte, würden in diesen paar

Tropfen liegen, wenn ich sie ihm eines Tages verabreichen dürfte. Madschid dachte und hoffte, er würde hingerichtet werden. Und dann wäre er gewissermaßen durch meine Hand gestorben. Diesen Gefallen konnte ich ihm auf keinen Fall tun.

Natürlich hätte man auch versuchen können, anstelle des Rechts auf Vergeltung eine lebenslängliche Haftstrafe gegen Madschid zu erwirken. Aber es gab im Iran an verschiedenen nationalen Feiertagen zu viele Amnestien, als dass ich davon hätte ausgehen können, für den Rest meines Lebens vor diesem Verbrecher sicher zu sein. Es existierte einfach keine Sicherheit für mich, zumal auch unabhängige Prozessbeobachter und die Richter selbst davon überzeugt waren, dass Madschid sich nach Ablauf seiner Gefängnisstrafe an mir rächen würde. Dieses Risiko konnte und wollte ich nicht tragen müssen. Er sollte weiterhin in dem berüchtigten Gefängnis Ghezel-Hesar außerhalb von Teheran unter Mördern, Vergewaltigern und zum Tode Verurteilten sein Dasein fristen. Und einen Teil seiner Haftstrafe sollte er im Dunkeln ableisten – blind, ohne Augenlicht.

Nachdem die Anklage – es wunderte niemanden – schließlich auf unbedingten Vorsatz und versuchten Mord lautete, zog sich das Gericht zur Beratung zurück.

19.
Augenhöhe –
Im Namen des Herrn

In der Verhandlungspause wurde im Saal die Entrüstung laut, die in Gegenwart der Richter unterdrückt werden musste. Mein Vater bemühte sich, meinen Onkel zu beschwichtigen, in dem es immer noch brodelte: »Ich weiß ja, dir platzt der Kragen, aber beruhige dich doch. Warte ab, was die Richter sagen. Es wird sich alles finden.«

Mein Anwalt kam auf mich zu: »Na, Ameneh, wie fühlst du dich?«

»Dr. Sarrafi, haben Sie das gehört? Er hat sich mit keiner Silbe entschuldigt. Ich, nur ich, war die Schuldige. Weil ich nein gesagt habe und weil ich mein Kopftuch zu lose gebunden hatte. Wenn er wieder freikommt, wird er mich in Stücke reißen. Und – er will tatsächlich meine Augen ausräumen lassen! Mit was für Menschen haben wir es hier eigentlich zu tun?«

»Deine Tante ist aus diesem Grund wieder gegangen«, erklärte mir meine Mutter, »weil sie das alles nicht länger mitanhören wollte.« Anfangs hatte sie mir noch geraten, dem jungen Sünder zu verzeihen – ihn gar zu heiraten. Und nun war sie so außer sich, dass auch sie fand, man müsse ihn sehr hart bestrafen. Das konnte ich häufig beobachten: Aus der Ferne beurteilten die Leute die Sache mit einer gewissen Milde. Da war es nur dieser junge Mann, der einen schlimmen, aber gleichwohl unbedachten Fehler gemacht hatte. Wenn sie ihn und sein Verhalten dann aber mit eigenen Augen sahen, änderten sie ihre Meinung ins Gegenteil. So wie eine der Gerichtsdienerinnen. Sie wollte zunächst nicht glauben, dass jemand so hartherzig sein konnte wie er. In einer Verhandlungspause dann sprach sie mich an und entschuldigte sich: »Verzeihen Sie mein vorschnelles Urteil. Ich hatte ja keine Ahnung, wie uneinsichtig und gefühllos er ist.«

Die Beratungspause war zu Ende.

»Behnam-e khoda« – im Namen des Herrn – wurde das Urteil verkündet: »Nach iranischem Recht und laut dem Heiligen Buch des Koran ist eine Frau halb so viel wert wie ein Mann. Folglich zählen zwei Augen einer Frau so viel wie ein Auge eines Mannes. Und so erhält Frau Bahrami das Recht, ein Auge des Täters zu blenden. Um auch sein zweites Auge blenden zu können, würde die Zahlung von zwanzig Millionen Toman fällig. Zusätzlich zu dem Recht auf Vergeltung wird der Angeklagte zu zwölf Jahren Gefängnisstrafe verurteilt.«

Ich traute meinen Ohren nicht! Hatte ich tatsächlich richtig gehört? Meine beiden Augen so viel wert wie eines von seinen? Dabei bezeichnet doch ausgerechnet unsere persische Sprache Eheleute als »hamsar«, einander ebenbürtig. Und das soll nun dem Gesetz nach anders sein? Er hatte mir nicht nur mein Augenlicht genommen, sondern mein ganzes Gesicht und meine Gesundheit zerstört. Und ich sollte ihm nur ein

Auge nehmen dürfen? Wie hatte ich nur vergessen können, dass nach unserem Recht eine Frau nur halb so viel wert war wie ein Mann?

»Wie ungerecht!«, brachte ich mit Mühe hervor.

»So steht es im Rechtskodex der Islamischen Republik, und an den halten wir uns. Mehr gibt es dazu nun nicht zu sagen. Die Verhandlung ist geschlossen.«

Im Saal brach eine heftige Diskussion los. Mir aber hatte es die Sprache verschlagen. Ich hatte noch immer nicht ganz begriffen, welches Urteil da soeben ausgesprochen worden war. So oft hatten mich die Herren einbestellt, hatten meinen Argumenten Gehör geschenkt – und jetzt das? Wie hatte ich auch nur für einen Augenblick vergessen können, dass in unserem Staat eine Frau nur die Hälfte eines Mannes wert war? Wie hatte ich diese unfassbare Rückständigkeit verdrängen können?

Nur halb so viel wert wie er? Wohin man auch sah – auf dem Land, in der Stadt, in unserem oder in anderen Ländern –, leisteten Frauen doch mindestens dreimal so viel wie Männer, und auch Frauen haben doch ihren Anteil am Voranbringen der islamischen Revolution! Das war alles nichts – oder nur die Hälfte wert? Was für eine traurige Tatsache …

Im Iran waren Mädchen bereits im Alter von neun Jahren strafmündig – Jungen aber erst mit fünfzehn. Und die Aussage einer Frau zählte vor Gericht weniger als die eines Mannes. Die Unterschiede zwischen den Geschlechtern waren haarsträubend. Aber das hier war wirklich unbegreiflich. Sollte ich tatsächlich nur die Hälfte dieses Kerls wert sein? Und auch noch umgerechnet etwa 14 000 Euro für sein zweites Auge zahlen? Wenn ich so viel Geld hätte, würde ich es für meine eigenen Operationen verwenden, statt es ihm hinterherzuwerfen! Ich dankte dem Gericht, äußerlich gefasst, innerlich aber so aufgewühlt wie seit langem nicht. Sie wussten, dass ich das Geld nicht aufbringen würde, um sein zweites Auge zu kaufen, dachte ich. Vielleicht hatten sie genau aus diesem Grund so geurteilt.

Die Türen des Gerichtssaals öffneten sich, und die Leute verließen den Saal. Meine Tante stürzte auf mich zu: »Was hast du gemacht, Ameneh? Hast du ihm verziehen? Er kam total entspannt und fröhlich aus dem Saal, als sei nichts geschehen.«

»Nein, ich hab ihm nicht verziehen.« Und erneut brandete in mir diese innere Wut auf. Er spazierte also unbeschwert aus dem Saal? Ich wollte, nein, ich musste einen anderen Weg finden, diesen Unmenschen seiner gerechten Strafe zuzuführen. Es musste einfach einen anderen Weg geben. Halb so viel wert! Ein unglaublicher Affront. Nicht nur für mich, sondern für alle Frauen meines Landes. Frauen, die sich alleine durchschlagen mussten, arbeitslos waren oder von ihren Männern sitzengelassen wurden, standen oft ohne alles da und waren in ihrer materiellen Not nicht selten zum Äußersten gezwungen. Hatte mir nicht sogar Mariam kürzlich von einer jungen Frau im Taxi erzählt, die den Fahrer und alle Fahrgäste um Geld bat und eine Gegenleistung anbot. »Es ist nicht ganz so, wie Sie denken«, entschuldigte sie sich, »ich bin Studentin und versuche, mir mein Studium zu finanzieren, weil ich keinen Job habe.«

Und selbst wenn solche Geschichten aus Gerüchten entstanden waren, ein Körnchen Wahrheit steckte doch in allen. Ein Mädchen und ihr Freund wurden von Sittenwächtern erwischt – was Amir und mir ja zum Glück erspart geblieben war. Als der Vater davon erfuhr, kündigte er an:

Der Erste, der sich meldet, bekommt meine Tochter zur Frau. Das klang beinahe wie ein Märchen aus Tausendundeiner Nacht, nahm aber kein märchenhaftes Ende. Der arme Schlucker, der das Rennen gemacht hatte, hat die junge Frau ins Unglück gestürzt. Pech gehabt, aber die Worte ihres Vaters galten. Tragische Geschichten wie diese passierten zu Tausenden in meinem Land.

Sicher gab es auch weniger strenge Väter, und nicht für jede Misere waren immer nur die Männer allein verantwortlich. Aber das Gesetz von der halben Wertigkeit der Frau war definitiv eines, von dem die Männer gerne profitierten – und ich musste endlich einen Weg finden, es zu umgehen!

Tage nach dem Urteilsspruch, am 22. Bahman, dem Jahrestag der Revolution, dem höchsten Feiertag des Landes, rief das Justizministerium bei uns zu Hause an. Der Oberste Richter, Ayatollah Haschemi Schahrudi, wolle mich sprechen, hieß es. Ich solle auch alle Arztrechnungen mitbringen – er würde uns empfangen.

Im Ministerium angekommen, reichte man mir einen Tschador – meine Mutter war ja bereits verschleiert – und bat mich, mich angemessen zu verhüllen, was ich einigermaßen unbequem, um nicht zu sagen gefährlich fand, weil ich beim Gehen hätte stolpern können. Während wir nun auf den Obersten Richter warteten, kam ich mit dem ebenfalls anwesenden Justizvertreter ins Gespräch und erklärte ihm, wie unzufrieden ich mit dem Urteil sei.

»Verzeihen Sie ihm, Frau Bahrami. Nehmen Sie das Schmerzensgeld, und setzen Sie Ihre Behandlungen fort.«

»Ich will sein Schmerzensgeld nicht. Abgesehen davon, hat er doch auch gar kein Geld.«

»Warum heiraten Sie ihn nicht?«

»Das bietet er doch nur an, um kein Schmerzensgeld zahlen zu müssen!«, gab ich zurück und stellte auch ihm die Frage: »Wenn Ihre Tochter betroffen wäre, würden Sie das Mädchen so einfach einem solchen Mann überlassen?«

Am höchsten Feiertag des Landes wurden immer Gefangene begnadigt. Welch Glück für sie und ihre Familien. Zu schade nur, dachte ich, dass es keine Amnestie gab, die mir mein Augenlicht zurückbringen könnte.

»Wir sind dran«, sagte meine Mutter und stieß mich sanft in die Seite. Ich erhob mich mit Bedacht, um nicht zu stolpern.

»Salam, meine Tochter«, begrüßte mich der Oberste Richter des Iran. »Sie haben doch nun Ihr Recht bekommen. Woran fehlt es denn jetzt noch?«

»Ich soll sein zweites Auge tatsächlich für zwanzig Millionen kaufen, wo meine eigene Behandlung mich so viel kostet! Und soll auch noch dankbar sein für dieses Urteil?«, fragte ich und nahm dabei meine Brille ab.

Meine Mutter sagte mir später, dass Richter Schahrudi augenblicklich den Kopf senkte, als er meine Augen sah.

»Bitte setzen Sie Ihre Brille wieder auf, und erklären Sie mir genau, was Sie verlangen.«

Ich erklärte es ihm. »Ich möchte Geld für meine Behandlungen, weil der Prozess mir finanziell nichts bringt. Zweitens möchte ich auch sein zweites Auge, und zwar ohne etwas dafür bezahlen zu müssen.«

Nach einer kurzen Pause sagte Richter Schahrudi: »Ich übergebe Sie und Ihren Fall nun Oberstaatsanwalt Mortazawi.«

Der hatte, von mir unbemerkt, unserem Gespräch schon von Beginn an beigewohnt. Ich sagte: »Herr Mortazawi hat schon mehrfach gesagt, dass er mir helfen will. Bisher hab ich nichts von ihm gehört.«

Plötzlich hörte ich ihn aus dem Hintergrund sprechen: »Ich kümmere mich darum, ich kümmere mich …«

Bis zur nächsten Enttäuschung, dachte ich mir. Meine Mutter und ich gingen niedergeschlagen wieder nach Hause.

Ich unternahm einen neuen Vorstoß, um eine Änderung meines Urteils zu bewirken, und wurde tatsächlich empfangen. Ein weiterer Vertreter des Justizministeriums lud mich vor und sprach mir sein vollstes Verständnis aus. »Das Leben ist nicht immer gerecht, Frau Bahrami. Dass Sie heute hier vor mir stehen, macht mich besonders traurig. Die jungen Leute haben es heute wahrlich nicht leicht. Den richtigen Weg finden, sich eine Zukunft aufbauen, das ist heute gar nicht einfach … Und dann passiert einer fleißigen, rechtschaffenen, zielstrebigen jungen Frau das, was Ihnen passiert ist. Jetzt, wo ich Sie gesehen habe, wird mir klar, dass man das Urteil überdenken muss. Ich will sehen, was ich tun kann.«

Er geleitete mich zur Tür und verabschiedete sich mit dem Rat, es sei nun an der Zeit zu beten. Ich gab ihm meine Bitte mit auf den Weg, mich in seine Gebete einzuschließen.

Zu Hause stürmten alle auf mich ein: »Wie ist es gelaufen? Hast du etwas Neues erwirken können?«

Ich wusste es nicht. Zumindest hatte ich keine endgültige Antwort bekommen. Ich solle abwarten, und das hieß zumindest nicht, dass die Sache schon erledigt war. Aber irgendwie hatte ich ein gutes Gefühl. Das letzte Wort war noch nicht gesprochen. Wenn sie mir sein zweites Auge auch zugestehen würden, wäre ich die erste Frau im Iran, die sich dieses Recht erstritten hätte. Es wäre ein trauriger Sieg. Aber ein Sieg. Zudem stritt ich ja nicht nur für mich alleine.

Eine meiner Cousinen hatte sich wohl schon ein Beispiel an mir genommen. Von ihrem Vater hatte sie Prügel bezogen, wann immer es ihm passte; und ihr Vater hatte einen Mann für sie ausgesucht, mit dem sie unglücklich war. Eines späten Nachmittags rief sie mich an: »Ameneh, ich bin dir so dankbar und so stolz auf dich. Ich weiß jetzt, dass ich mich von Anfang an gegen Papas Prügel hätte wehren dürfen. Und ich weiß, dass ich mich über seine Bevormundungen hätte hinwegsetzen müssen. Ich will nicht länger Beruhigungspillen schlucken, um mein Leben ertragen zu können. Ameneh, stell dir vor, ich habe mich endlich dazu durchgerungen, die Scheidung einzureichen. Ich will frei sein, will studieren und mein eigenes Leben leben!«

Ich freute mich für sie und wünschte ihr Kraft für die kommenden Wochen und Monate. Die würde sie brauchen, um ihre Scheidung durchzufechten. Starke Nerven und triftige Gründe – die würde sie vorbringen müssen, weil sie als Frau die Scheidung einreichte. Ein Mann, der sich scheiden lassen wollte, brauchte in der Regel keine Gründe zu nennen – Frauen hingegen mussten sich dieses Recht hart erkämpfen.

Leichter wurde auch meine Lage nicht. Ich musste mich weiterhin um Spenden bemühen. Dr. Saburi tat, was er konnte. Hier und da gaben anonyme Spender kleinere Beträge, die mich immer wieder sprachlos machten. All den Menschen, die mir aus tiefster Überzeugung geholfen haben, werde ich außer meinem Buch und meinem aufrichtigen Dank nichts zurückgeben können – und trage doch die Kraft ihrer Hilfsbereitschaft in mir.

Pari Zanganeh, die berühmte iranische Opernsängerin, die bei einem Autounfall ihr Augenlicht verloren hatte, gab zwei Benefizkonzerte für mich. Mehrere zuversichtliche Helfer boten mir an, Spendenaktionen zu starten. Ich bremste ihren Enthusiasmus – aus Erfahrung. Sogar wenn wir das Geld meiner Familie einsetzten, das wir in bescheidenem Rahmen ja verdienten, weil außer meinem Vater alle arbeiteten, zerrissen sich die Leute den Mund darüber, wie sorglos wir mit dem Geld anderer Leute umgingen. Oder es hieß: Ameneh täuscht ihre Operationen nur vor und baut sich mit dem Geld dafür ein Haus. Gerüchte dieser Art hätten eigentlich an mir abprallen müssen – aber manchmal trafen sie mich doch mitten ins Herz.

Vor meiner Rückkehr nach Spanien wollte ich unbedingt meinen Großvater in Hamadan besuchen. Immerhin hatte ich ihn seit über drei Jahren nicht mehr gesehen. Es ging ihm nicht besonders gut. Er war stark gealtert und hatte – das wusste ich von meiner Großmutter – unter meinem Schicksal sehr gelitten. Natürlich wurden Menschen alt und grau und gehen eines Tages von uns. Aber wenn Madschid nicht gewesen wäre, so dachte ich manches Mal, dann hätte mein Großvater weniger leiden müssen. Ich dachte zurück an die Zeiten, in denen wir so viel Spaß mit ihm hatten, seine Scherze, seine Lebensweisheit, seine Lieder, sein Flötenspiel ... Mittlerweile waren seine Kräfte geschwunden. Seine Stimme war schwach, ebenso sein Augenlicht. Als er mich sah und fragte, ob ich in Europa mein Augenlicht zurückbekommen hätte, kam ich meiner Mutter zuvor und sagte schnell: »Ja, Opa, ich sehe wieder.« Er lächelte und seufzte erleichtert: »Dem Himmel sei Dank!«

Mein Handy klingelte. Eine Zeitungsredakteurin bat um ein Interview mit mir.

»Ich bin zurzeit in Hamadan …«

»Oh, dann wissen Sie vielleicht das Neueste noch gar nicht?«

»Nein, worum geht's denn?«

»Das Gericht hat beschlossen, dass Sie die zwanzig Millionen nicht zahlen müssen. Ihre Gesichts- und Handverletzungen werden gegen sein zweites Auge aufgerechnet.«

Ich wollte kaum glauben, was ich da gehört hatte. »Ich bitte Sie, sagen Sie das noch einmal, ich kann es ja kaum fassen!«

»Sie haben richtig gehört, Frau Bahrami: Sie dürfen seine beiden Augen blenden!«

Ich hatte es geschafft. Ich hatte gewonnen. Einen Sieg davongetragen, in einem Kampf, der nur Verlierer kannte. Ein Sieg, der darin mündete, dass ich einem Menschen, der mich zerstört hatte, das Augenlicht nehmen würde. Plötzlich bekam ich Angst. War das tatsächlich ein Sieg? War es ein Triumph?

Im Februar 2009 flog ich für eine weitere Operation nach Barcelona zurück. Diesmal begleitete mich meine kleine Schwester Schadi. Nicht nur, weil ich mich nicht mehr von meiner älteren Schwester Schirin begleiten lassen wollte – ich fürchtete auch, man könnte Schadi im Iran etwas antun.

Es war eiskalt in Barcelona, draußen und auch in meinem Zimmer. Maria-Rosa wollte partout nicht heizen. Die Kälte trug wahrlich nicht dazu bei, Schadis Heimweh zu lindern. Unsere vordringliche Aufgabe aber war, eine neue Bleibe zu suchen. Einmal mehr mit wenig Geld. Und natürlich statteten wir auch Dr. Medel einen Besuch ab und berichteten ihm, wie weit ich in Teheran gekommen war.

Er meinte, wenn ich seine Schwester oder seine Tochter wäre, wüsste er nicht, welche Entscheidung er gutheißen würde.

»Wenn du den jungen Mann blendest, kommt eine rachsüchtige Ameneh zum Vorschein, und das bist du nicht.«

Meine Großmutter hatte mir einst die Geschichte von Ghodrat erzählt, einem Verwandten, vor dem alle eine Riesenangst hatten. Warum? In seiner Jugend hatte ihm jemand ein Ohr abgeschnitten, und er musste jahrelang den Spott der Leute ertragen. Niemand hätte von dem stillen Burschen je gedacht, dass er sich eines Tages rächen würde. Er schnitt seinem Peiniger ebenfalls ein Ohr ab. »Glücklich ist er danach nicht geworden«, rief meine Großmutter mir in Erinnerung. »Du weißt, dass alle große Angst vor ihm hatten, Ameneh. Vergiss es nicht. Gib Acht, dass aus dir nicht unser zweiter Ghodrat wird, hörst du, mein Kind!«

Aber da waren auch ganz andere Zweifel. Am Ende würde Madschid denken, ich liebte ihn doch, falls ich ihm verzeihen würde. Angeblich verlangte er noch immer von seinen Eltern, endlich um meine Hand anzuhalten. Meine Geschichte konnte einfach kein glückliches Ende bekommen. Meine Geschichte war kein Märchen, kein Traum. Meine Realität musste allein ich durchstehen, und auch mit meiner Entscheidung stand ich am Ende doch ganz allein. In schweren Momenten überkam mich immer die Sehnsucht – nach der Ameneh, die mir entglitten war.

Wenn der Schmerz und die Sehnsucht besonders stark waren, schrieb ich ihr in meinen Gedanken Briefe: »Salam,

Ameneh! Wie geht es dir? Weißt du, wie oft ich an dich denke? Wie sehr ich dich vermisse? Seit fast sieben Jahren lebe ich nun schon ohne dich. Ob du überhaupt weißt, wie es mir ergangen ist? Letzte Nacht hab ich mal wieder daran gedacht, wie du mich verlassen hast, Ameneh. Es ging so schrecklich schnell, in diesem Park, unter der Brücke. Ein Säurefeuer, und du warst fort … Mir blieb gar keine Zeit, mich von dir zu verabschieden. Vor fast sieben Jahren habe ich dich zum letzten Mal gesehen, Ameneh. Seitdem sehe ich nur noch schwarz. Das Leben ist anstrengend ohne dich, so mühevoll, weißt du. Jeder redet über mich, was er will. Jeder glaubt, er kann mit mir umspringen wie mit einem Stück Vieh. Außer ganz wenigen anderen Menschen in meinem Leben glaubt mir niemand. Als du noch da warst, war das ganz anders.

Weißt du noch, was wir alles gemeinsam erlebt haben? Wie gern ich dich im Spiegel sah! Dass ich dich nie altern sehen wollte! Wo bist du, Ameneh? Warum antwortest du mir nicht? Die Welt lacht mich nicht mehr an, seit du weg bist. Seit du weg bist, ist keine Schönheit mehr in meiner Welt. Erinnerst du dich an unsere Studentenzeit? Wie oft wir Grund hatten zu lachen, trotz aller Schufterei! Alles vorbei, die Zeit ist vorbei. Wie verliebt ich in dich war, Ameneh, wie gern ich dich hatte. Nie hätte ich zugelassen, dass dir jemand auch nur ein Haar krümmt, Ameneh. Immer war ich bemüht, dir nur das Beste zu geben, hübsche Kleider, gesundes Essen, Zukunftsaussichten … Wie konntest du nicht begreifen, was du mir bedeutet hast? Ahnst du überhaupt, was ich durchlitten habe ohne dich? Wie schutzlos ich mich oft fühle ohne dich? Nie im Traum hätte ich gedacht, dass ich eines Tages so deprimiert, so zerbrechlich sein könnte wie jetzt … Komm doch her, sieh dir an, was geblieben ist von mir. Nein, tot bin ich nicht, aber oft genug wäre ich es am liebsten. Und die bitteren Tränen, die ich jetzt vergieße, helfen mir nicht weiter. Sie ändern nichts, sie zaubern dich nicht hierher.

Weißt du noch, in der Schule damals, in der ersten Klasse, als der Lehrer dich aufrief, jeden Morgen: ›Ameneh Bahraminava!‹ Da war sonnenklar: Ein Mensch, der einen Namen hatte, würde aufwachsen, um diesem Namen Ehre zu machen. Und jetzt? Jetzt denke ich an die Kleider, die ich an jenem Katastrophentag trug, an die Kleider, die Mama noch heute aufbewahrt. Die ich auch nach fast sieben Jahren nur mit Handschuhen anfassen kann, weil sie noch immer voller Säure sind. Sie rochen noch nach dir, Ameneh, und nach der schrecklichen Säure … Weißt du noch, die schöne Tasche, die wir mit Ashraf zusammen gekauft hatten! Damals, unter der Brücke im Park, wusste ich: Du kehrst nicht zu mir zurück. Warum hat Gott überhaupt zugelassen, dass du mich verlässt? Kannst du mich nicht wenigstens im Traum besuchen kommen? Lass es dir gutgehen … Ich muss Schluss machen, Ameneh, meine Tränen …«

Und dann starb mein Großvater. Er ging von mir, wie damals Ameneh von mir ging. Ich wollte es nicht wahrhaben. Mein geliebter Opa! Der so rührend und liebevoll reagiert hatte, als er dann doch erfahren hat, dass mir durch den heimtückischen Säureanschlag mein Augenlicht geraubt worden war. Ich kam mir vor wie im Traum, nachdem er gestorben war. In einem hässlichen Traum, aus dem ich vielleicht nie erwachen würde. Dabei wusste ich, ich müsste das Leben lieben. Obwohl mein Herz mir wie ein Stein vorkam. Obwohl ich kaum Stolz und keine Freude empfand, wenn andere sagten: »Beeindruckend, Ameneh, was du aus deinem neuen Leben gemacht hast.« Ich wusste, irgendwoher würde Lebenskraft kommen müssen: Blindenschrift, Gitarre spielen, singen lernen, meine Geschichte erzählen, einen Computer beherrschen, vielleicht sogar bald Arbeit finden … Wach auf, Ameneh, wach auf!

20.

Ausblick –
Ich werde sehen

Ich wache nicht auf. Mein Traum nimmt kein Ende. Ich starre in meine hohlen Hände. Sehe zwei Glasaugen. Höre eine Stimme. Sie klingt fremd. Herr im Himmel: Wenn du mir mein Augenlicht zurückgegeben hättest, hätte ich ihm verziehen. Vielleicht. Nun aber bringe ich ihm ein Geschenk. Eines, das ihm keine Freude machen wird. Er wird sein Gesicht nicht verlieren, wie ich. Aber er wird diese Augen aus Glas bekommen. Und ich werde mich fragen: Ob er wohl weinen wird damit? Wenn ja, dann sicher nicht aus Scham oder aus Reue, sondern aus Abscheu und Verachtung für mich. Er wird sich daran gewöhnen, seine Welt wie im Traum wahrzunehmen – so wie ich. Wird er den Weg finden in sein neues Leben? Wird er sein neues Leben lieben? Wird er die Kraft dazu haben? Oder wird er sich verirren und unterwegs aufgeben?

Ich bringe dir etwas, das auch ich habe. Denn was mein ist, soll auch dein sein. Damit die Liebe in dir nie erlischt. Damit dir ewig unvergesslich sei die Verheerung, die du aus Liebe angerichtet hast. Alle Liebenden dieser Erde hast du beschämt mit deiner Tat! Madschnun, Tristan, Romeo – alle!

Das kann die Leilas, Isoldes, Julias dieser Welt nicht unberührt lassen! Und so habe ich lange nach einem passenden Geschenk für dich gesucht. Mit Erfolg. Schau, wie es schillert, in den prächtigsten Farben der Liebe und des Hasses, einzigartig: zwei Glasaugen, nur für dich gemacht. Weißt du, wie sehr ich den Tag herbeisehne, an dem ich dir dein Geschenk überreiche? Mach dich bereit. Ich bin auf dem Weg zu dir …

Ich fuhr hoch, schweißgebadet. Hellwach. War ich tatsächlich schon auf dem Weg? Ich saß eine Weile in der Dunkelheit, versuchte, meine Gedanken zu ordnen, und mir fiel ein Gespräch mit meinem Großvater ein. Das letzte, das ich mit ihm führte …

»Willst du das wirklich tun?«

»Ja. Er verdient's doch nicht anders. Außerdem soll keine Frau nach mir durchmachen müssen, was ich durchgemacht habe!«

»Willst du es wirklich tun, oder kostest du nur deinen Sieg aus? Ameneh, Kind, glaub mir: Der junge Mann bereut, was er getan hat. Er kann es nur nicht sagen.«

»Er hat mich zerstört, Opa, er hat mein Leben zerstört. An mir ist nichts mehr, wie es war.«

»Ja, ich weiß, mein Kind. Und ich habe mit dir gelitten, aus allertiefstem Herzen. Ich sage dir: Gib den jungen Mann in Gottes Hand. Der Herr wird wissen, was das Beste für ihn ist.«

»Opa, ich hab mir das Recht auf Vergeltung hart erkämpft. Warum soll ich ihn nun Gott überlassen?«

»Tu es mir zuliebe, Ameneh, ich bitte dich!«

»Und was, wenn morgen wieder ein Mädchen zum Opfer einer solchen Greueltat wird? Dann hab ich sie nicht verhindert!«

»Wenn ich bald sterbe, möchte ich in dem Wissen gehen können, dass meine Enkelin ein großes Herz hat.«

»Opa, ich hab schon lange kein Herz mehr. An dessen Stelle ist mir nur ein Stein geblieben. Wäre die Welt überhaupt besser, wenn alle Menschen auf ihr Herz hören würden?«

»Als dein Großvater möchte ich dir sogar verbieten, Vergeltung zu üben! Sei vernünftig, Ameneh. Denk an später, denk an deine Kinder … Verbaue dir nicht den Weg in deine Zukunft! Heute bejubeln sie dich, ja, heute feiern sie deinen Sieg mit dir. Aber morgen, schon morgen werden sie dich verachten, Ameneh, vergiss das nicht.«

Schweigen meinerseits.

»Ameneh? Bist du noch da? Hat es dir die Sprache verschlagen?«

»Ich muss nachdenken, Opa.«

»Du tust gut daran, mein Kind. Vergiss nicht: Es gibt Dinge, die ein Mensch nicht tun darf, auch wenn er dazu in der Lage ist. Es gibt Taten, die eines Menschen nicht würdig sind. Begreifst du das?«

»Aber der Kerl hat vor seinen Zellengenossen geprahlt: ›Ich war sechs Monate lang in den Schlagzeilen!‹«

»Ihr seid also in einen Wettstreit getreten. Ich sage dir eines, mein liebes Kind: Den Wettstreit um die Menschlichkeit gewinnt, wer verzeiht. Nicht der, der nimmt oder zerstört.«

Am Ende werde ich ja sehen …

21.

Augenmerk –
Ein Nachwort im Oktober 2011

Am Ende werde ich ja sehen – das waren die Schlussworte, die ich im Sommer 2010 für meine Lebensgeschichte gewählt hatte. Worte, die nicht einfach nur dahingeschrieben, sondern durchaus mit Bedacht gewählt worden waren. Es war ein Satz, der jene Hoffnung zum Ausdruck bringen sollte, die zu meinem persönlichen Leit- und auch Leidmotiv geworden war. Eine Botschaft, die jeder verstehen und richtig deuten konnte, der mich kennt, und von all jenen übersehen wurde, die in mir stets nur einen rachsüchtigen, verbitterten und im besten Wortsinne blindwütigen Menschen sahen.

Ich habe im Juli 2011 auf die Vollstreckung des Urteils gegen meinen Attentäter verzichtet. Madschid Mowahedi blieb jenes Schicksal erspart, das er mir im November 2004 kaltblütig und – wie sich später immer wieder zeigen sollte – ohne jede Reue zugefügt hatte. Es gab nicht wenige Menschen, die mich in all den Jahren, in denen ich um mein Recht gestritten hatte, auf meinem Weg bestärkten. Und es gab namhafte Kritiker, die in meinem Kampf gegen diese buchstäblich augenfällige Ungerechtigkeit einen barbarischen Akt sahen. Es wurde öffentlich diskutiert und publiziert, was ich in den

Augen vermeintlich moderner und demokratischer Meinungsmacher tun und was ich besser lassen sollte. Ich erhielt Ratschläge und Belehrungen, aber auch Warnungen und Drohungen. Aber keiner dieser Kritiker hatte sich je mit meinem Schicksal und meinen Motiven angemessen klug auseinandergesetzt.

Keiner dieser Menschen hatte sich je die Mühe gemacht, in meine Gedankenwelt einzutauchen. Vielleicht, weil es am Ende keinem Menschen tatsächlich möglich gewesen wäre, meine Schmerzen, mein Leid und meine verletzten Gefühle zu teilen oder gar zu ertragen. Es ist nicht besonders schwer, einer Frau wie mir Großherzigkeit, Humanität und Vergebung zu predigen, um dann – nach einem dieser politisch korrekten Statements – wieder aus dem Fenster zu schauen und sich an schön blühenden Gärten, spielenden Kindern oder seiner gut geheizten Komfortwohnung zu erfreuen. Diese Menschen will ich heute – ohne jede Verbitterung – fragen, ob sie sich all diese Tugenden mit einem von Säure zerfressenen Gesicht, zerstörten Augen und kaputten Bronchien selbst auch vorgehalten hätten? Diese Frage kann ich leider nicht beantworten.

Die Entscheidung, meinen Peiniger zu begnadigen, trug ich schon sehr lange in mir – ich musste sie jedoch aus guten Gründen all die Zeit für mich behalten. Es gab nicht viele Menschen, die meine wahren Gefühle und Gedanken kannten. Das Risiko, dass ein Mensch aus meinem Umfeld der Versuchung erliegen könnte, meine wahren Pläne zu offenbaren, war mir zu groß. Einzig meine beiden Ärzte in Barcelona, denen ich mein Gesicht, mein Augenlicht und meine Gesundheit in unzähligen Operationen anvertraut hatte, kannten meine wahren Absichten.

Welche Wirkung, welche Botschaft hätte mein langjähriger Kampf gegen diese schreiende Ungerechtigkeit denn gehabt, wenn ich frühzeitig meine wahren Absichten bekanntgegeben hätte? Es ging mir doch – wie ich stets immer wieder betont hatte – nicht um Rache, sondern darum, ein Zeichen zu setzen. Die Botschaft musste und sollte sein: Wer eine Frau – aus welchen Gründen auch immer – misshandelt, quält und verletzt, muss mit harten, drakonischen Strafen rechnen. Wer eine Frau körperlich entstellt, sie mit Säure oder kochendem Wasser überschüttet, muss ernsthaft fürchten, dass ihm dasselbe auch geschieht. Gerade in meinem Kulturkreis!

Eine Frau oder ein Mädchen zum Krüppel zu machen ist kein Kavaliers- und schon gar kein Bagatelldelikt. Diese Botschaft sollte von meinem Kampf durch die iranischen Institutionen ausgehen, und ich meine, dass genau diese Botschaft nun endlich auch angekommen ist. Ich musste endgültig beweisen, dass auch in einem Land wie dem Iran eine Frau zu ihrem Recht kommen würde. Und das konnte ich nur erreichen, indem ich bis – fast – zum bitteren Ende meine absolute Entschlossenheit nach außen hin zeigte.

Ich stand im Juli 2010 vor meinem Attentäter, und es lag allein in meiner Hand, ob er in den folgenden Stunden erblinden würde oder ob er sein Augenlicht behalten dürfte. Diese Macht – man muss meine Stellung in dieser skurrilen Szenerie tatsächlich mit dem abscheulichen Begriff Macht beschreiben – war kein Zustand, den ich hätte genießen wollen. Und den ich auch nicht hätte genießen können. Es war schlichtweg das Gefühl, Gerechtigkeit erlangt zu haben. Wiedergutmachung für ein Verbrechen, das im Grunde nicht wiedergutgemacht werden konnte. Mit der Unterschrift unter dem Vollstreckungsbefehl war mein Weg zu Ende. Ich hatte erreicht, was ich erreichen wollte. Die Justizbehörden des Iran hatten mir als Frau das Recht eingeräumt, einen Mann zu bestrafen.

Ich hätte durch die Blendung meines Peinigers mein Augenlicht nicht zurückbekommen – so wie auch Mütter und Väter, die ihre Kinder durch feige Verbrechen verloren haben, diese durch die Hinrichtung der Täter nicht zurückbekommen würden. Unzählige Angehörige von Opfern von Gewaltverbrechen haben auch durch die Exekutionen der Mörder ihren Frieden nicht wiederfinden können. Manche sind an dieser final vollzogenen Rache gar zerbrochen.

Noch am Tag des Vollstreckungstermins musste ich mich von Madschid Mowahedi beleidigen und demütigen lassen. Kurz bevor er seine Narkose bekommen sollte, beschimpfte er mich als »fette Kuh« und als »alte Jungfer«. Ein dummer, von Hass geprägter Mensch, der in seiner Angst und Verzweiflung noch einmal wild mit Worten um sich schlug. Worte, die mich schmerzten, die weh taten – die mich jedoch nicht von meinem Weg der Gnade abbringen konnten.

Dieser Mensch schien – so wurde es mir in diesem Augenblick deutlich – in all den Jahren, die er bis dahin schon im Gefängnis verbracht hatte, nichts gelernt zu haben. Er hatte Angst, in abgeschwächter Form das zu erleiden, was er mir angetan hatte. Aber hat er sich je gefragt, welche Ängste, welche Alpträume und welcher Schmerz mich seit jenem Tag im November 2004 quälen? Das hat er natürlich nicht – und er wird es wohl auch nie tun.

Dass er mir nach seiner Begnadigung Hände und Füße küsste und mich darum bat, ihn zu heiraten, damit er mir für den Rest unseres Lebens ein Diener sein könne, dokumentierte seine charakterlichen Qualitäten restlos. Er hatte mich zerstört, weil ich ihn nicht heiraten wollte, und nun sollte ich ihn heiraten, weil ich ihn nicht zerstört hatte. Eine zweifelhafte, kranke Logik, die man nicht weiter hinterfragen muss.

Nun wird mir von denselben Menschen, die mich wegen meines mittelalterlichen Vorhaben so sehr kritisiert hatten, vorgeworfen, ich hätte die Vollstreckung nur zurückgezogen, weil ich meine Gnade für Geld verkauft hätte. Und auch hier soll mir als Frau nur die Hälfte von dem zustehen, was ein Mann an meiner Stelle bekommen würde.

Was soll ich hierzu nun noch sagen? Muss ich mich jetzt tatsächlich dafür rechtfertigen, dass ich das mir laut Gesetz zustehende Blutgeld angenommen habe? Und muss ich allen Ernstes dokumentieren, dass ich mir von diesem Geld keine Villen, keinen Schmuck und keine Pools kaufen werde, sondern vielmehr versuchen werde, die Schulden zu bezahlen, die sich durch die unzähligen medizinischen Eingriffe aufgehäuft haben? Nein, ich werde vielmehr auch hier für meine Rechte einstehen und dafür kämpfen, dass ich als Frau genauso viel wert sein muss wie ein Mann. Und so muss ich auch diese Zeilen mit denselben Worten beenden wie im vergangenen Jahr:

Am Ende werde ich ja sehen!